KDJ指标入门与实战精解

每位股民都学得会的指标分析入门书

短线、超短线与T+0交易者的利器，KDJ指标实战操作技巧

刘振清◎著

中国宇航出版社
·北京·

图书在版编目(CIP)数据

KDJ指标入门与实战精解 / 刘振清著. -- 北京 : 中国宇航出版社，2016.5（2025.1重印）

ISBN 978-7-5159-1099-4

Ⅰ.①K… Ⅱ.①刘… Ⅲ.①股票投资-基本知识 Ⅳ.①F830.91

中国版本图书馆CIP数据核字（2016）第071056号

责任编辑　田芳卿
责任校对　卢　珊　　装帧设计　宇星文化

出版发行　中国宇航出版社
社　址　北京市阜成路8号　　邮　编　100830
(010)60286808　　(010)68768548
网　址　www.caphbook.com
经　销　新华书店
发行部　(010)60286888　　(010)68371900
(010)60286887　　(010)60286804(传真)
零售店　读者服务部
(010)68371105
承　印　三河市君旺印务有限公司
版　次　2016年5月第1版　　2025年1月第13次印刷
规　格　787×960　　开　本　1/16
印　张　13.5　　字　数　203千字
书　号　ISBN 978-7-5159-1099-4
定　价　35.00元

本书如有印装质量问题，可与发行部联系调换

为何短线交易者都爱 KDJ？
（代序）

可能从来没有一个指标像 KDJ 一样，交易者对其看法分化得如此严重：喜欢者，对其如痴如狂；唾弃者，对其不屑一顾。

KDJ，到底是天使还是魔鬼？也许这真是一个仁者见仁、智者见智的问题。不过，交易者中有一类人支持 KDJ 指标的占据了多数——那就是短线交易者。

KDJ 之所以获得短线交易者的喜爱，主要得益于以下几个方面。

第一，高灵敏度。

KDJ 指标具有极佳的灵敏度。当股价运行趋势发生细微的变化时，KDJ 指标总能在第一时间给出交易指示信号。在短线交易中，每一秒钟的变化都可能对交易结果产生重要影响，KDJ 指标这一特性，可以帮助短线交易者及时做出交易决策。

第二，预警指示功能。

当股价启动强势上涨或下跌行情时，KDJ 指标中的各条曲线就会进入超买或超卖区域，指示交易者可能面临风险。此时，短线交易者可以根据股价变化及时调整交易策略，最大限度地获取投资收益，回避交易风险。

第三，兼容性强。

将 KDJ 指标与 K 线形态、均线、MACD 指标和 BOLL 指标配合使用，可以有效扩大 KDJ 指标的应用范围，提升买入和卖出操作的准确性。

任何事物都是有两面性的。

KDJ 指标高灵敏度的另一面，就是无效信号过多。

对于大多数普通交易者来说，KDJ指标只是看起来很美，筛选KDJ指标信号的难度则是非常现实的问题。于是，放弃难于把握的指标，就成了很多人最合理的选择。不过，成功的交易者往往走了别人不常走的路。也正是KDJ指标这种优劣并存的特点，让很多交易者望而生畏，同时也让它成为很多短线交易者的最爱。

KDJ指标的劣势是可以有效回避的，优秀的短线交易者在研判KDJ指标时，往往遵循以下两个原则。

第一，位置决定价值。KDJ指标在不同位置发出的交易信号，信号指示强度往往是有差别的。例如，底部超卖区域发出的买入信号往往可信度较高，高位发出的买入信号则相对较差。当然，这也并不是绝对的。如同指标超买预示股价很可能会下跌，但发生超买时，往往正是股价处于高速上涨的时段。总之，具体问题要具体分析，任何绝对化的方法都是不科学的，也是不可取的。

第二，相信KDJ，但不迷信KDJ。股市中有太多的变数和不确定性。任何一种技术指标，其准确性都是概率问题，即使能够做到90%的准确率，也还有10%的失误。像2015年6月中旬暴跌行情来临时，机械地套用任何一个技术指标，都可能让交易者损失惨重。

KDJ指标，说到底只是众多技术指标中的一种，它能够被广泛应用，说明它有效，但总归有其局限，也有失灵的时候，更准确的说法是让交易无法盈利的时候。

交易者必须对市场充满敬畏之心，不要试图寻找一个最简单的交易捷径，而是要不断地修正和完善自己的交易系统，并使之越来越准确。正因如此，本书在介绍KDJ指标的同时，也给出了KDJ指标与股价K线、均线和其他技术指标组合分析的方法，力求拓宽读者的视野，增加投资成功的概率和可能。

通过调整分析周期，交易者也可以将KDJ指标用于指导中长线交易，例如将分析周期从日线调整为周线、月线乃至季线。不过，KDJ指标毕竟是一个短线分析指标，将其用于中长线交易时，其准确性和及时性都会大打折扣。

当然，即使是一名短线交易者，能够熟练应用KDJ指标也还是远远不够的。在股市中交易，还需要练就更加严格的纪律执行力、更成熟的心态和更敏锐的观察力。这些东西是任何一本书都无法直接传授给大家的，只有通过不断的交易来积累和沉淀。

投资路上注定充满荆棘与坎坷，本书愿与大家一路同行！

目 录 CONTENTS

第八章　基于 KDJ 指标的交易技术 /175

第一章

KDJ 指标精髓 KDJ 指标为何如此神奇

随机指标，英文简称为KDJ，是一种短线分析工具，主要用来反映市场上买卖力量的强弱和超买超卖现象，能够在股价尚未上升或下降之前发出准确的买卖信号。

第一节　KDJ 指标的核心效用

KDJ 指标由乔治·兰恩博士首创，是根据统计学原理，将某个周期内出现过的最高价、最低价及最后一个收盘价作为基本数据，来计算最后一个计算周期的未成熟随机值 RSV，然后根据平滑移动平均的方法来确定 K 值、D 值与 J 值，并绘制成相应的曲线图用以研判行情。如图 1-1 所示。

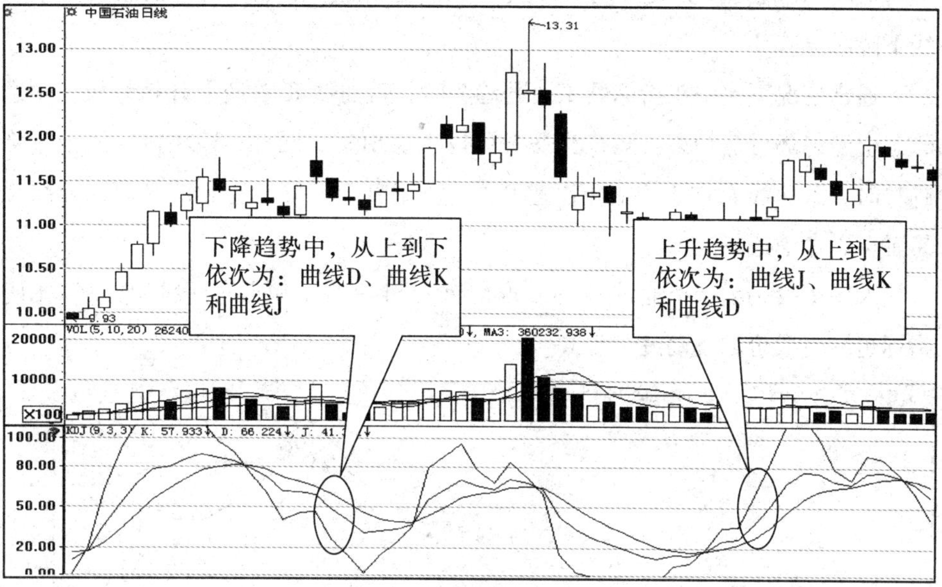

图 1-1　KDJ 指标图示

如图 1-1 所示，KDJ 指标主要由曲线 K、曲线 D、曲线 J、中轴 50 线等四部分构成。KDJ 指标是一种深受交易者喜爱，并且被广泛应用的技术指标之一。

KDJ 指标的核心效用包括短线趋势识别、趋势转向判断和买卖点预判等三个方面。

一、短线趋势识别

相比于其他技术指标，KDJ 指标的波动剧烈，对股价变化比较敏感，因而对股价短线趋势识别更加及时。

KDJ 指标识别股价短线运行趋势的方法主要包括以下两种。

1. 交叉点位识别短线趋势

若 KDJ 指标连续两次以上（含两次）出现黄金交叉，且交叉点的位置一个比一个高，则说明股价处于短线上升趋势；反之，若 KDJ 指标连续两次以上（含两次）出现死亡交叉，且交叉点的位置一个比一个低，则说明股价处于短线下降趋势。

通常情况下，KDJ 指标处于上升趋势时，若曲线 K 跌破上升趋势线，则意味着上涨趋势可能结束，短线交易者可以考虑出货。同样，KDJ 指标处于下降趋势时，若曲线 K 向上突破下降趋势线，则意味着下降趋势可能结束，短线交易者可以考虑进场。

如图 1-2 所示，晋亿实业的股价自 2015 年 9 月中旬自底部启动上涨，KDJ 指标也随着股价的震荡逐步走高。

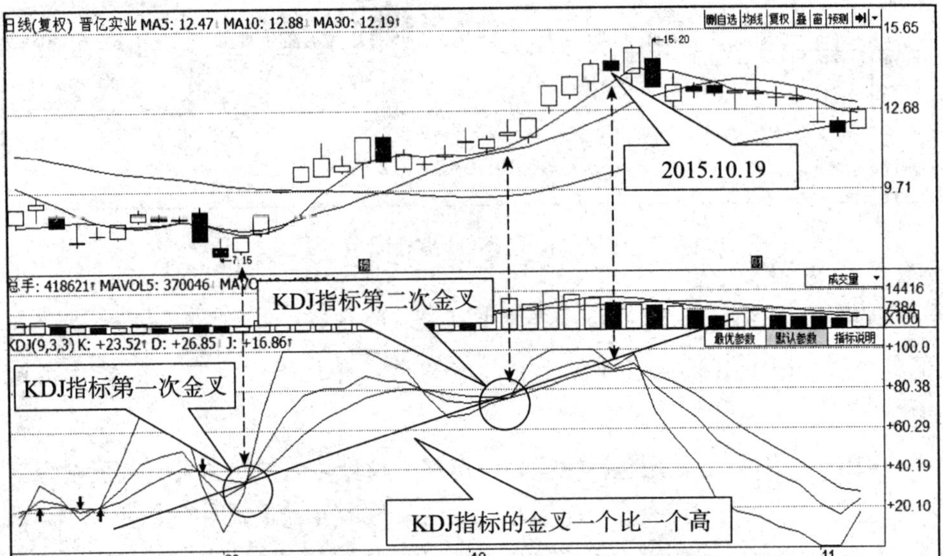

图 1-2 晋亿实业（601002）KDJ 指标的趋势运动

在股价震荡过程中，KDJ 指标随着股价的起伏出现了若干次金叉与死叉，且金叉的点位一个比一个高，说明此时股价处于短线上升趋势中，短线交易者只需持股待涨即可。

2015 年 10 月 19 日，晋亿实业的 KDJ 指标全部跌破上升趋势线，这说明股价短线有走弱的可能，交易者可卖出部分或全部股票。

2. 指标线倾斜方向识别短线趋势

若 KDJ 指标中的曲线 K 向右上方运行，说明股价短期呈强势，曲线 K 回调低点的连线就是上升趋势线；反之，若曲线 K 向右下方倾斜，则说明股价短线呈弱势，曲线 K 反弹高点的连线就是下降趋势线。

当曲线 K 自上而下跌破上升趋势线，说明股价短线有下跌的风险；曲线 K 自下而上突破下降趋势线，则说明股价短线有走强的可能。

如图 1-3 所示，金种子酒的股价 2015 年 5 月中旬自回调低点启动上涨，KDJ 指标也随着股价的震荡逐步走高。

在股价震荡上涨过程中，KDJ 指标的曲线 K 随着股价的起伏出现若干次震荡，但回调的低点一个比一个高，这说明此时股价处于短线上升趋势中，短线

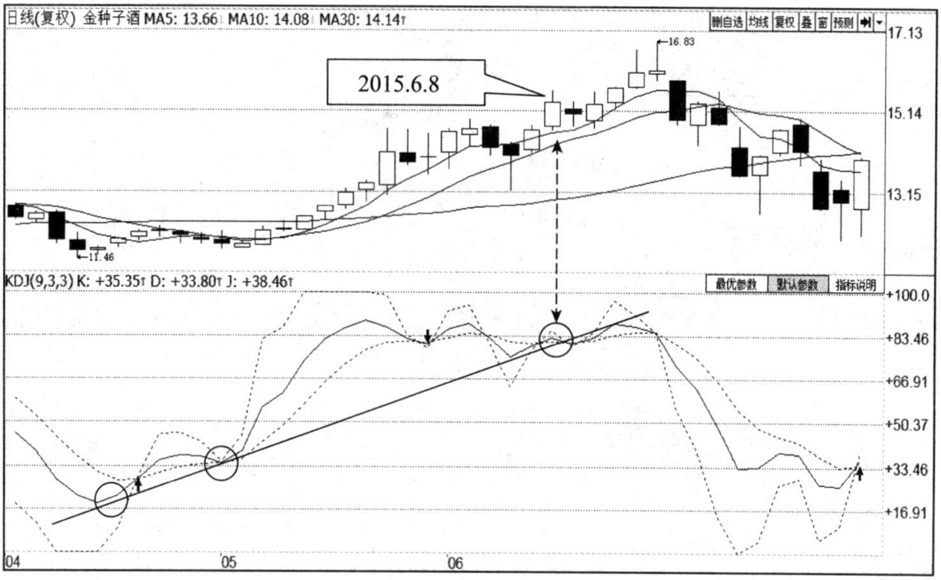

图 1-3 金种子酒（600199）KDJ 指标的趋势运动

交易者只需持股待涨即可。

2015 年 6 月 8 日，金种子酒 KDJ 指标中的曲线 K 有效跌破上升趋势线，这说明股价短线有走弱的可能，交易者可以卖出部分或全部股票。

二、趋势转向判断

股价与 KDJ 指标存在这样的关系：股价上涨，KDJ 指标也会随之上升；股价下跌，KDJ 指标随之下降。

1. 上升趋势转为下降趋势

股价经过一段时间的上涨后，KDJ 指标的三条曲线必然已经进入高位，即超买区域。KDJ 指标进入超买区域，说明多头力量已经达到顶峰，即将进入衰退期。其后，若 KDJ 指标自上向下拐头，则说明股价短线运行趋势将发生改变。

如图 1-4 所示，时代新材的股价自 2015 年上半年启动了一波上涨行情。在股价震荡上涨过程中，KDJ 指标的曲线 K 随着股价的上涨不断走高，并在 2015 年 6 月初进入超买区间。这说明此时多方的力量达到了顶峰，交易者应密

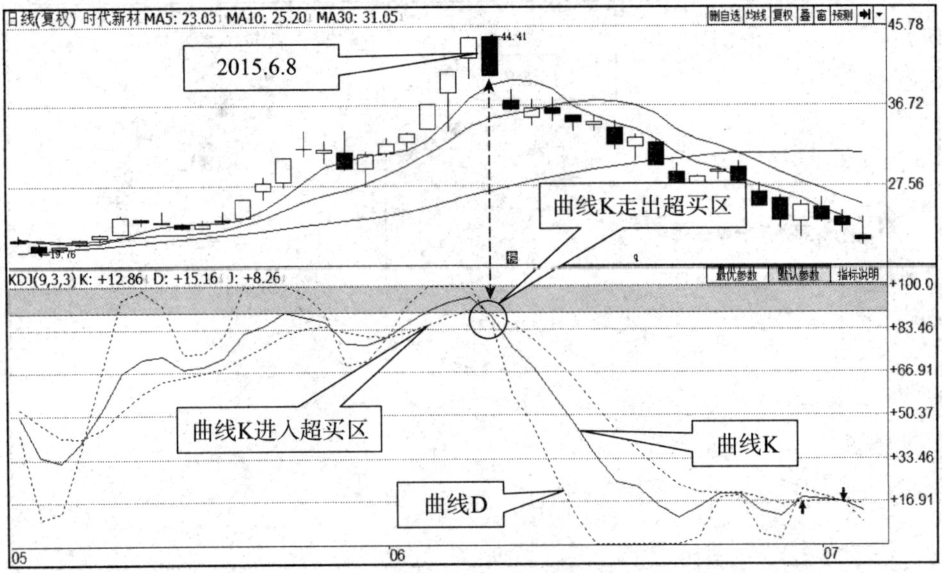

图 1-4 时代新材（600458）KDJ 指标走势图

切关注股价和 KDJ 指标的走势。

2015 年 6 月 8 日，时代新材的股价出现大幅下跌，KDJ 指标中的曲线 K 自高点下行，走出了超买区间，这说明股价在短期内有走弱的风险。与此同时，曲线 K 线向下跌破了曲线 D，更加印证了股价即将走弱的可能，短线交易者可以考虑卖出该股。

2. 下降趋势转为上升趋势

股价经过一段时间的下跌后，KDJ 指标的三条曲线必然已经进入低位，即超卖区域。KDJ 指标进入超卖区域，说明空头力量已经达到顶峰，即将进入衰退期。其后，若 KDJ 指标自下向上拐头，则说明股价短线运行趋势将发生改变。

如图 1-5 所示，盘江股份的股价自 2014 年初启动了一波下跌行情。在股价震荡下跌过程中，KDJ 指标的曲线 K 随着股价的下跌不断走低，并在 2014 年 2 月底进入了超卖区间。这说明此时空方的力量达到了顶峰，交易者应密切关注股价和 KDJ 指标的走势。

2014 年 3 月 13 日，盘江股份的股价出现小幅上涨，KDJ 指标中的曲线 K

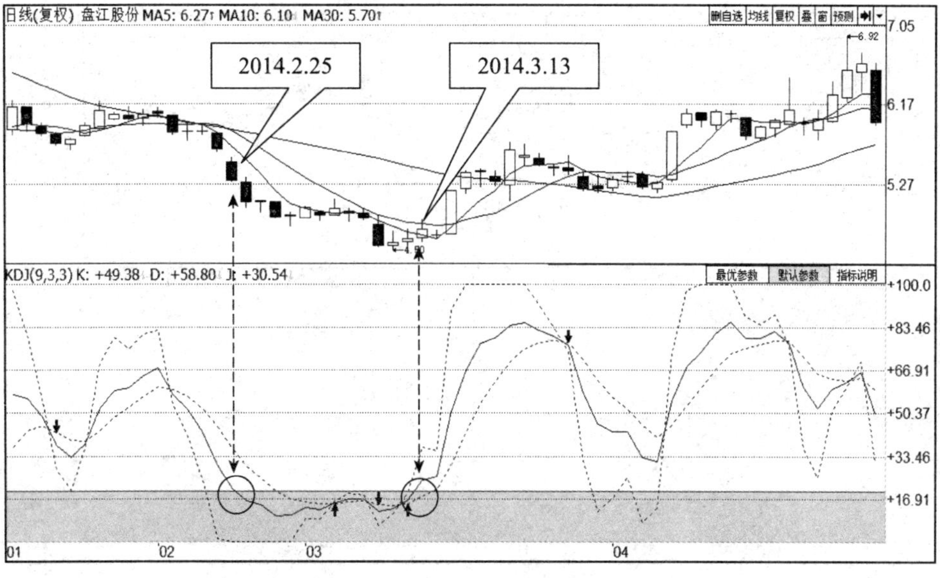

图 1-5　盘江股份（600395）KDJ 指标走势图

也自低点上行，走出了超卖区间，这说明股价在短期内有走强的可能。与此同时，曲线 K 向上突破了曲线 D，更加印证了股价即将走强的观点，短线交易者可以考虑买入该股。

三、买卖点研判

与其他技术指标相似，寻找股票的最佳买卖点也是 KDJ 指标最主要的作用之一。由于 KDJ 指标具有出众的灵敏性，常常被用作寻找短线尤其是超短线买卖点的最佳帮手。

当然，因为 KDJ 指标过于灵敏，常常会发出一些无效的信号，交易者必须学会从众多无效信号中找到那些有价值的交易信号。

1. 买入信号识别

KDJ 指标发出买入信号的形式主要包括：黄金交叉、超卖区曲线 K 转向、曲线 K 自超卖区返回常规波动区间等。

如图 1-6 所示，中国联通的股价自 2015 年 1 月中旬启动了一波震荡下跌走势，KDJ 指标也随着股价的震荡逐步走低。2 月初，曲线 K 进入超卖区间，

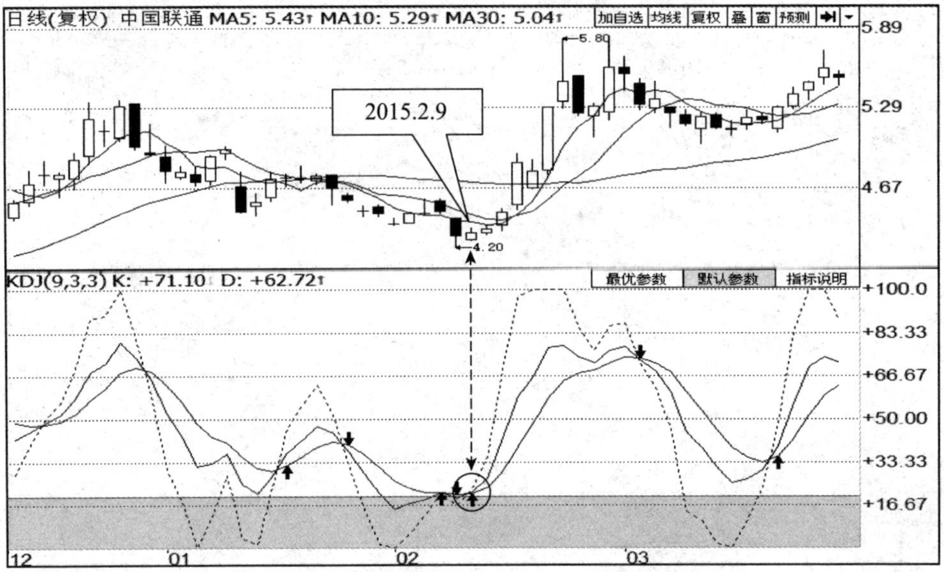

图 1-6 中国联通（600050）KDJ 指标走势图

这意味着股价即将出现反弹向上的走势。

2015 年 2 月 9 日，曲线 K 走出超卖区间，且同时自下而上突破曲线 D，形成了低位黄金交叉。这属于比较典型的买入信号，交易者可在此时买入该股。随后，该股在短期内出现了一波快速上涨行情。

2. 卖出信号识别

KDJ 指标发出卖出信号的形式主要包括：死亡交叉、超买区曲线 K 转向、曲线 K 自超买区返回常规波动区间等。

如图 1-7 所示，宁波联合的股价自 2015 年 7 月中旬启动了一波反弹走势，KDJ 指标也随着股价的震荡逐步走高。7 月底，曲线 K 进入超买区间，这意味着股价即将出现反转向下的走势。

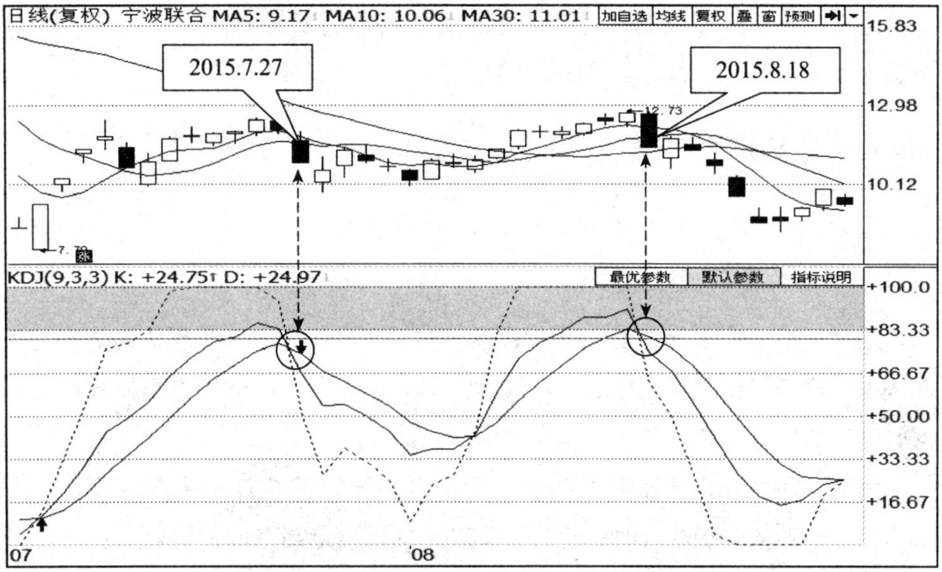

图 1-7　宁波联合（600050）KDJ 指标走势图

2015 年 7 月 27 日，曲线 K 走出了超买区间，且同时自上而下跌破曲线 D，形成了高位死亡交叉。这属于比较典型的卖出信号，交易者可在此时卖出该股。随后，该股连续走低，不过经过数个交易日的调整后，股价再度上涨，KDJ 指标也同步走高，曲线 K 再度进入超买区间。

8 月 18 日，曲线 K 又一次走出超买区间，且与曲线 D 再度死亡交叉。此时，该卖出信号更加可靠，交易者手中持有的股票应该果断清仓。

基于 KDJ 指标判断的买点或卖点都属于短线性质的，也就是说，KDJ 发出的买入或卖出信号只在几个交易日内有效。该指标通常不能指示股价的长期走势。

第二节　KDJ 指标发挥作用的根源

在上升趋势中，股票多以阳线收盘，即收盘价高于开盘价；在下降趋势中，股票多以阴线收盘，即收盘价低于开盘价。KDJ 指标就是通过开盘价与收盘价之间的关系来识别当前股价所处的相对位置，进而预判股价未来运动趋势的。

一、趋势价格一致

趋势价格一致，是设计 KDJ 指标的重要依据。

1. 趋势价格一致原理

趋势价格一致原理，是 KDJ 指标遵循的最主要假设。该原理认为，在上涨趋势中，价格趋于交易区域的上部收盘；下跌趋势中，价格趋于交易区域的下部收盘。这里的交易区域指的是交易周期，如日、周等。

例如，在一波强势上升过程中，股票多以阳线甚至是光头阳线收盘。不过，当上升趋势趋于结束时，价格就会以逐渐远离最高点的位置收盘；反之亦然，如图 1-8 所示。

2. KDJ 指标背后的趋势价格一致原理

KDJ 指标的目标，就是在一个上升趋势中努力找到收盘价更接近于低点的信号。KDJ 指标中，曲线 K 持续上升时，表明当日股票收盘价位于整个交易区间的上部区域。当曲线 K 向下拐头时，说明收盘价在整个交易区间所处位置有所下降；当曲线 K 跌破曲线 D 时，表明股价短期运行趋势发生了逆转。

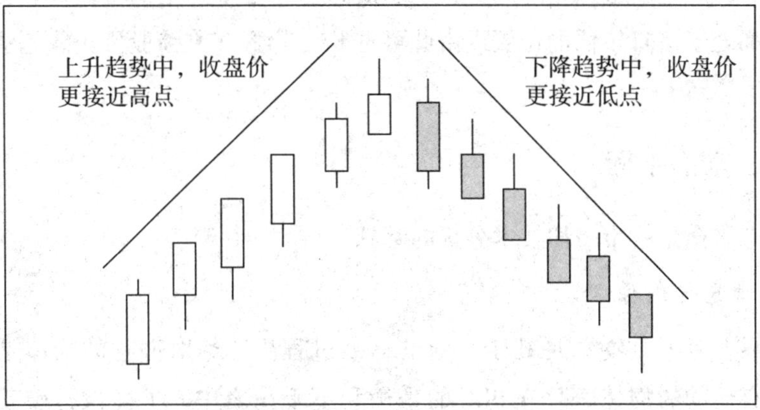

图 1-8　理想化的趋势与价格一致形态

如图 1-9 所示，龙头股份的股价在 2015 年 8 月初启动了一波上涨行情。在股价上涨时，KDJ 指标也随之不断走高。在这波上升趋势中，每个交易日的收盘价都处于单个交易周期内的较高位置。

此后该股股价出现了短线回调走势。2015 年 8 月 18 日，该股股价以跌停收盘，此时曲线 K 自上而下跌破曲线 D，表明短期股价将出现下跌走势。

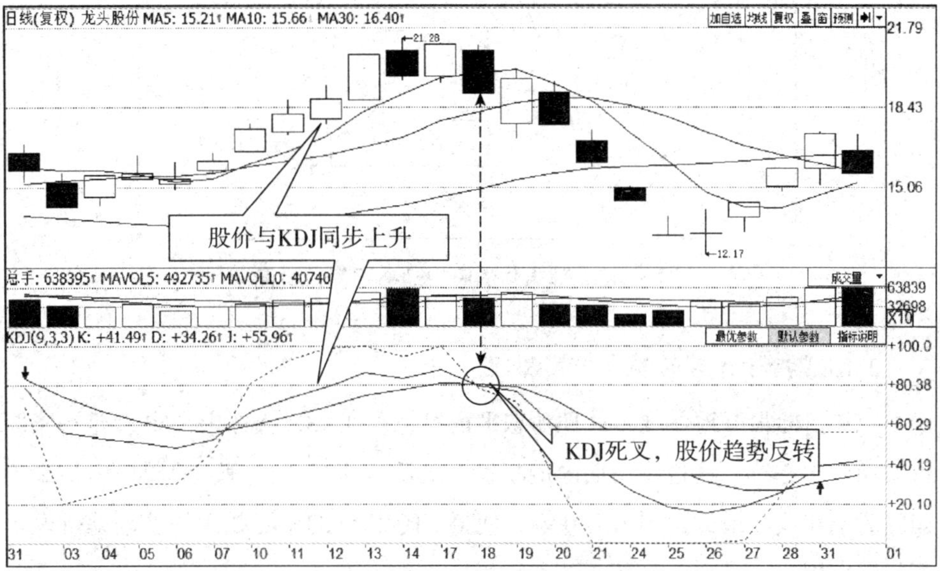

图 1-9　龙头股份（600630）KDJ 指标走势图

此后该股短线进入下降趋势，KDJ 指标也随之不断走低，且每个交易日的收盘价都处于该日较低的位置。由此可见 KDJ 指标在判断股价短线趋势方面的作用。

二、动态平衡

动态平衡是股市一切技术分析的基础。

1. 动态平衡原理

世界上万事万物总是处于不断的运动过程中，绝对静止的物体是不存在的。所有运动的物体都处在相对的平衡和不平衡之中，平衡被打破就是不平衡，不平衡又会酝酿新的平衡。股市也是如此。

股价运行往往会围绕某一中心线波动，当股价上升过快时，就会向中心线回调靠拢；当股价下跌过快时，就会向上反弹。另外，中心线也会根据股价的波动发生变化。整个股市就是处于这种动态平衡关系之中，如图 1-10 所示。

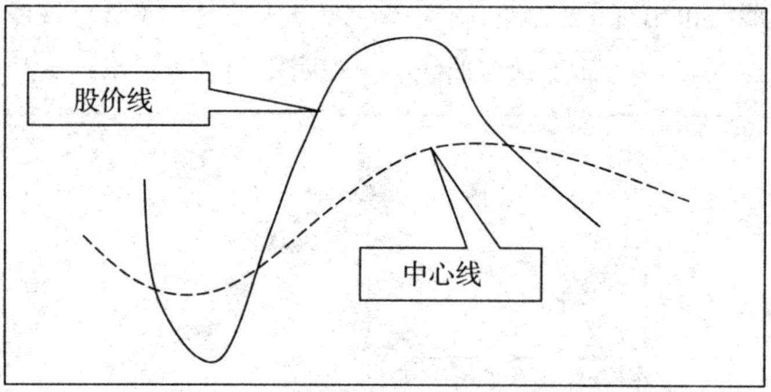

图 1-10　理想化的股市动态平衡系统图

2. KDJ 指标背后的动态平衡原理

KDJ 指标很好地体现了这种动态平衡思想。在 KDJ 指标中，50 线是一条股价波动的中心线，通过将周期内最高价、最低价相对化处理，即周期内最高价固定为 100 线，最低价固定为 0 线，使得 KDJ 指标的中心线无须波动即可发挥其中轴作用。

当曲线 K、曲线 D 远离 50 线运行时，就会受到 50 线的吸引而向 50 线靠拢。尤其是两条曲线进入极度远离 50 线的位置时（即超买区间或超卖区间）更是如此，如图 1-11 所示。

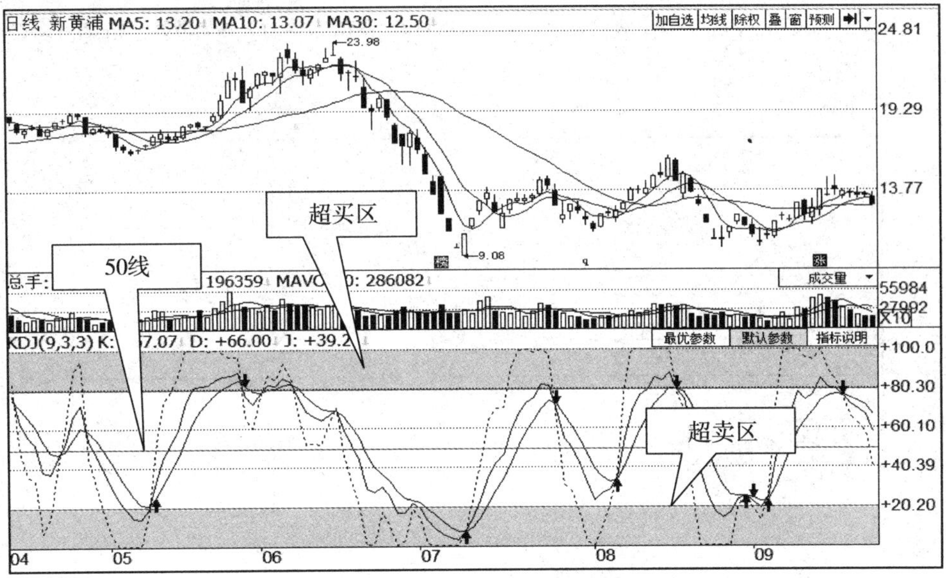

图 1-11　新黄浦（600638）KDJ 指标走势图

如图 1-11 所示，新黄浦的股价在 2015 年 6 月上旬创下阶段高点后出现快速下跌，KDJ 指标也随之出现了剧烈摆动。

通过图 1-11 可以看出，KDJ 指标的三条曲线都是围绕 50 线上下波动的。当曲线远离 50 线时，就会向相反的方向拐头。尤其是曲线进入超买或超卖区域（图中阴影区域）后，很快就会转向。

另外，KDJ 指标向右上方运行时，股价会同步上升；指标线向右下方运行时，股价会同步下跌。由此可见，KDJ 指标这种波动规律与股价动态平衡原理非常吻合。

三、动能反转

动能是指物体因运动而具有的能量。从某种意义上来说，大部分技术指标都属于动能指标的范畴，如 MACD、KDJ、RSI 等。

1. 动能反转原理

动能反转原理，是指股价在上涨或下跌过程中，都是以动能作为支撑的。股价持续上涨时，动能必然持续增加。当动能达到极限，无法继续增加或出现衰减时，股价的上涨将很难持续，未来有下跌的可能；反之亦然，如图 1-12 所示。

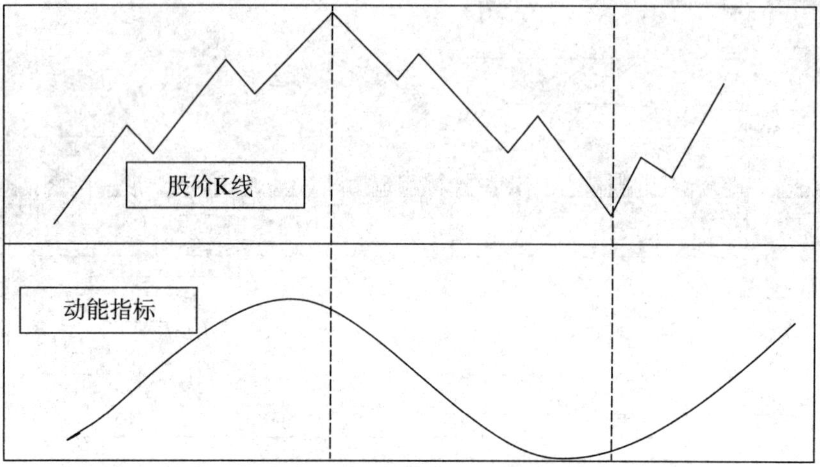

图 1-12　理想化的动能指标与股价 K 线走势对照图

如图 1-12 所示，动能指标的反转往往先于股价的反转，这说明在股价到达顶点之前，动能已经开始减弱，无法支撑股价持续上涨了。

不过这里交易者需要记住一点：买卖信号只能通过价格形态的反转来确认，无法通过动能指标的反转来确认。就像图 1-12 所示的那样，动能指标反转后，股价还在继续上涨。尽管所有人都知道这种上涨注定持续的时间不会太久，但却没有人能准确地确定上涨趋势到底在哪一刻结束。正因如此，价格形态未发生反转时，交易者最好耐心持股，收获尽可能多的利润。

2. KDJ 指标背后的动能反转原理

KDJ 指标的超买超卖功能，从本质上来说就是为了更准确地捕捉动能反转和股价反转信号而设计的。股价持续上涨，动能指标也会随之上升。当股价进入高位，动能指标就会进入超买区域。根据 KDJ 指标的用法可知，这属于非常规区间，也就是说，动能指标注定是要从超买区域返回常规区间的，而返回时必然是股价回落的时候。

为了更早地捕捉股价回落的信号，除了需要关注曲线 K 之外，还要对照曲线 D 和曲线 J 两条辅助曲线的走势以及三条曲线之间的关系，这样才能保证获得的信号更加准确，更加及时。

如图 1-13 所示，金种子酒的股价在 2015 年 8 月中旬创下阶段高点后出现快速下跌，KDJ 指标也随之出现了剧烈摆动。

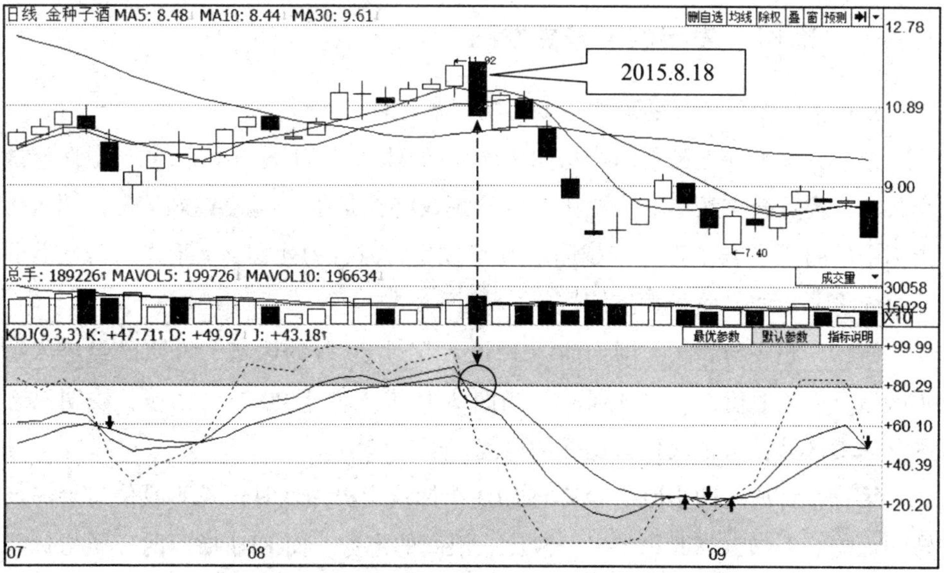

图 1-13 金种子酒（600199）KDJ 指标走势图

通过图 1-13 可以看出，2015 年 8 月 17 日，该股股价到达阶段高点时，KDJ 指标的三条曲线全部位于超买区域。这说明推动股价上涨的动能已经达到极限，未来无法继续增强，动能反转的可能性较高，股价随时有可能出现下跌。

8 月 18 日，该股股价以跌停报收，曲线 K 同步跌破曲线 D 形成高位死叉，且 KDJ 指标的三条曲线全部离开超买区域，回归常态区域。这说明价格出现反转，短期内有下行风险，短线交易者可以考虑卖出股票。

第三节　如何使用 KDJ 指标在股市中获利

KDJ 指标的有效性已经被市场广泛认可，而有效应用 KDJ 指标并在股市中获利，对于很多交易者来说却存在一定的难度。

这个指标太敏感了，交易者在应用时必须把握两个关键点：其一，让 KDJ 发出的信号更准确；其二，让 KDJ 发出的信号得到更有效的利用。

一、让 KDJ 发出的信号更准确

KDJ 指标发出信号的形式主要包括以下几种。

第一，金叉与死叉。即当 KDJ 指标中的曲线 K 自下而上穿越曲线 D 形成交叉时，为黄金交叉形态，意味着股价短线将要走强，属于买入信号。当 KDJ 指标中的曲线 K 自上而下穿越曲线 D 形成交叉时，为死亡交叉形态，意味着股价短线将要走弱，属于卖出信号。

第二，超买与超卖。即当曲线 K 进入超过 80 线的区域，说明已经进入超买区域，未来股价有下跌的风险。当曲线 K 进入低于 20 线的区域，说明已经进入超卖区域，未来股价有反弹的可能。

第三，背离。即当股价走势与 KDJ 指标线走势相反时，说明股价有趋势反转的可能。例如，当股价走出一浪比一浪高的走势，而 KDJ 指标的三条指标线却出现一浪比一浪低的走势，则说明此时 KDJ 指标与股价形成了顶背离形态，预示股价上涨难以持续。

一般来说，当一个技术指标发出买入或卖出信号时，交易者只需采取相应的行动即可。但 KDJ 指标由于波动过于频繁，其发出的信号也是鱼龙混杂，交易者想要利用 KDJ 指标在股市中获利，首先必须让 KDJ 指标发出的交易信号更加准确。

通常情况下，下列方法可以在一定程度上增强 KDJ 指标的准确性。

1. 位置决定价值

KDJ 指标金叉或死叉出现的次数尽管比较频繁，但在某些位置出现的金叉

或死叉发出的信号明显要强于其他位置。

（1）曲线 K 和曲线 D 在 30 线下方（20 线以下更好）形成黄金交叉，其发出的买入信号相对较强。

（2）曲线 K 和曲线 D 在 70 线上方（80 线以上更好）形成死亡交叉，其发出的卖出信号相对较强。

如图 1–14 所示，曙光股份的股价在 2015 年 6 月初进入高位，KDJ 指标也随之走高，并远远超过了 70 线。

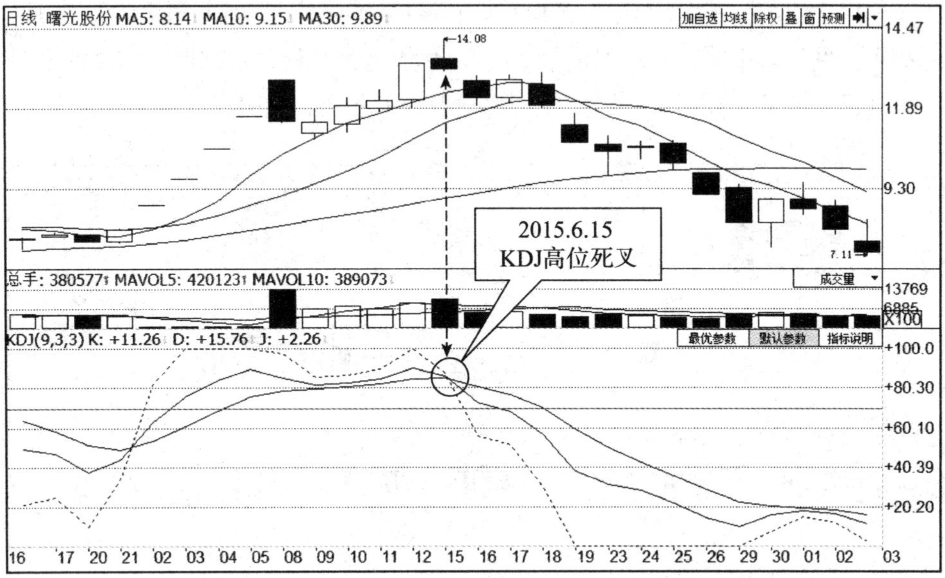

图 1–14　曙光股份（600303）KDJ 指标走势图

2015 年 6 月 15 日，该股股价高开低走，在 K 线图留下了一根假阴线。与此同时，KDJ 指标中的曲线 K 自上而下跌破曲线 D，形成高位死亡交叉。这预示着其后股价将会出现一波下跌走势，交易者宜卖出手中的股票。

与金叉、死叉相似，KDJ 指标中曲线 K 出现拐头时，也可能引发股价运行趋势的改变，不过这种拐头形态只有发生在特定区域才具有较强的交易指示作用，如 30 线下方或 70 线上方。

2. 从“量变”到“质变”

与其他技术指标不同，KDJ 指标在某些特定区域多次发出买入或卖出信号时，往往能够增强信号的准确率。

KDJ 指标多次金叉或死叉，其发出的信号并不是无效的，而是增强版的买入或卖出信号。

（1）曲线 K 和曲线 D 在 30 线下方（20 线以下更好）多次形成黄金交叉，则买入信号更强。

（2）曲线 K 和曲线 D 在 70 线上方（80 线以上更好）多次形成死亡交叉，则卖出信号更强。

如图 1-15 所示，中颖电子的股价在 2015 年 8 月下旬出现了一波下跌，KDJ 指标也随之走低，并远远低于 30 线。该股股价在底部位置时，KDJ 指标多次出现低位金叉。此时交易者应密切关注股价的变化，随时做好买入的准备。

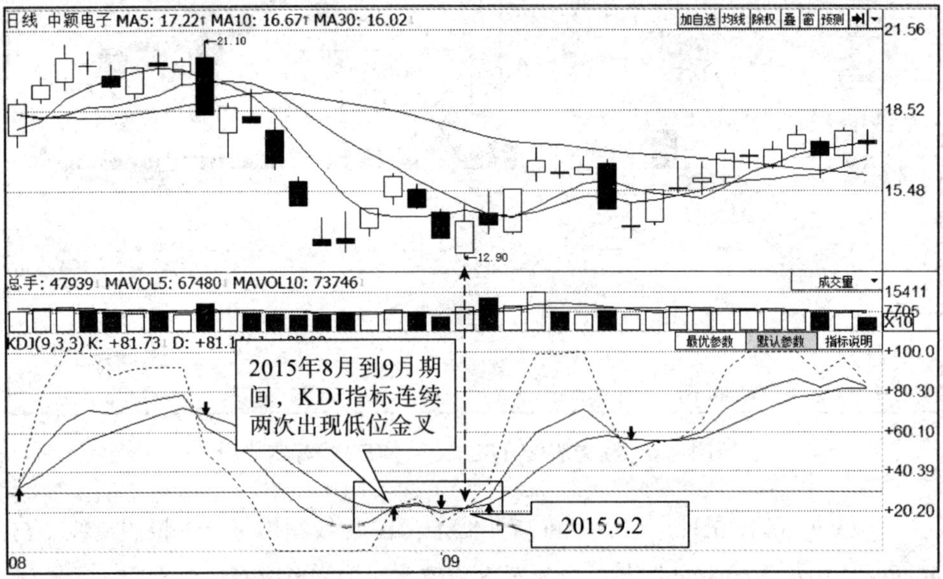

图 1-15 中颖电子（300327）KDJ 指标走势图

2015 年 9 月 2 日，该股股价低开高走，在 K 线图留下了一根大阳线。与此同时，KDJ 指标中的曲线 K 自下而上突破曲线 D，形成了低位黄金交叉，且交叉点正好位于 30 线以下。这预示着其后股价将会出现一波上涨走势，交易者宜买入该股。

与多次金叉、死叉相似，若 KDJ 指标与股价多次出现背离形态，也能够增强背离形态买入或卖出信号的准确率。

3. 趋势反转确认 KDJ 有效性

KDJ 指标有这样一个特点，当股价处于单边上升或单边下跌行情时，KDJ 指标往往会频繁地发出买入或卖出信号，此时该指标发出的信号往往不具有交易指导作用。

交易者可以沿股价运行方向绘制一条趋势线，只有当股价改变原有运行趋势时，KDJ 指标发出的信号才能认为是有效的。

如图 1-16 所示，得利斯的股价在 2015 年上半年随着大盘连续上攻而出现了上涨走势。在股价上涨过程中，KDJ 指标多次出现金叉与死叉。由于此时股价已经进入单边上升走势，KDJ 指标存在失灵的问题。

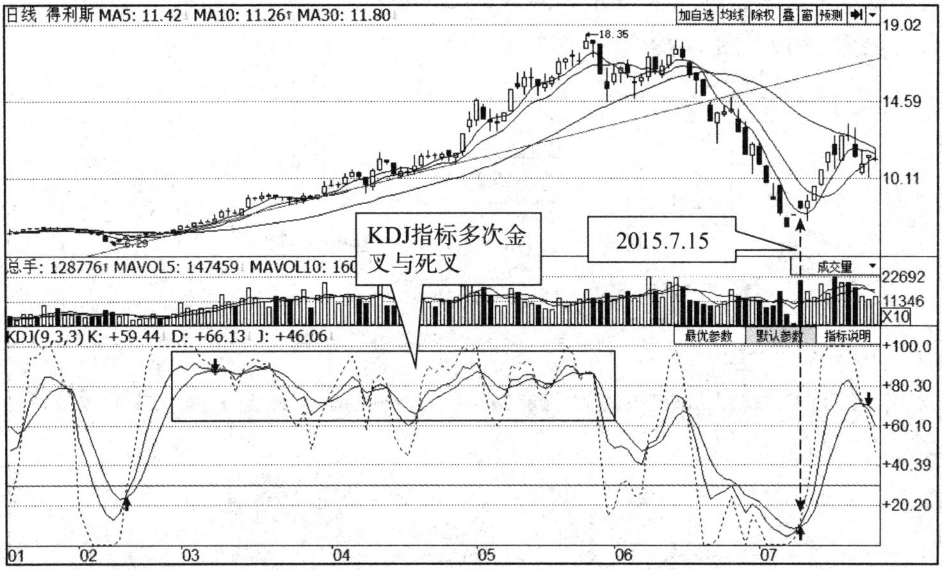

图 1-16 得利斯（002330）KDJ 指标走势图

交易者可以按照上升趋势线的画法绘制一条趋势线。股价运行于该趋势线以上时，可以耐心持股不动，股价跌破趋势线时卖出股票，之后再对照 KDJ 指标发出的信号执行买入或卖出操作。

6 月中旬到 7 月初，得利斯的股价随着大盘的下跌而出现暴跌走势。7 月 15 日，该股连续第二个交易日出现回调，且此时 KDJ 指标的曲线 K 线自下而上突破曲线 D，形成了低位黄金交叉。这预示着股价将出现反弹走势，短线交易者可在此时买入股票。

二、有效利用 KDJ 发出的信号

为了更好地利用 KDJ 指标发出的信号，很多交易者都采取了 KDJ 指标与其他多种技术指标相结合的研判方法。

1. 周期共振法

交易者如果对日线 KDJ 指标发出的交易信号有所怀疑，可以将交易周期扩大或缩小，综合研判买入或卖出时机是否恰当。

例如，交易者可以将日线 KDJ 指标与周线 KDJ 指标结合。若日线 KDJ 指标出现底部金叉，周线 KDJ 指标同步出现底部金叉，则可增加买入信号的准确性，如图 1-17、图 1-18 所示。

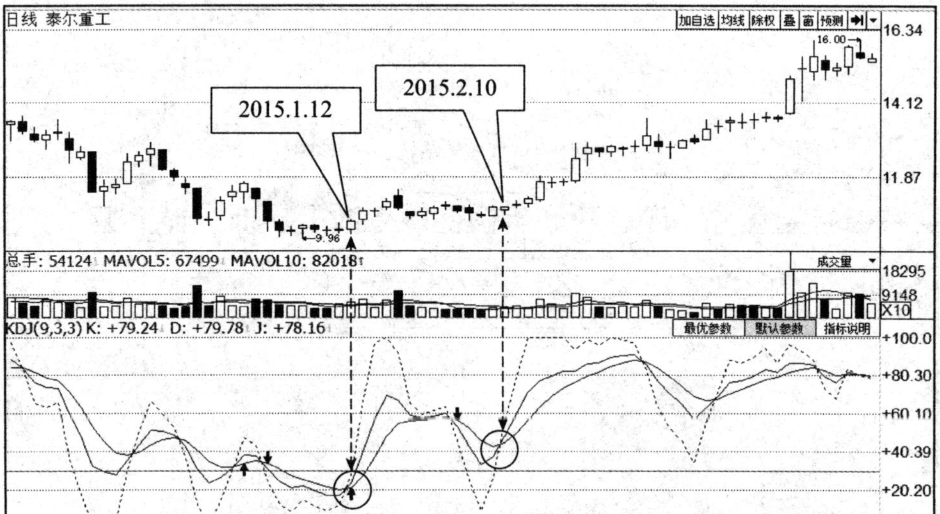

图 1-17 泰尔重工（002347）日线 KDJ 指标走势图

如图 1-17 所示，泰尔重工的股价在 2015 年 1 月到 2 月期间出现了筑底迹象，KDJ 指标在股价 K 线筑底期间出现了两次黄金交叉形态。2 月 10 日该股股价 K 线出现第二个底部时，KDJ 指标也出现了第二次黄金交叉，且交叉点位于

30 线上方，这说明该点位成色可能不足。

不过此时该股 K 线形态出现了明显的双底形态，交易者为了确认是否该执行买入操作，可以将日线 K 线图换成周线 K 线图，并观察此时周线 KDJ 指标的走势。

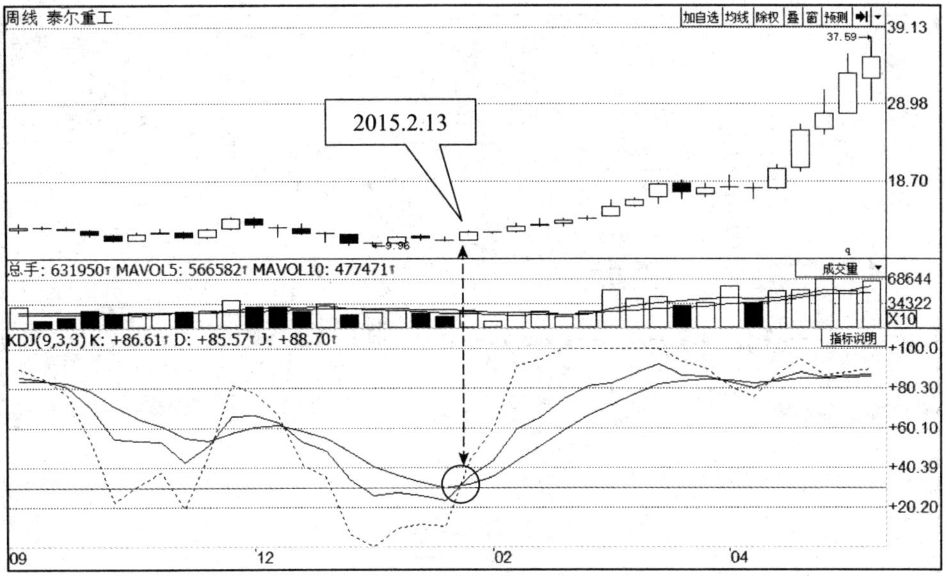

图 1-18　泰尔重工（002347）周线 KDJ 指标走势图

如图 1-18 所示，股价在 2015 年 1 月底到 2 月初期间出现了明显的 V 形底，KDJ 指标也出现了明显的触底反弹过程。该股股价走出谷底时，KDJ 指标同步出现了黄金交叉走势，且交叉点刚好位于 30 线附近，这属于一个比较理想的买入点。

基于以上判断，交易者可以选择在周线 KDJ 指标出现黄金交叉的次日买入该股。

短线或超短线交易者可以运用日线 KDJ 指标结合小时 KDJ 指标或 30 分钟 KDJ 指标，综合判断股价的买卖点。

2. 多指标组合判断买卖点

KDJ 指标拥有灵敏性强的特点，但在股价上升或下跌过程中缺乏稳定性，因而交易者可考虑将 KDJ 指标与 MACD 指标或 BOLL 指标相结合的方法来判断买卖点。

如图 1-19 所示，盘江股份的股价在 2015 年初随着大盘的上涨出现了一波震荡上升走势。2 月初到 3 月中旬，该股股价出现回调并形成双底形态，此时 KDJ 指标也同步出现了两个底部金叉。

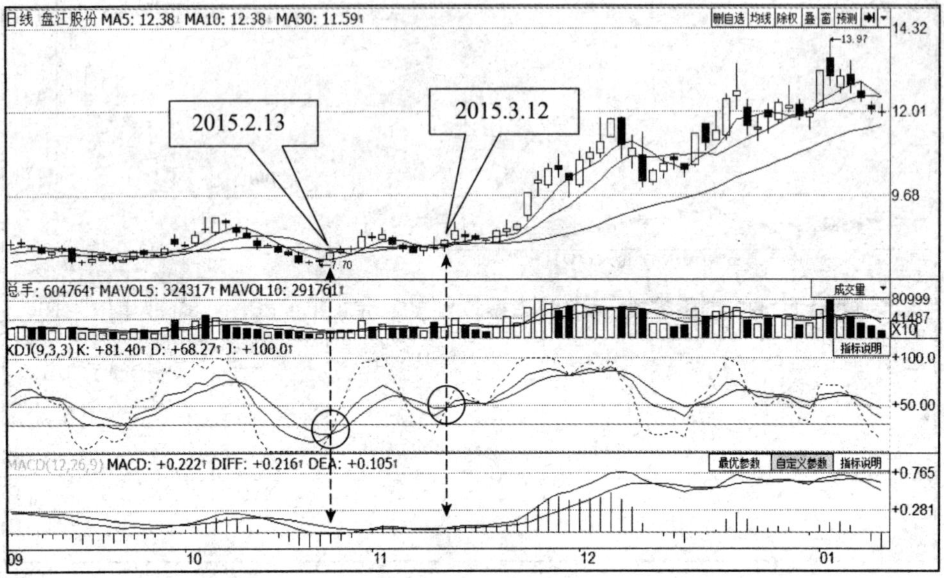

图 1-19　盘江股份（600395）KDJ 指标走势图

2 月 13 日，该股 KDJ 指标出现黄金交叉，且金叉位于 30 线下方，说明成色较高。但此时股价仍处于回调途中，是否可以买入，交易者可以参考 MACD 指标进行研判。此时 MACD 指标柱线虽已经开始萎缩，但仍位于 0 轴下方，这说明空方实力虽有所减弱，但仍占主导地位。激进型交易者可以少量买入该股，保守型交易者可以继续观望。

3 月 12 日，该股 KDJ 指标再度出现黄金交叉。由于此交叉已经属于短期内的二度交叉，故虽交叉点位于 30 线上方，但也具有很强的交易指导意义。此时，交易者可再对照 MACD 指标进行研判。此时 MACD 柱线已经位于 0 轴上方，且 DIFF 快线与 DEA 慢线刚刚在 0 轴附近形成黄金交叉，这预示着股价短期将走强，交易者可以加仓买入该股。

交易者可以根据个人需要，将 KDJ 指标与 RSI 指标、BOLL 指标或 CCI 指标组合使用。后面将详细介绍这些指标的组合用法。

3. 股价 K 线与 KDJ 指标结合判断买卖点

股价 K 线是股价走势最直观的反映，通过 KDJ 指标与股价 K 线某些特殊形态相结合研判股价走势，无疑可以增强 KDJ 指标所发出信号的准确性。例如，交易者可以将股价 K 线顶部形态与 KDJ 指标高位死叉相结合来判断股价卖点。

如图 1-20 所示，城市传媒的股价在 2015 年上半年出现了一波大幅上涨行情。5 月底到 6 月初期间，该股股价出现了明显的筑顶迹象，且股价 K 线走出了 M 顶形态。与此同时，KDJ 指标也两度出现死亡交叉。

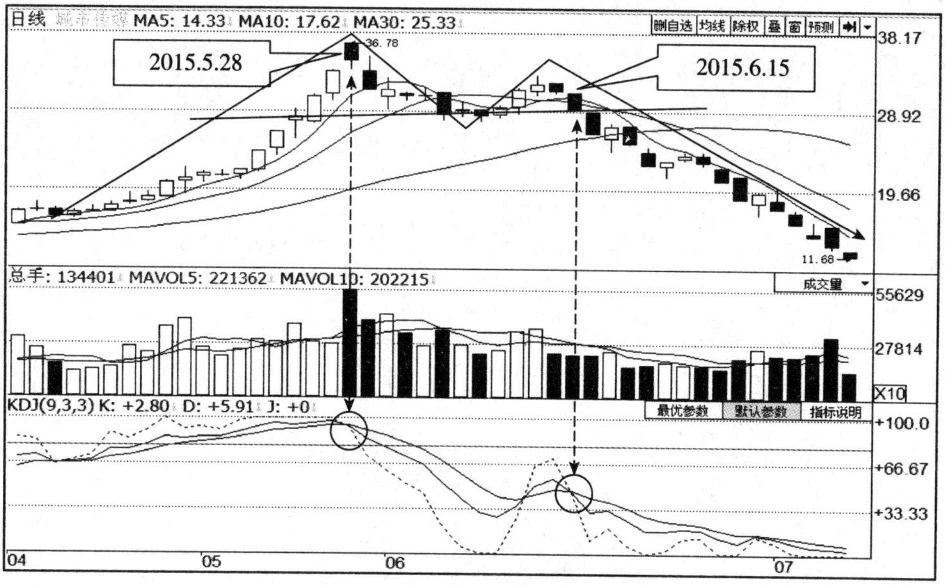

图 1-20 城市传媒（600229）KDJ 指标走势图

5 月 28 日，该股股价走出了 M 顶的第一个顶峰，KDJ 指标也同步出现高位死叉。这预示着股价将出现下跌，保守型交易者可以在此时减仓该股。

随后该股股价再度上升，KDJ 指标同步上升并出现黄金交叉形态。6 月 15 日，该股股价自 M 顶第二个顶峰下跌，KDJ 指标再度出现死亡交叉，且这个交叉点大大低于第一个交叉点。这说明此时 KDJ 指标与股价出现了明显的顶背离，死叉出现时就是该股最后的卖出机会。

第二章

KDJ 指标解析 指标构成及交易含义

KDJ 指标主要根据最新股价在近阶段股价分布中的位置来预测未来可能的运行趋势。KDJ 指标中，K 值和 D 值的取值范围在 0 ~ 100 之间，J 值理论上可以突破 0 和 100 的限制，但在炒股软件中，多数用 0 ~ 100 这一区间来描述 KDJ 指标的变化。

第一节　KDJ 指标的构成及参数设位置

如图 2-1 所示，根据 KDJ 指标的取值范围，可以将 KDJ 指标波动的区间分为超买区、徘徊区和超卖区三个区间。当 KDJ 指标向上运行并进入超买区时，股价有下跌的风险；当 KDJ 指标向下运行并进入超卖区时，则有反弹向上的可能。

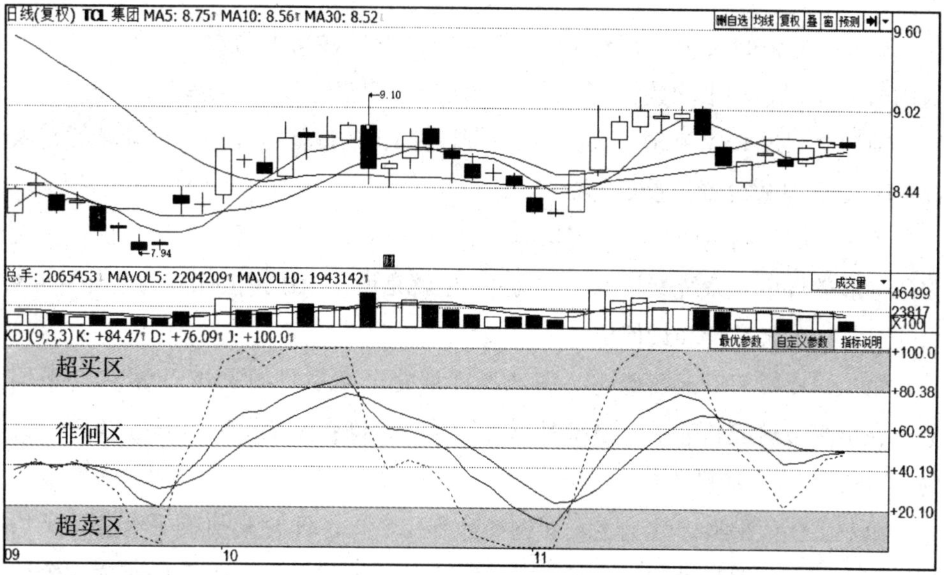

图 2-1　KDJ 指标示意图

在第一章已经介绍过，KDJ 指标的数值是以 RSV 为基础得到的。KDJ 指标基本的计算公式如下：

当日 K 值=2/3×前日 K 值+1/3×当日 RSV 值

当日 D 值=2/3×前日 D 值+1/3×当日 K 值

若无前一日的 K 值与 D 值，可以分别用数字 50 代替

J 值=3×当日 K 值-2×当日 D 值

其中：RSV=（n 日的收盘价-n 日内的最低价）÷（n 日内的最高价-n 日

内的最低价）×100%

注：在一些炒股软件和炒股图书中，为了方便起见，都将 K 值或 D 值后面的%省略了。交易者只要能够明白每个数值表达的含义即可。

通常情况下，在炒股软件中，曲线 K 为白色，曲线 D 为黄色，曲线 J 为紫色。曲线 D 运行速度最慢，敏感度最低，其次是曲线 K，曲线 J 敏感度最强。

本节主要讲解 KDJ 指标及其组成部分的计算方法。如果交易者只想应用该指标，不想深究其计算方法的话，可以直接跳过本节。

一、KDJ 指标参数设置

KDJ 指标中的 K 值，是对 RSV 值的 N 日平滑移动平均数；D 值，又是 K 值的 N 日平滑移动平均数；J 值，是 3 倍的 K 值与 2 倍 D 值的差值。

前面介绍过 RSV 数值主要是按照一段时间内的最低价和最高价计算的，因此 KDJ 指标参数设置的重点包括三项。

第一，时间周期的选择。即选择计算多长时间内的最高价与最低价。在大多数炒股软件中，系统默认的参数为 9。也就是说，KDJ 指标计算的基础是近 9 个交易日内的最高价和最低价。

第二，K 值平滑天数确定。即选择计算几个交易日的 RSV 平滑移动平均数。在大多数炒股软件中，系统默认参数为 3。也就是说，K 值是连续 3 个交易日 RSV 平滑移动平均数。

第三，D 值平滑天数确定。即选择计算几个交易日的 K 值的平滑移动平均数。在大多数炒股软件中，系统默认参数为 3。也就是说，D 值是连续 3 个交易日 K 值的平滑移动平均数。

1. 时间参数设置

图 2-1 中，KDJ（9，3，3）指的就是以 9 个交易日为基础计算最低价和最高价，并以 3 个交易日为限分别计算平滑移动平均数。交易者可以根据个人的需要和经验修改 KDJ 指标的参数，具体方法为：

第一步，将鼠标移至 KDJ 指标线的位置，曲线 K 或曲线 D 均可。

第二步，右击鼠标，在弹出的“对话框”中选择“修改指标参数”项目。

第三步，在弹出的“对话框”中重新设置指标参数，如图 2-2 所示。

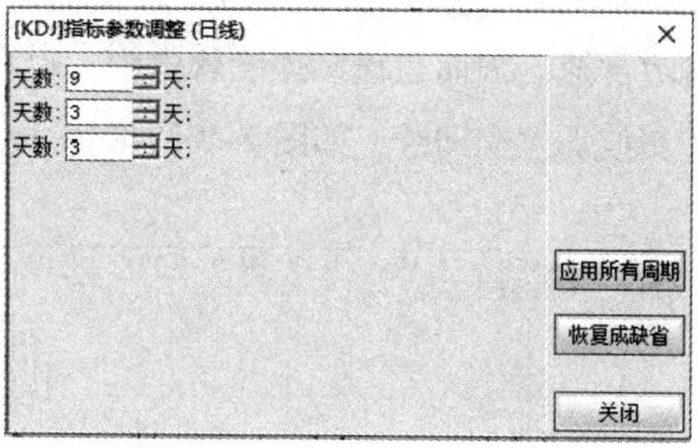

图 2-2 KDJ 指标参数设置

2. 设置时间参数的依据

大多数交易软件默认的时间参数都是（9，3，3），有些交易者根据个人喜好将其换成（5，3，3）、（18，3，3）等。

设置（9，3，3）这一时间参数，主要源于该指标引入我国股市时的休市时间安排。当时我国股市执行每周休一天的工作休息制度，因而，“9”是一周半交易日的天数；“3”是 KDJ 指标为了能够及时反映股价变化而设置的平滑天数。

关于平滑天数的设置，一般而言并没有多大的不同，区别多数在 RSV 计算周期上。也就是说，交易者也可以按照目前的休假安排，将时间换成一周的交易天数（5，3，3）。

个别经验丰富的交易者会将时间参数分为三组来观察 KDJ 指标的走势，如（5，3，3）、（8，3，3）、（13，3，3），这主要是按照斐波那契数列的排列顺序设置的。当然，交易者还可以根据个人喜好，将天数修改为（15，3，3）、（21，3，3）、（34，3，3）等。

斐波那契数列由一串神奇的数字构成：1，2，3，5，8，13，21，34，55，89，144，233，377，610，987，1597……直至无限。构成斐波那契神奇数字系列的基础非常简单，由 1，2，3 开始，产生无限数字系列，而 3 实际上为 1 与 2 之和，以后出现的一系列数字，全部依照上述简单的原则：两个连续出现的相邻数字相加等于后面的数字。

很多交易者相信，斐波那契数列是一串神奇的数字，其中也蕴含了股市涨跌变化的规律，即当股价运行至斐波那契数列中某一个数字代表的时间点时，市场可能会出现反转或加速。因而在很多炒股软件中，也有根据斐波那契数列开发的画线工具，即斐波那契周期线，如图 2-3 所示。

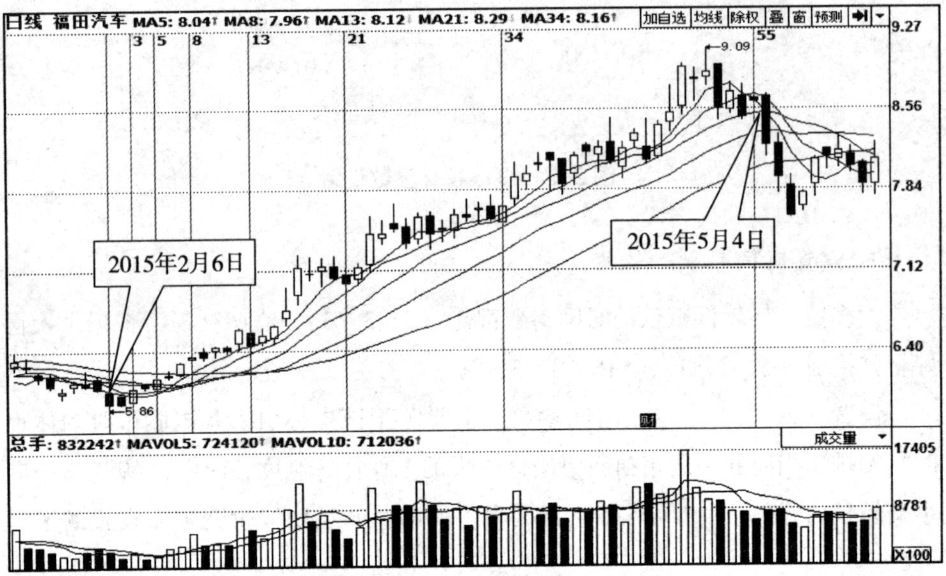

图 2-3 斐波那契周期线示意图

其实无论采用何种时间参数设置方法，都不会对 KDJ 指标的运行构成太大的影响。不过由于 KDJ 指标属于随机波动指标，因而大多数交易者都倾向于选择较短的时间周期，如 5~14。

二、RSV 的计算及交易指示意义

RSV 是英文 Raw Stochastic Value 的缩写，中文意思是“未成熟随机值”。RSV 值反映了股票收盘价在某一周期内最高价与最低价构成的区间内所处的位置。

1. RSV 值的计算

以 9 日为周期，按照前面介绍的 RSV 计算方法，可以得到当日 RSV 的计算公式：

当日 RSV=（9 日收盘价-9 日最低价）÷（9 日最高价-9 日最低价）×100%

下面以图 2-4 为例，介绍一下 RSV 值的计算方法。

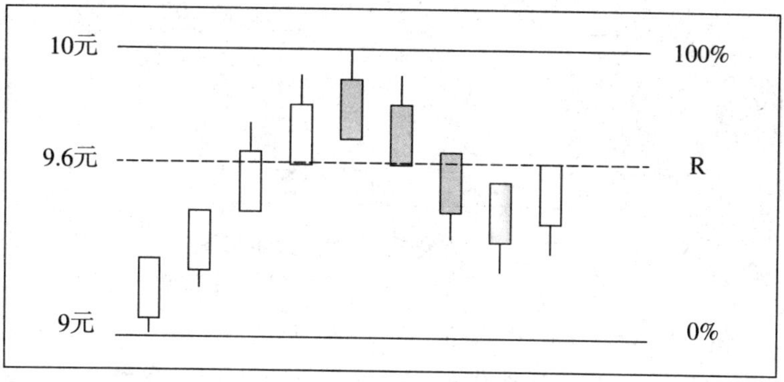

图 2-4 简化版股价走势图

如图 2-4 所示，股价在连续 9 个交易日内的最低价为 9 元，最高价为 10 元，第 9 日的收盘价为 9.6 元。那么按照 RSV 值的计算方法，就可以得到下面这样一个公式：

第 9 日 RSV=（9.6-9）÷（10-9）×100%=60%

也就是说，如果 KDJ 指标中有一条 RSV 走势线，那么当日该条曲线的数值就是 60%。

2. RSV 的交易指导意义

RSV 值体现了其在股价所处区间的相对位置。当 RSV 值靠近 100%线时，说明其处于顶部区域，未来必然会向下回调；当 RSV 值靠近 0 线时，说明其处于底部区域，未来又会向上反弹，如图 2-5 所示。

基于 RSV 曲线的走势特征，可以得出这样一个交易指导原则：当 RSV 向上进入 80%区域时，说明股价已经超买，未来将会出现回调；当 RSV 向下进入 20%区域时，说明股价已经超卖，未来将会出现反弹。

三、曲线 K 的计算及交易指示意义

如前所述，曲线 K 的本质是对 RSV 数值的平滑处理，其计算公式为：

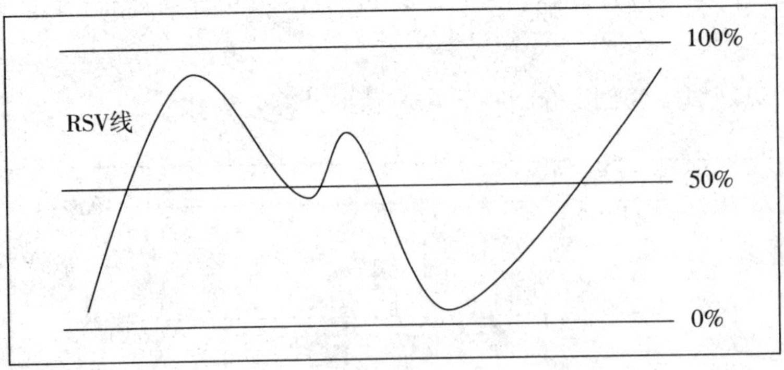

图 2-5 理想化的 RSV 曲线走势图

当日 K 值=2/3×前日 K 值+1/3×当日 RSV 值

与 RSV 相比，曲线 K 的走势更加平滑，波动也相对缓和。不过在所有技术指标中，曲线 K 以及 KDJ 指标仍是波动最为敏感的指标。

曲线 K 的交易指示含义包括以下三个方面。

第一，当曲线 K 靠近 100 线时，说明指标线已经进入短线顶部区域，未来必然会向下回调；当曲线 K 靠近 0 线时，说明指标线已经进入短线底部区域，不久就会向上反弹。若曲线 K 未进入 80 线（90 线以上更好）区域即回调，则说明上涨动能不足；反之，若曲线 K 线未进入 20 线（10 线以下更好）区域即反弹向上，则说明下降动能不足。

第二，曲线 K 向右上方运行时，说明股价处于上涨趋势中；反之，当曲线 K 向右下方倾斜时，说明股价出现了回调或下跌。

第三，曲线 K 位于 50 线上方且向右上方倾斜，说明股价短线呈强势；反之，则说明股价呈弱势。

如图 2-6 所示，漳州发展的股价在 2015 年 9 月底到 11 月期间出现了震荡上涨走势，在股价震荡过程中，KDJ 指标也随之波动。曲线 K 拐头向上运行时，往往是股价上涨时期；曲线 K 拐头向下时，股价也处于下跌趋势中。由此可见，股价与曲线 K 的运行具有一致性。

图 2-6 中，曲线 K 大部分时间位于 50 线上方，说明多头占据优势地位。其间曲线 K 两次到达 80 线位置后下降，这也说明股价上涨强度并不大，交易

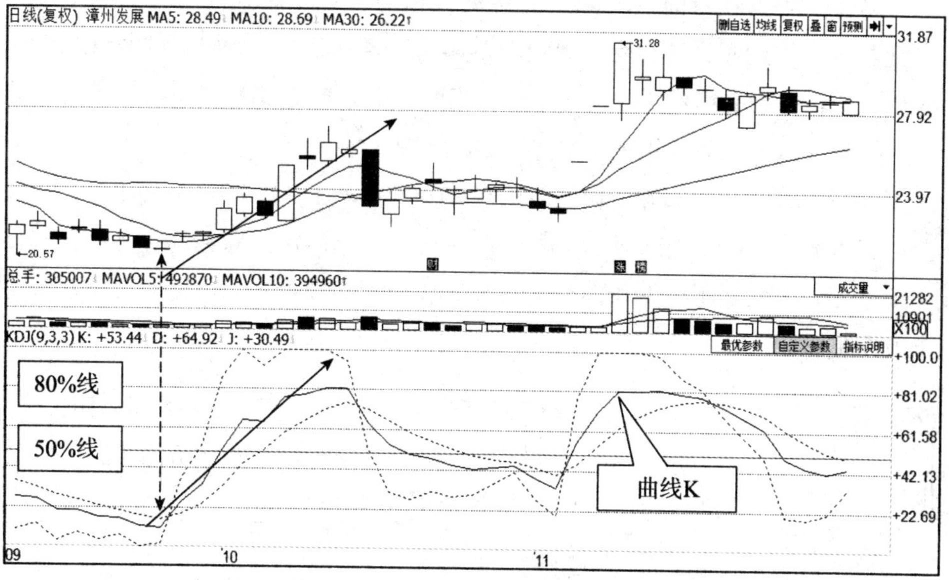

图 2-6 漳州发展（000753）KDJ 指标走势图

者应密切关注股价走势，不可贸然采取行动。

四、曲线 D 的计算及交易指示意义

如前所述，曲线 D 本质上是对曲线 K 的平滑处理，更接近于曲线 K 的一条均线。其计算公式为：

当日 D 值=2/3×前日 D 值+1/3×当日 K 值

与曲线 K 相比，曲线 D 的走势更加平滑，波动也相对缓和。曲线 D 的交易指示作用主要是与曲线 K 之间发生各种关联而发出的，曲线 D 的交易指示含义包括以下三个方面。

第一，当曲线 K 位于曲线 D 上方时，说明多方呈强势，股价处于上涨趋势中；反之，则说明股价处于下降趋势中。

第二，当曲线 D 靠近 100 线时，说明指标线已经进入短线顶部区域，未来必然会向下回调；当曲线 D 靠近 0 线时，说明指标线已经进入短线底部区域，不久就会向上反弹。若曲线 D 未进入 80 线区域即回调，则说明上涨动能不足；反之，若曲线 D 线未进入 20 线区域即反弹向上，则说明下降动能不足。

第三，曲线 D 对曲线 K 具有一定的支撑与阻力作用。当曲线 K 自下而上来到曲线 D 附近时，便会受到曲线 D 的阻力。若曲线 K 成功上穿曲线 D，阻力作用就会转化为支撑作用，反之亦然。当然，由于 KDJ 指标具有高度灵敏的特点，这种支撑与阻力作用表现得并不是很明显。

如图 2-7 所示，同方股份的股价在 2015 年 10 月底到 11 月初经历了一段震荡上升走势。在股价上涨过程中曾出现一波回调，KDJ 指标也同步下降。其后曲线 K 触底反弹，并于 2015 年 11 月 5 日成功上穿曲线 D，这说明股价短线上涨概率很高。

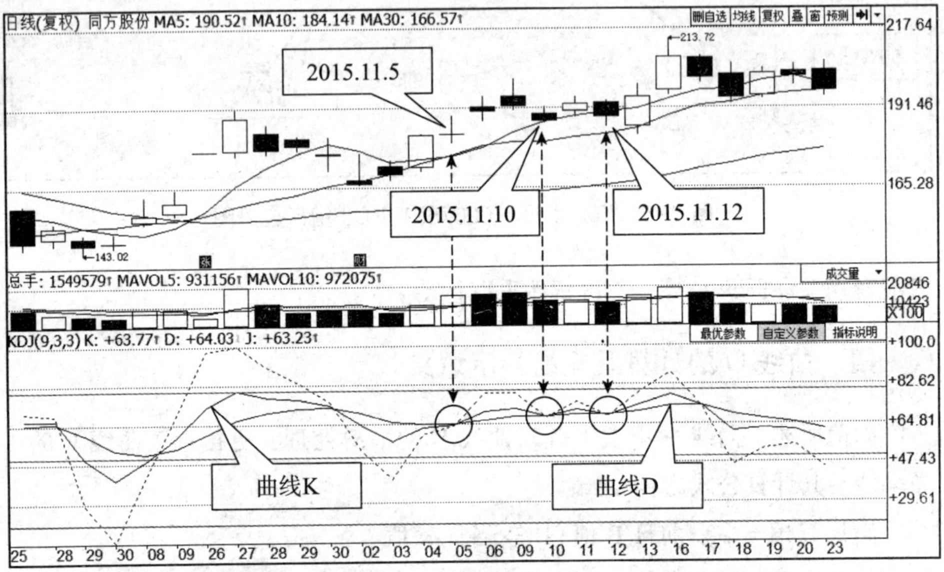

图 2-7　同方股份（600100）KDJ 指标走势图

曲线 K 上涨一段时间后连续出现回调，并于 11 月 10 日、11 月 12 日遇曲线 D 支撑后再度上升，由此可见曲线 D 对曲线 K 具有较强的支撑作用。

五、曲线 J 的计算及交易指示意义

先来看一下 J 值的计算公式：

J 值 = 3× 当日 K 值 -2× 当日 D 值

如果这个公式不够直观的话，可以对这个公式做一下变形。

J 值=2×（当日 K 值-D 值）+当日 K 值

也就是说，J 值是 K 值与 D 值之差的两倍与 K 值的和。从本质上来说，它反映的是 K 值与 D 值的落差。至于倍数关系，只是为了让交易者更容易看清两者之间的差距而设置的。基于此，曲线 J 主要反映曲线 K 与曲线 D 之间的位置关系。

第一，当曲线 J 位于曲线 K 上方且向右上方运动，表明曲线 K 位于曲线 D 上方且曲线 K 与曲线 D 的距离逐渐拉大，这反映多头处于优势地位，股价上涨速度加快。

第二，当曲线 J 位于曲线 K 下方且向右下方运动，表明曲线 K 位于曲线 D 下方且曲线 K 与曲线 D 的距离逐渐拉大，这反映空头处于优势地位，股价下降速度加快。

第三，当曲线 J 位于曲线 K 上方且向右下方运动，表明曲线 K 仍位于曲线 D 上方，但曲线 K 与曲线 D 的距离逐渐拉近，反映出多头处于优势地位但力度减弱，未来股价有下跌风险。

第四，当曲线 J 位于曲线 K 下方且向右上方运动，表明曲线 K 仍位于曲线 D 下方，但曲线 K 与曲线 D 的距离逐渐拉近，反映出空头处于优势地位但力度减弱，未来股价有反弹的可能。

第五，当曲线 J 进入 90 线及以上区域时，说明股价出现超买现象，未来存在回调的风险；当曲线 J 进入 10 线及以下区域，说明股价出现超卖现象，未来存在反弹的可能。

第六，当 J 值到达 100 及以上时，就会超过 KDJ 指标波动区间的限制，其发出的超买信号就会失灵；当 J 值低于 0 时，就会超过 KDJ 指标波动区间的限制，其发出的超卖信号就会失灵。

如图 2-8 所示，太阳电缆的股价在 2015 年 9 月启动了一波震荡上涨行情，KDJ 指标也随之上升。曲线 J 不断快速上攻，这说明曲线 K 上涨的速度要快于曲线 D 的速度，反映出股价上涨态势良好。

9 月 29 日，该股股价继续上涨时，曲线 J 达到并横在了 100 线位置，此时曲线 J 无法发出交易信号。直到曲线 J 自 100 线返回超买区域，才能正确反映曲线 K 与曲线 D 之间的落差。

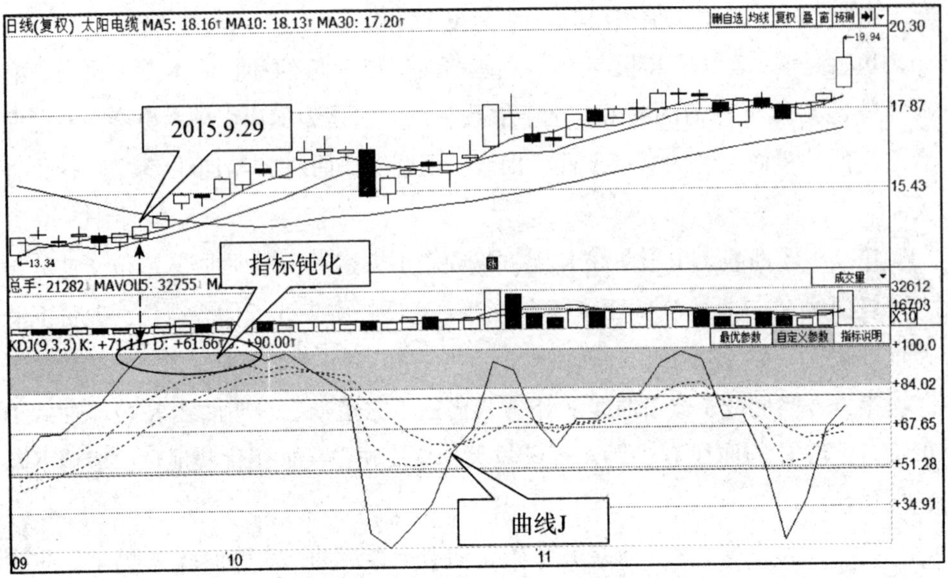

图 2-8　太阳电缆（002300）KDJ 指标走势图

第二节　KDJ 运行区域划分及交易指示意义

KDJ 指标的区域划分同样对交易有着重要的指示含义。当曲线 K、曲线 D、曲线 J 进入超买超卖区域时，往往会发出不同的交易指示信息。

按照 KDJ 指标的波动区间，可以将其运行区间划分为超买区、徘徊区和超卖区，如图 2-9 所示。

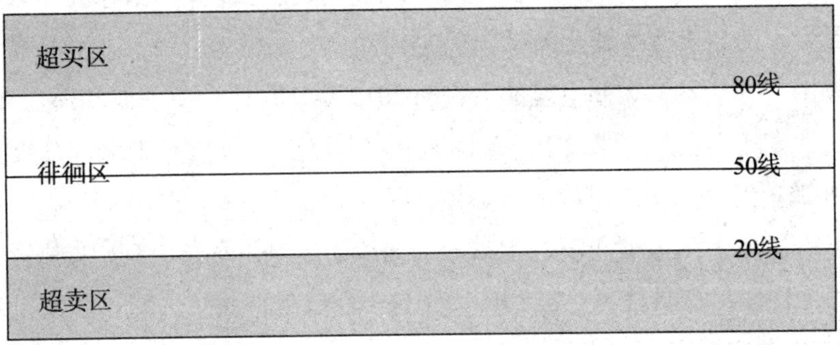

图 2-9　KDJ 指标波动区间的划分

一、超买区域划分及交易含义

超买区，是指买盘强盛并逐渐进入顶峰，在技术上存在回调可能的区域。通常情况下，将 KDJ 震荡区间的 80 线作为徘徊区和超买区的分界线。也就是说，当指标线的数值超过 80 就算进入了超买区。

1. 超买信号的识别

尽管很多炒股软件都将 80 线作为徘徊区与超买区的分界线，但不同的指标线进入超买区发出的信号强度还是有所区别的。

（1）曲线 J 由于过于灵敏，其进入 80 线以上区域时，发出的超买信号比较弱。很多交易者习惯将其进入 90 线以上区域才看成指标超买。

（2）曲线 K 进入 80 线以上区域时，发出的超买信号较强，但仍要弱于曲线 D。

（3）曲线 D 走势相对比较平缓，其进入 80 线以上区域时，发出的超买信号最强。很多交易者在确认 KDJ 指标超买时，都将曲线 D 作为重要参考指标。

2. 超买信号的交易含义

指标线进入超买区域，并不意味着股价一定会下跌，同时还要结合具体情况进行研判。

（1）当指标线进入超买区域，尤其是曲线 D 进入超买区，只能说明股价进入危险区域，意味着短期内股价有加速筑顶的可能，未来某一时间可能会盛极而衰。此时交易者若持有股票，只需耐心持股，待其他卖出信号出现时再卖出股票不迟。

如图 2-10 所示，洛阳钼业的股价在 2015 年 7 月初出现了一波反弹上涨走势。在股价反弹过程中，KDJ 指标也随之走高，曲线 J、曲线 K 先后进入了超买区。7 月 20 日，曲线 D 也进入了超买区，说明股价短期内可能会反转向下。但此时股价仍处于上攻时期，短线交易者只需持股待涨。

2015 年 7 月 24 日，该股股价上攻乏力，在 K 线图上留下了一根带上影线的小阳线，且曲线 K 自上而下跌破曲线 D。这说明该股股价短期内将走弱，短线交易者可卖出该股。

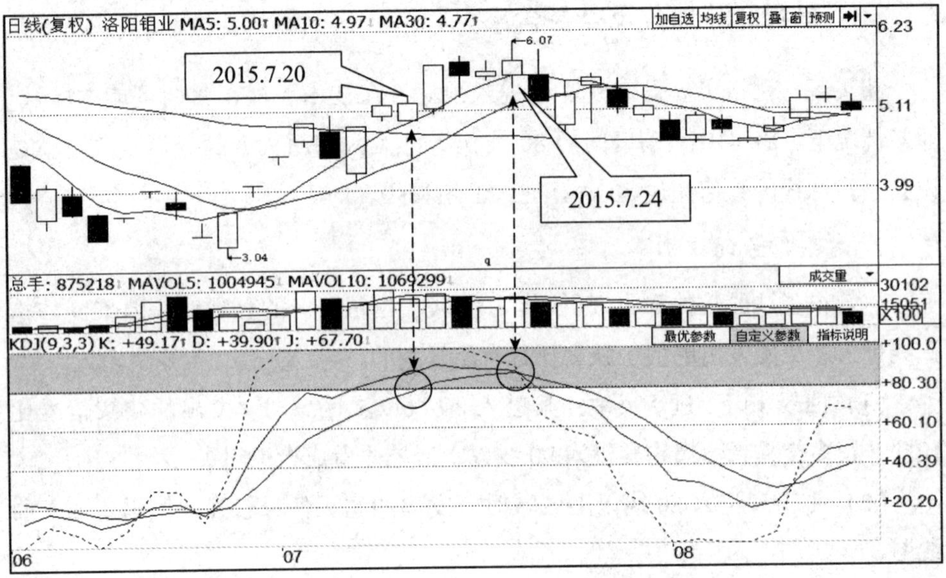

图 2-10　洛阳钼业（603993）KDJ 指标走势图

（2）凡事都要有反向思考的意识，很多超短线交易者就喜欢利用 KDJ 指标超买这一特点追击短线牛股。当 KDJ 指标进入超买区后，曲线 K 向右上方倾斜，曲线 J 若能超过 100 更好，只要曲线 J 没有跌破 100 线，往往意味着股价将会出现一波快速拉升。

具体操作要点包括以下几个方面。

第一，曲线 K 和曲线 D 进入超买区后一路向右上方倾斜，无拐头或放缓迹象。

第二，股价处于加速上涨时期，且成交量持续放大。

第三，曲线 J 超过 100。

当然，此时股价上涨速度尽管可能非常快，但风险也会非常大。这正体现了收益与风险对等的原则。

如图 2-11 所示，皖通高速的股价在 2015 年 5 月初出现了一波快速上涨走势。在股价上涨过程中，KDJ 指标也随之走高，曲线 J、曲线 K 先后进入超买区。5 月 26 日，曲线 D 也进入了超买区，这说明股价短期内处于强势。此时曲线 J 已经超过了 100 线，股价位于均线上方，均线又呈多头发散态势，说明股

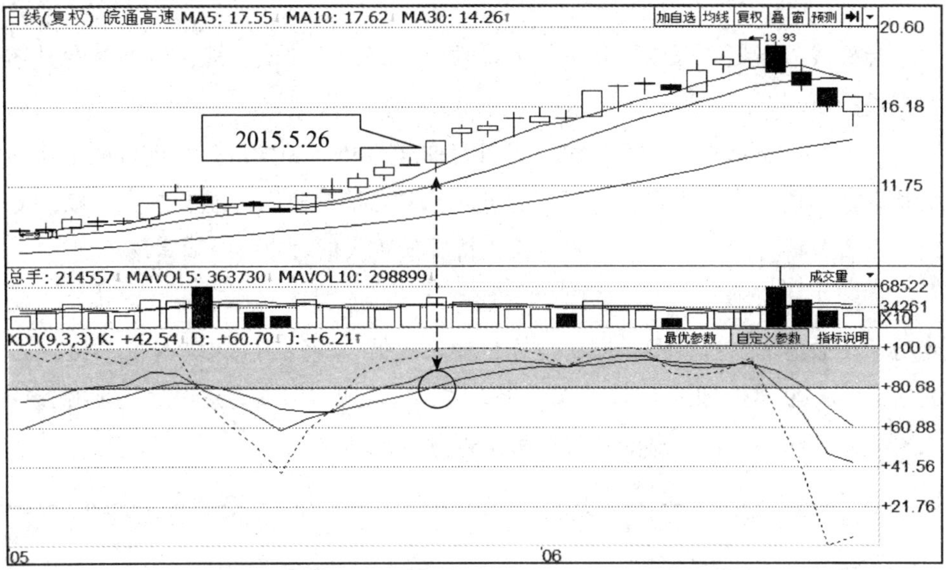

图 2-11 皖通高速（600012）KDJ 指标走势图

价短期内继续上涨的概率很大，超短线交易者可以考虑追涨买入。

二、超卖区域划分及交易含义

超卖区，是指卖盘强盛并逐渐进入顶峰，在技术上存在反弹可能的区域。通常情况下，将 KDJ 震荡区间的 20 线作为徘徊区和超卖区的分界线。也就是说，当指标线的数值跌破 20 就算进入了超卖区。

1. 超卖信号的识别

与超买区的划分相似，尽管很多炒股软件都将 20 线作为徘徊区与超卖区的分界线，但不同的指标线进入超卖区发出的信号强度还是有区别的。

（1）由于曲线 J 过于灵敏，其进入 20 线以下的区域时，发出的超卖信号比较弱。很多交易者习惯将其进入 10 线以下区域才看成指标超卖。

（2）曲线 K 进入 20 线以下区域时，发出的超卖信号较强，但仍弱于曲线 D。

（3）曲线 D 走势相对比较平缓，其进入 20 线以下区域时，发出的超卖信号最强。很多交易者在确认 KDJ 指标超卖时，都将曲线 D 作为重要参考指标。

2. 超卖信号的交易含义

指标线进入超卖区域，并不意味着股价一定会反弹或上涨，也要结合具体情况进行研判。

（1）当指标线进入超卖区域，尤其是曲线 D 进入超卖区，只能说明下跌动能逐渐达到顶峰，股价有加速探底的可能，未来某一时间可能会结束下跌。此时交易者若持有现金，只需耐心持币，待其他买入信号出现时再入场不迟。

如图 2-12 所示，三一重工的股价在 2015 年 6 月中旬出现了一波快速杀跌走势。在股价暴跌过程中，KDJ 指标也随之走低，曲线 J、曲线 K 先后进入超卖区。6 月 29 日，曲线 D 也进入了超买区，这说明空方实力逐渐达到顶峰，持币者应避其锋芒，待明显的转势信号出现方可入场。

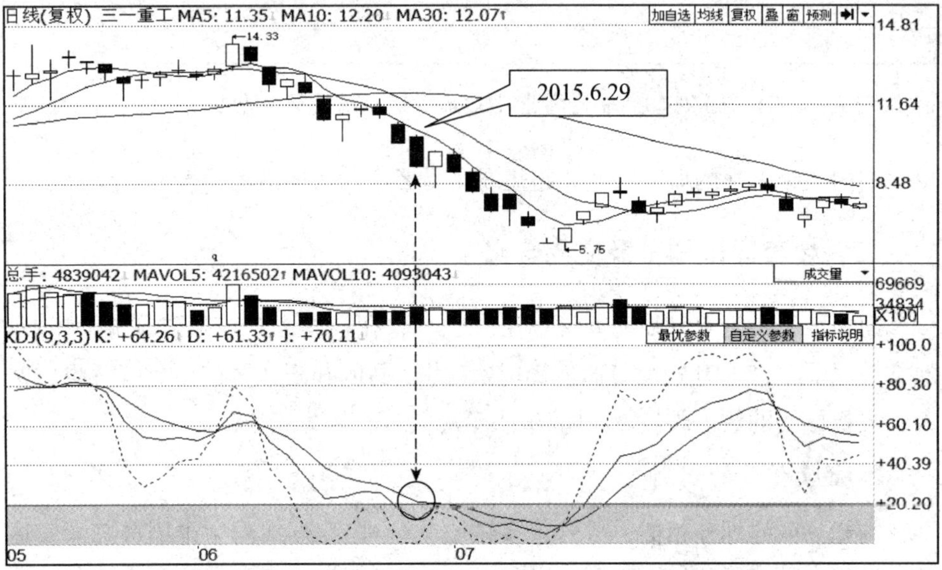

图 2-12 三一重工（600031）KDJ 指标走势图

其后该股在几个交易日内又有了 40%多的跌幅。由此可见，若入场过早，会让交易者损失惨重。

（2）当 KDJ 指标进入超卖区后，曲线 J 若能低于 0 更好，此时曲线 K 和曲线 D 经过一段时间的下跌后，曲线 K 自下而上穿越曲线 D 形成低位金叉，往往意味着股价将会出现一波反弹。

具体操作要点包括以下几个方面。

第一，曲线 K 和曲线 D 进入超卖区后一路向右下方倾斜，曲线 J 跌破 0 线。

第二，股价持续下跌多日，技术上存在反弹需求。

第三，曲线 K 率先拐头向上，并成功上穿曲线 D，形成金叉，这意味着股价短期内有反弹的可能。

如图 2-13 所示，象屿股份的股价在 2015 年 6 月初出现了一波快速杀跌走势。在股价下跌程中，KDJ 指标也随之走低，曲线 J、曲线 K 先后进入超卖区。

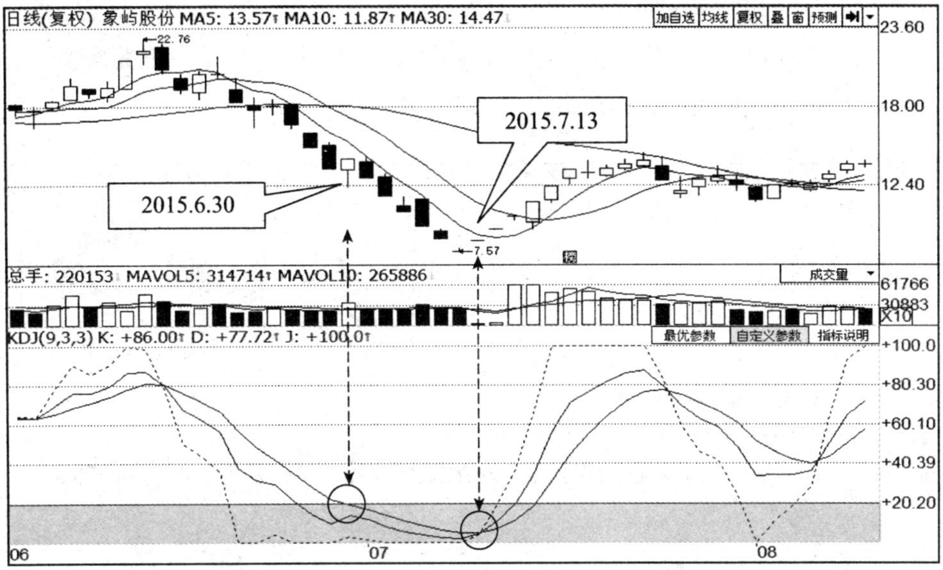

图 2-13 象屿股份（600057）KDJ 指标走势图

6 月 30 日，曲线 D 也进入了超卖区，这说明股价短期内处于弱势。此时曲线 J 已经跌破 0 线，说明股价短期内下跌行情还将延续。不过这种下跌趋势很难持续，未来很可能会出现反弹走势，交易者只需密切关注股价和 KDJ 指标的走势。

其后该股又经历了几个交易日的下跌，然后出现超跌反弹迹象。7 月 13 日，曲线 K 自下而上穿越曲线 D 形成金叉，这意味着股价短期内可能会有一波反弹走势，激进的抢反弹者可以考虑短线跟进买入。

三、50 线及徘徊区的交易指示意义

在 KDJ 指标运行区间内，自 80 线以下至 20 线以上的区域称作徘徊区。整个徘徊区被一条 50 线从中间分隔。相对而言，当 KDJ 指标在徘徊区波动时，交易参考价值较低，交易者宜保持观望态势。不过，KDJ 指标处于 50 线的上方和下方还是有所区别的。

1. 50 线上方的徘徊区

当 KDJ 指标在 50 线上方的徘徊区内波动时，说明多方占据优势地位，交易者做多成功的概率相对较高。

如图 2-14 所示，五矿发展的股价自 2015 年 2 月启动了一波震荡上涨行情。在股价上升过程中，KDJ 指标也同步走高。

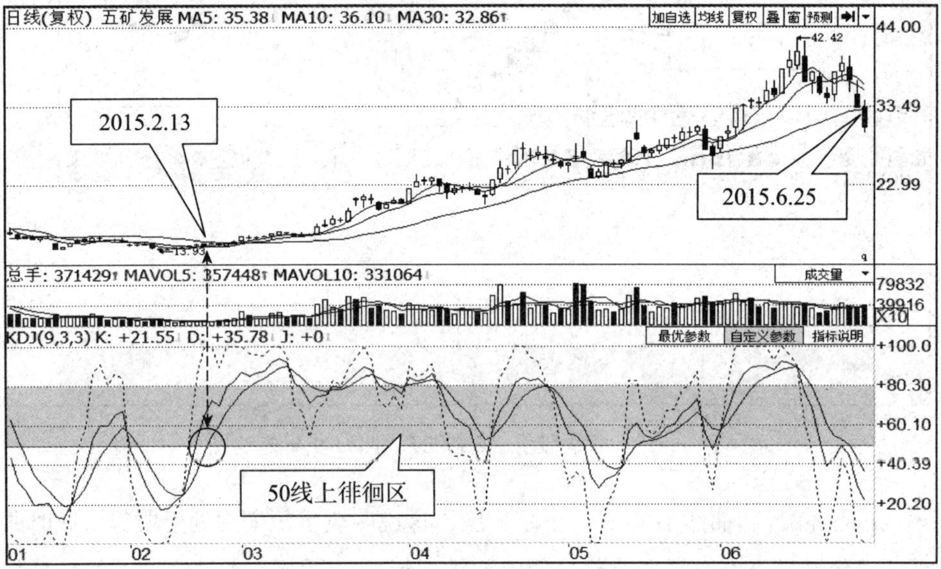

图 2-14　五矿发展（600058）KDJ 指标走势图

股价上涨过程中，不断出现震荡回调，KDJ 指标也随之震荡波动。不过，在整个股价上涨期间内，KDJ 指标大部分时间都在 50 线上方的徘徊区运行，这说明多方在大多数时间内都占据优势地位，持股的交易者可以耐心持股待涨。

2015 年 6 月 25 日，该股股价已经连续几个交易日下跌，且跌破了中期均线。此时 KD 指标已经下降到 50 线的下方，交易者宜卖出持有的股票。

2. 50 线下方的徘徊区

当 KDJ 指标在 50 线下方的徘徊区内波动时，说明空方占据优势地位，交易者做空或持币相对比较安全。

如图 2-15 所示，海信电器的股价自 2015 年 8 月启动了一波杀跌行情。在股价下跌过程中，KDJ 指标也同步走低。

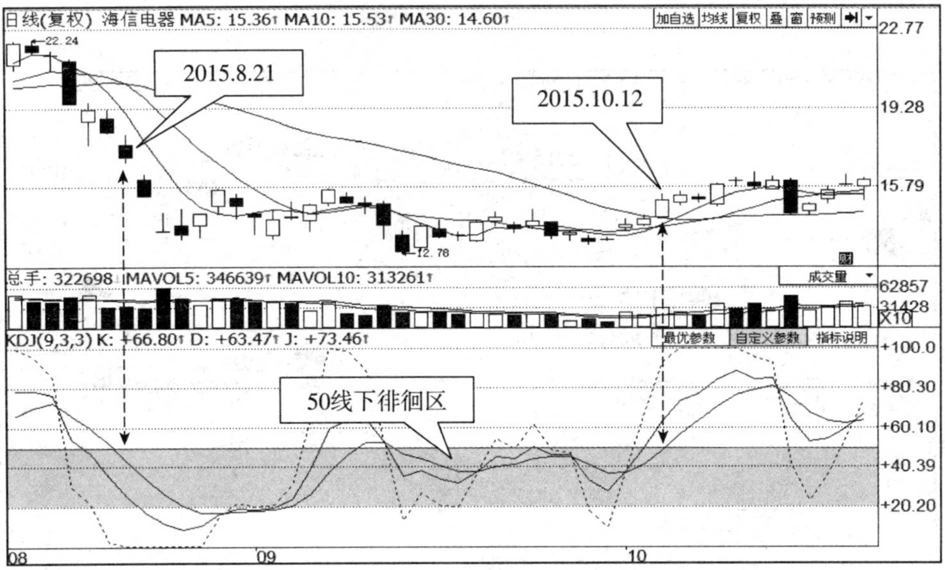

图 2-15 海信电器（600060）KDJ 指标走势图

在股价筑底过程中，不断出现震荡回调，KDJ 指标也随之震荡波动。不过，在整个股价筑底期间，KDJ 指标大部分时间都位于 50 线下方的徘徊区，这说明空方在大多数时间内都占据优势地位，持币的交易者可以耐心等待机会。

2015 年 10 月 12 日，海信电器的 KDJ 指标自底部向上返回 50 线上方区域，同时股价 K 线也站在了 30 日均线的上方。这说明股价已经转强，多方开始占据优势地位，交易者可以考虑买入该股。

3. KDJ 指标上穿 50 线

KDJ 指标自下而上穿越 50 线，意味着市场由空方主导转为多方主导，属于积极的入场信号。若一只股票的股价长期处于低位，且 KDJ 指标长期处于 50 线下方，一旦 KDJ 指标向上突破 50 线，则该信号的指示作用更强。反之，若 KDJ 指标长期波动于 50 线附近，则该信号不具有指示作用。

如图 2-16 所示，杭钢股份的股价在经历了 2015 年 6 月的一波快速杀跌后出现底部震荡走势，KDJ 指标也在 50 线下方震荡，这说明空方仍占据优势地位。

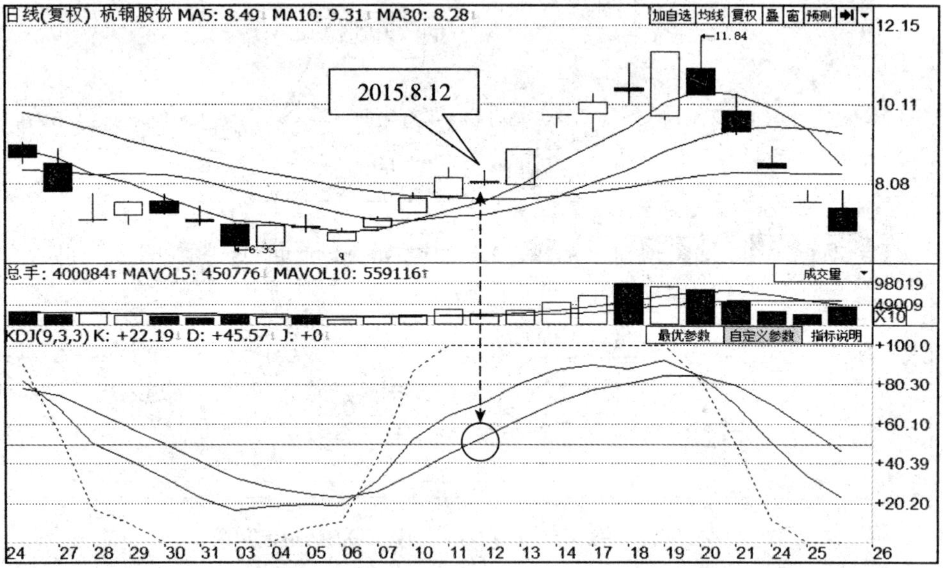

图 2-16　杭钢股份（600126）KDJ 指标走势图

8 月 12 日，该股股价已经连续几个交易日反弹向上，KDJ 指标也同步上穿 50 线。这说明多方开始占据主动，交易者可以考虑择机入场。

4. KDJ 指标跌破 50 线

KDJ 指标自上而下跌破 50 线，意味着市场由多方主导转为空方主导，属于典型的离场信号。若一只股票的股价长期处于高位，且 KDJ 指标长期处于 50 线上方，一旦 KDJ 指标跌破 50 线，则该信号的指示作用更强。反之，若 KDJ

指标长期波动于 50 线附近，则该信号不具有指示作用。

如图 2-17 所示，宏达新材的股价在 2014 年 12 月初出现筑顶迹象，股价自高位下跌，KDJ 指标也随之走低。在股价启动下跌之前，KDJ 指标一直位于 50 线上方，这说明多方一直居于主导地位。

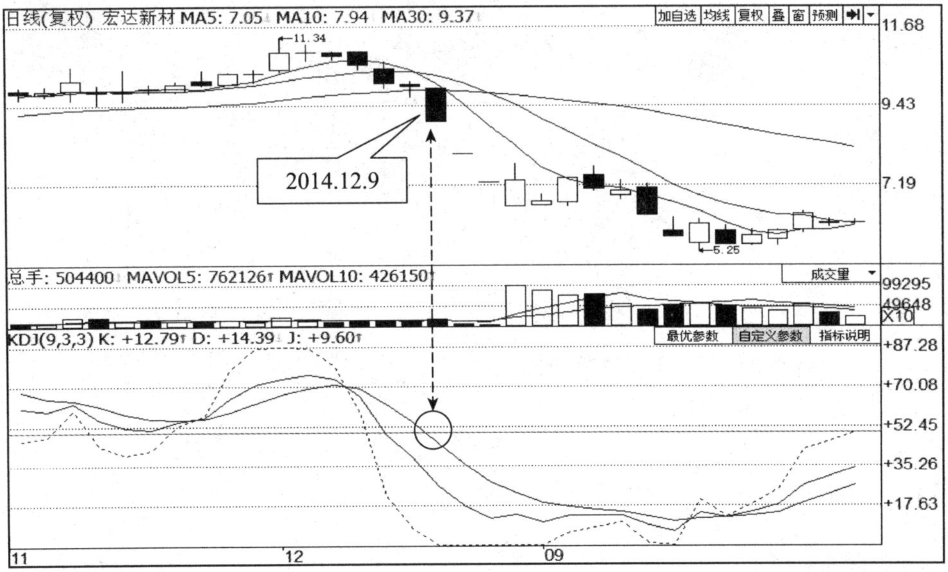

图 2-17 宏达新材（002211）KDJ 指标走势图

12 月 9 日，宏达新材的股价以跌停报收，KDJ 指标也自上而下跌破 50 线。这说明空方开始占据优势地位，交易者可以考虑立即离场。

由于 KDJ 指标波动过于频繁，各条曲线经常会失灵，或频繁地往来于各个交易区域，如曲线 K 或曲线 J 频繁地波动于 20 线附近或 80 线附近。在交易实战中，交易者不能机械地将各区域的交易指示信号直接应用于实战，而要结合其他信号进行综合分析，以便做出准确的决策。

第三章

KDJ 指标的形态及交易含义

KDJ指标主要由三条指标线构成，即曲线K、曲线D和曲线J。每条曲线因其所处位置不同、运动方向和形态不同，发出的交易信号也有所区别。

第一节 曲线 K 的运行形态及交易含义

曲线 K 是 KDJ 指标中最为核心的一条指标线，因其所处的位置和倾斜方向不同，发出的交易指示含义也有所区别。

通常情况下，曲线 K 发出的交易信号包括如下几个方面。

第一，曲线 K 位于 50 线上方，说明多方占据优势地位。若此时曲线 K 向右上方运动，则说明股价继续上涨的概率很高。

第二，曲线 K 位于 50 线上方，若此时曲线 K 向右下方运动，则说明多方虽仍占据优势地位，但力量已经开始减弱，未来有可能会出现多空轮转。

第三，曲线 K 位于 50 线下方，说明空方占据优势地位。若此时曲线 K 向右下方运动，则说明股价继续下跌的概率很高。

第四，曲线 K 位于 50 线下方，若此时曲线 K 向右上方运动，则说明空方虽仍占据优势地位，但力量已经开始减弱，交易者可以考虑少量建仓。

一、曲线 K 拐头：多空强弱变化

曲线 K 的灵敏度较佳，但在某一时间段内，曲线 K 仍会沿着某一趋势运行，如向上运行或向下运行。当曲线 K 的运行趋势发生改变时，说明多空力量发生了一定的变化。当然，此时的变化并不一定是决定性的，未来股价走势还具有很大的不确定性。

曲线 K 拐头的方式主要分为自上而下式拐头和自下而上式拐头。

1. 自上而下式拐头

曲线 K 由向右上方倾斜转为向右下方倾斜，即出现自上而下式的拐头走势时，说明多方力量出现不足，空方力量开始增长。拐头出现时，若曲线 D 仍向右上方倾斜且位于 80 线上方，说明此时多头仍占据主导地位，交易者可以部分出货；出现拐头时，若曲线 D 已经出现走平迹象，且处于 80 线下方，则可以考虑清仓。

如图 3-1 所示，永新股份的股价在 2015 年 6 月底出现了一波上涨走势。

股价上涨过程中，KDJ 指标也同步上升，曲线 J 和曲线 K 先后进入 80 线上方超买区域。

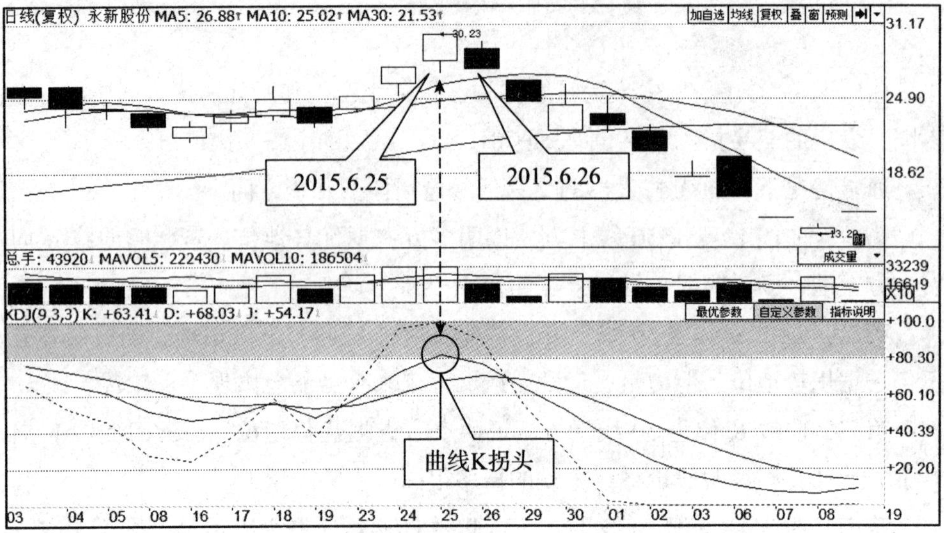

图 3-1　永新股份（002014）KDJ 指标走势图

2015 年 6 月 25 日，该股以涨停报收，曲线 K 在当日上涨至顶点后拐头向下。6 月 26 日，曲线 K 和曲线 J 全部拐头，曲线 D 也未上升至 80 线上方。这说明多方实力不足，交易者宜卖出股票。

2. 自下而上式拐头

曲线 K 由向右下方倾斜转为向右上方倾斜，即出现自下而上式的拐头走势时，说明空方力量出现不足，多方力量开始增长。出现拐头时，若曲线 D 仍向右下方倾斜且位于 20 线下方，说明此时空头仍占据主导地位，交易者宜保持观望。出现拐头时，若曲线 D 已经出现走平迹象，且位于 20 线上方，则可以考虑少量建仓，待曲线 K 与曲线 D 形成黄金交叉时再加仓买入。

如图 3-2 所示，君正集团的股价在 2015 年 6 月初随着大盘的暴跌出现了一波快速杀跌走势。股价下跌过程中，KDJ 指标也同步暴跌，曲线 K 和曲线 D 先后进入 20 线下方超卖区域。

2015 年 7 月 8 日，该股以跌停报收，曲线 K 在当日下跌至极低点后拐头向

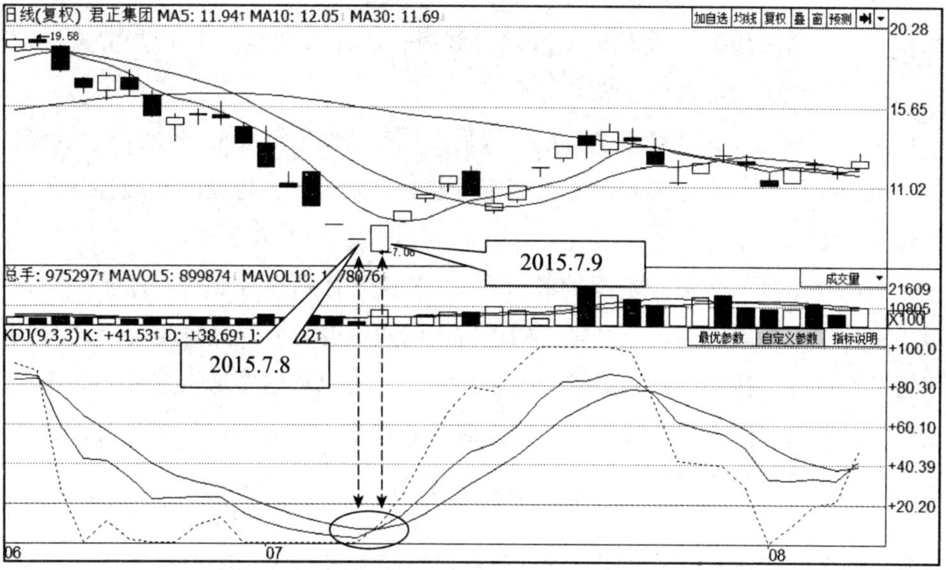

图 3-2　君正集团（601216）KDJ 指标走势图

上。7 月 9 日，曲线 K 和曲线 D 全部拐头，并形成了低位黄金交叉形态。这说明该股短期内可能有一波超跌反弹，短线交易者可以考虑少量建仓。

曲线 K 进入 80 线以上区域或 20 线以下区域后出现的拐头尤其应该注意，反之，50 线附近的频繁拐头则对交易影响不大。

二、曲线 K 向上与向下：趋势识别

曲线 K 的运动与趋势运动原理是完全相符的。为了更准确地识别曲线 K 的运行趋势，交易者可以借助趋势线这一经典画线工具。

趋势线是以道氏理论为基础演化而来的，是由交易者根据当前股价运行状态画出的一条能够对未来股价运行趋势作出预判的直线。

1. 上升趋势识别及其交易含义

曲线 K 运动当中，如果其形成的波峰和波谷都相应地高于前一个波峰和波谷，就称为上升趋势。连接两个连续波谷的直线就称为上升趋势线，这条趋势线可能会发出如下几种交易指示信息。

第一，曲线 K 自上而下跌至趋势线位置时，可能会受到趋势线的支撑而再

度上升。

第二，当曲线 K 有效跌破上升趋势线时，意味着曲线 K 运行趋势发生改变，同时也说明股价运行趋势出现改变。

第三，曲线 K 有效跌破上升趋势线后，该趋势线对曲线 K 的支撑作用将转变为阻力作用。当曲线 K 再度上升至上升趋势线附近时，将会受到趋势线的阻力作用。

如图 3-3 所示，盛和资源的股价在 2015 年 5 月到 6 月期间出现了一波震荡上涨行情。在股价震荡上升时，KDJ 指标也同步震荡上升，曲线 K 随之形成了若干个低点。按照上升趋势线的画法，交易者可以将这些低点连成一条上升趋势线。此后，随着股价的每次回调，曲线 K 的低点都大致落到了上升趋势线上，由此可见该趋势线对曲线 K 具有支撑作用。

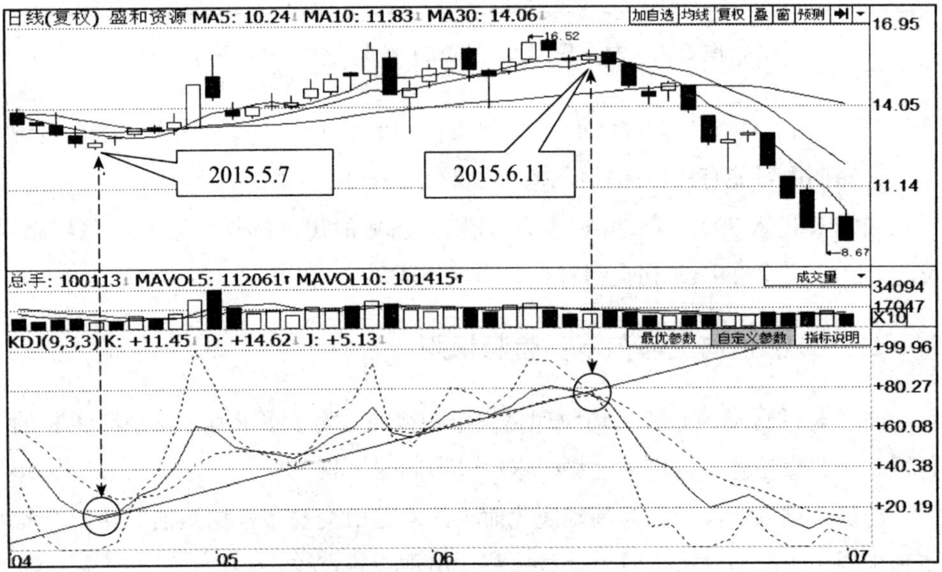

图 3-3　盛和资源（613555）KDJ 指标走势图

2015 年 6 月 11 日，股价出现了筑顶迹象，曲线 K 也率先跌破了上升趋势线，这说明短期内股价有可能出现一波较大的下跌，交易者宜卖出手中的部分股票。曲线 K 与曲线 D 形成高位死亡交叉时，可以清仓。

2. 下降趋势识别及其交易含义

曲线 K 在运动当中，如果其形成的波峰和波谷都相应地低于前一个波峰和波谷，那么就称为下降趋势。连接两个连续波峰的直线，就称为下降趋势线，这条趋势线可能会发出如下几种交易指示信息。

第一，曲线 K 自下而上上涨至趋势线位置时，可能会受到趋势线的阻力再度下跌。

第二，当曲线 K 向上有效突破下降趋势线时，意味着曲线 K 运行趋势发生改变，同时也说明股价运行趋势出现改变。

第三，曲线 K 向上有效突破下降趋势线后，该趋势线对曲线 K 的阻力作用将转变为支撑作用。当曲线 K 再度下跌至下降趋势线附近时，将会受到趋势线的支撑作用。

如图 3-4 所示，大橡塑的股价在 2015 年 10 月到 11 月期间出现了一波震荡盘整行情。在股价震荡盘整时，KDJ 指标却出现了震荡下跌走势，曲线 K 也随之形成了若干个反弹高点。按照下降趋势线的画法，交易者可将这些高点连成一条下降趋势线。此后曲线 K 每次随着股价出现反弹，反弹的高点都大致落到了下降趋势线上，由此可见该趋势线对曲线 K 具有阻力作用。

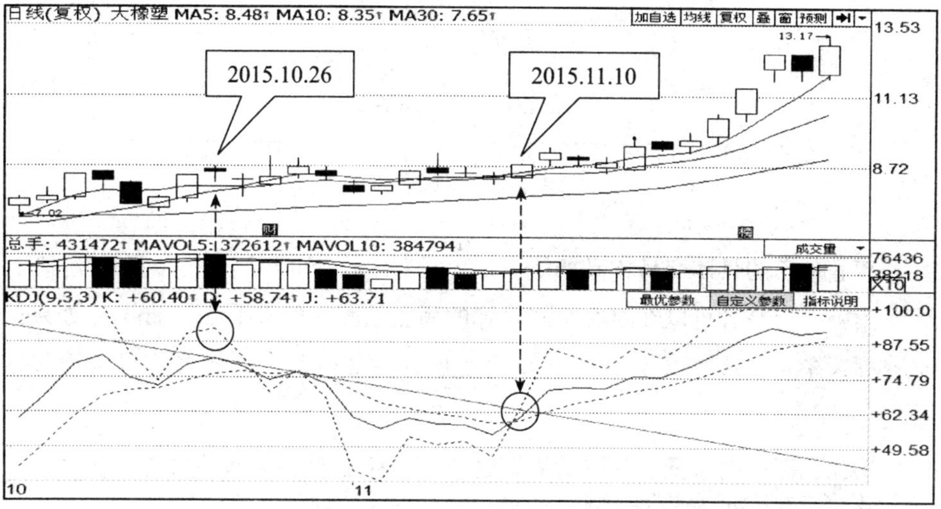

图 3-4 大橡塑（600057）KDJ 指标走势图

2015 年 11 月 10 日，该股股价出现了结束盘整并加速上涨的迹象，曲线 K 也率先向上突破下降趋势线。这说明短期内股价有可能会出现一波较大的上涨，交易者宜加仓买入股票。曲线 K 与曲线 D 形成黄金交叉时，可以再次加仓。

三、曲线 K 双底与双顶

曲线 K 在运行过程中会形成各种各样的形态，其中有一些形态对曲线 K 和股价的后期走势具有一定的预测作用，其中最为典型的要数双底和双顶形态。

1. 曲线 K 的形态及交易含义

曲线 K 双底形态，是指曲线 K 在底部区域运行过程中连续两次下跌又被连续拉起所形成的类似于“W”的形态。双底形态一旦形成，往往预示后市曲线 K 将会脱离底部区域，重新开始上涨，如图 3-5 所示。

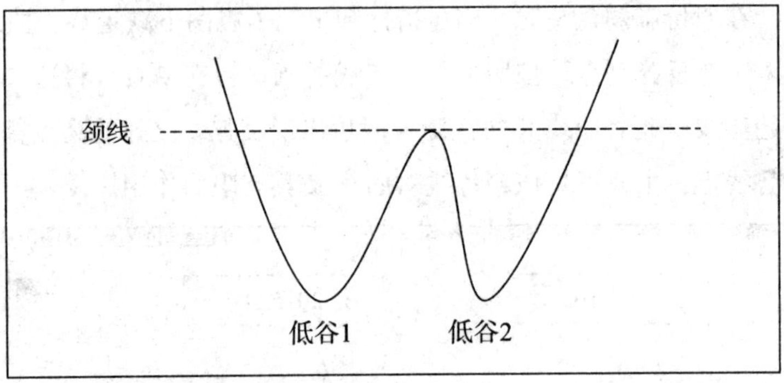

图 3-5　双底形态

双底形态的具体交易含义如下。

第一，交易者可以在双底中间反弹的高点处画一条水平线。曲线 K 如果向上突破这条水平线，就说明曲线 K 将要展开一波上涨，交易者可以考虑买入股票。

第二，双底两个低点相隔的周期越长，曲线 K 后市上涨的可能性越大。

第三，第二个低点高于第一个低点，则看涨的信号更为强烈。

第四，双底形态中的两个最低点若全部位于 20 线下方，则看涨的指示作用更强。

如图 3-6 所示，禾嘉股份的股价在 2015 年 8 月到 9 月期间走出了一波震荡盘整行情。与此同时，曲线 K 连续两次下跌的低点构成了双底形态。

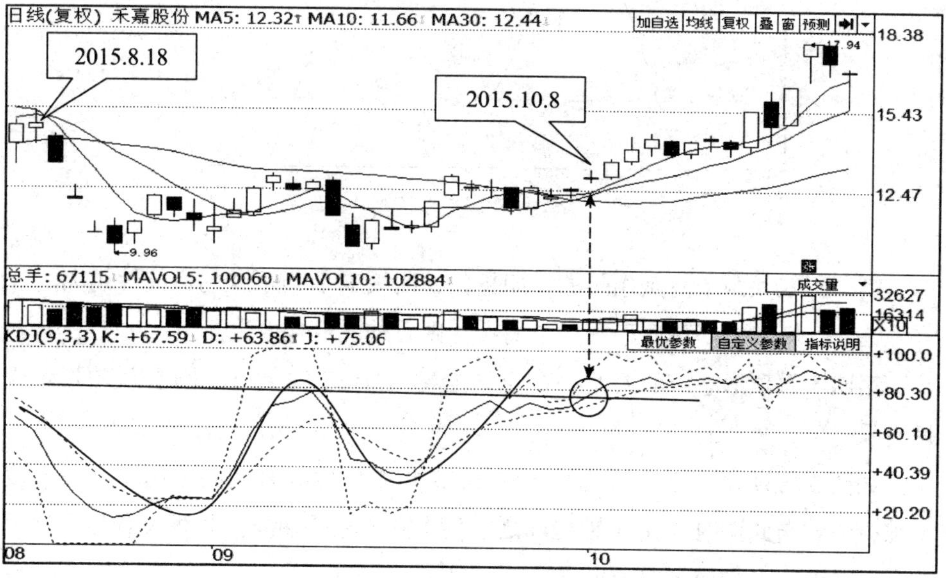

图 3-6 禾嘉股份（600093）KDJ 指标走势图

2015 年 10 月 8 日，曲线 K 快速突破了双底形态的颈线位，这说明曲线 K 将会出现一波上升走势，股价也会随之上涨，此时就是一个较佳的买点。此时曲线 K 已经来到 80 线附近位置，说明股价即将进入快速拉升期，交易者可以适当提升仓位。

2. 曲线 K 双顶形态及交易含义

曲线 K 双顶形态，是指曲线 K 在顶部区域运行过程中，连续两次上涨又被连续打压所形成的类似于“M”的形态。双顶形态一旦形成，往往预示后市曲线 K 将会脱离顶部区域，重新开始下跌，如图 3-7 所示。

双顶形态的具体交易含义如下。

第一，交易者可以在双顶中间回调的低点处画一条水平线。曲线 K 如果向下跌破这条水平线，就说明曲线 K 将要展开一波下跌，交易者可以考虑卖出股票。

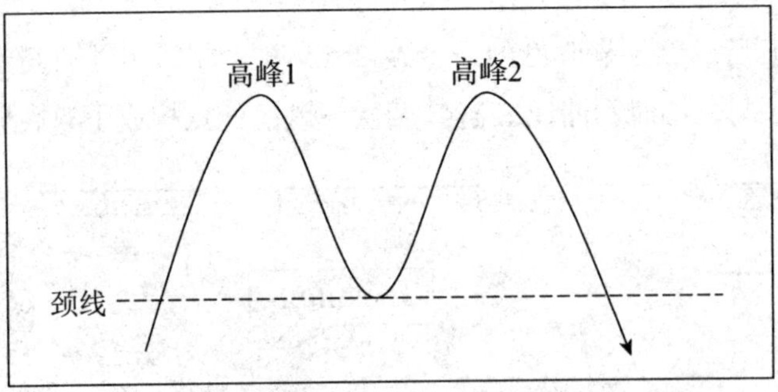

图 3-7　双顶形态

第二，双顶两个高点相隔的周期越长，曲线 K 后市下跌的可能性越大。

第三，第二个高点低于第一个高点，则看跌的信号更为强烈。

第四，双顶形态中的两个最高点若全部位于 80 线上方，则看跌的指示作用更强。

如图 3-8 所示，大名城的股价在 2015 年 5 月到 6 月期间走出了一波震荡上涨行情。与此同时，曲线 K 也随之震荡走高。在此期间，曲线 K 连续两次上涨后回调的高点构成了双顶形态。

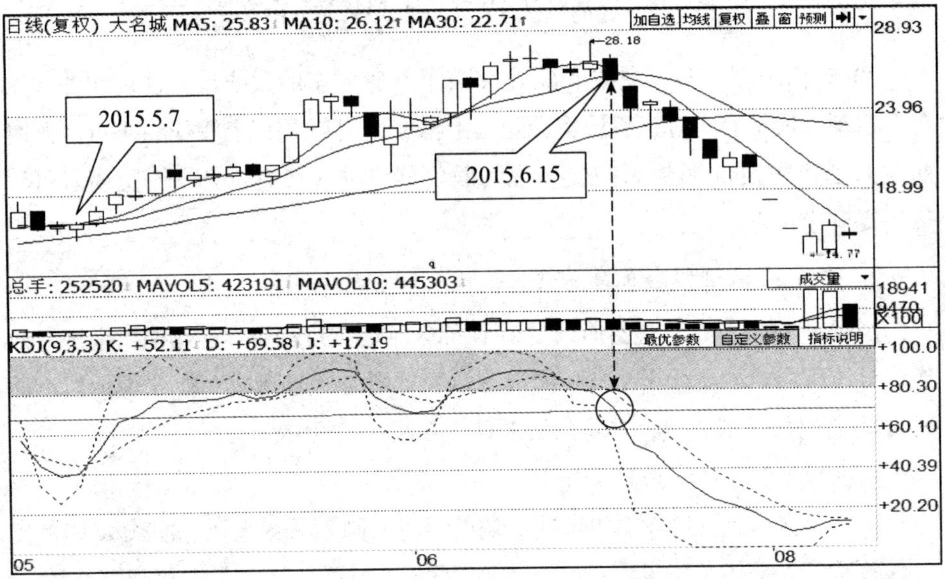

图 3-8　大名城（600094）KDJ 指标走势图

2015 年 6 月 15 日，曲线 K 快速跌破了双顶形态的颈线位，这说明曲线 K 将会出现一波下降走势，股价也会随之下跌。由于双顶的高点全部位于 80 线上方，因而此时看跌的意味更浓。曲线 K 跌破颈线时，已经跌破 80 线位置，且曲线 K 与曲线 D 早已形成高位死叉，说明股价即将进入快速下跌走势，交易者应立即清仓。

四、曲线 K 三重底与三重顶

从某种意义上来说，三重底和三重顶形态更像是双底形态和双顶形态的增强版。

1. 曲线 K 三重底形态及交易含义

曲线 K 三重底形态，是指曲线 K 在底部区域运行过程中，连续三次下跌又被连续拉起所形成的底部形态。三重底形态一旦形成，往往预示后市曲线 K 将会脱离底部区域，重新开始上涨，如图 3-9 所示。

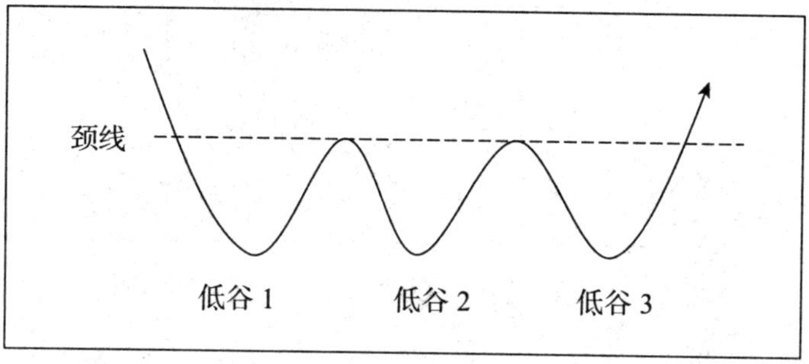

图 3-9　三重底形态

三重底形态的具体交易含义如下。

第一，交易者可以在三重底中间反弹的两个高点处画一条直线。曲线 K 如果向上突破这条直线，就说明曲线 K 将要展开一波上涨，交易者可以考虑买入股票。

第二，三重底的三个低点相隔的周期越长，曲线 K 后市上涨的可能性越大。

第三，三重底中，后一个低点如果都高于前一个低点，则看涨的信号更为强烈。

第四，三重底形态中的三个低点若全部位于 20 线下方，则看涨的指示作用更强。

如图 3-10 所示，乐凯胶片的股价在 2015 年 8 月到 9 月期间走出了一波震荡下跌行情。与此同时，曲线 K 一路下跌并迅速进入 20 线以下区域。此后该股股价出现了阶梯式下跌，而曲线 K 却形成了三重底形态。

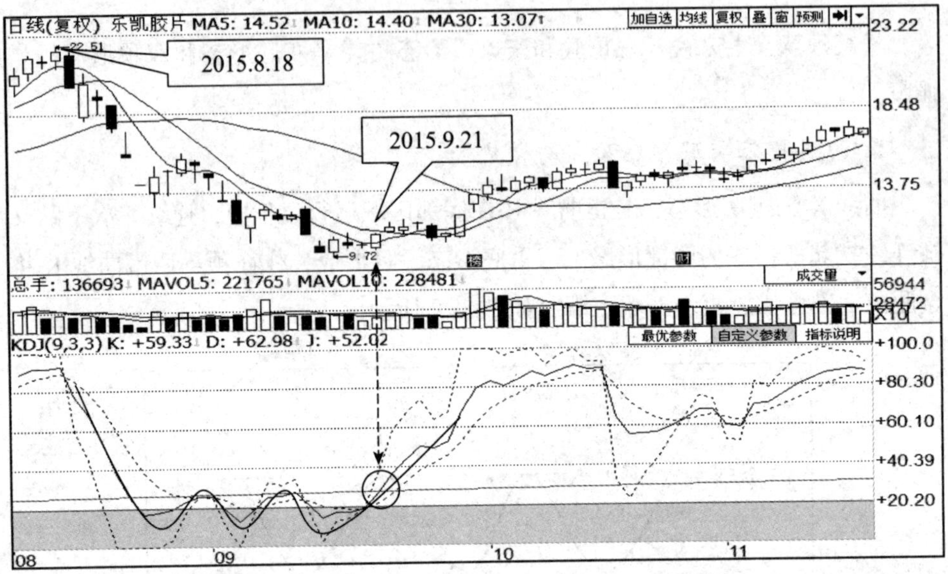

图 3-10 乐凯胶片（600135）KDJ 指标走势图

2015 年 9 月 21 日，曲线 K 向上突破了三重底形态的颈线位，这说明曲线 K 将会出现一波上升走势，股价也会随之上涨，此时就是一个较佳的买点。三重底形成过程中，三个底部均位于 20 线以下区域，这更增加了其后股价上涨的可能性，交易者可以考虑适当加大初次建仓的仓位。

2. 曲线 K 三重顶形态及交易含义

曲线 K 三重顶形态，是指曲线 K 在顶部区域运行过程中连续三次上涨又被连续打压所形成的顶部形态。三重顶形态一旦形成，往往预示后市曲线 K 将会脱离顶部区域，重新开始下跌，如图 3-11 所示。

三重顶形态的具体交易含义如下。

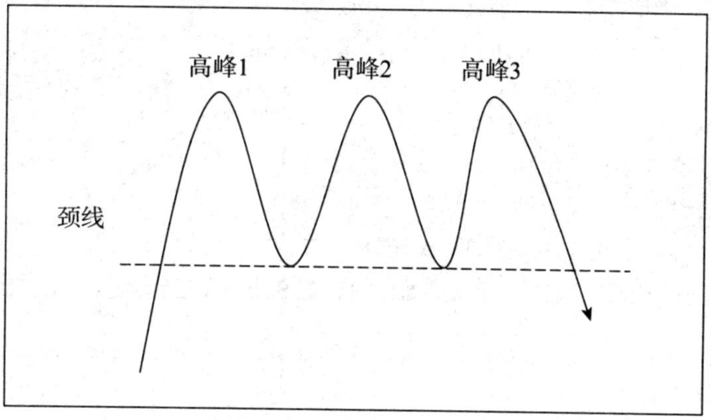

图 3-11 三重顶形态

第一，交易者可以在三重顶中间回调的两个低点处画一条直线。曲线 K 如果向下跌破这条直线，就说明曲线 K 将要展开一波下跌，交易者可以考虑卖出股票。

第二，三重顶的三个高点相隔的周期越长，曲线 K 后市下跌的可能性越大。

第三，三重顶中，后一个高点如果都低于前一个高点，则看跌的信号更为强烈。

第四，三重顶形态中的三个最高点若全部位于 80 线上方，则看跌的指示作用更强。

如图 3-12 所示，建发股份的股价在 2015 年 3 月到 4 月期间走出了一波震荡上涨行情。与此同时，曲线 K 随之震荡走高。在此期间，曲线 K 连续三次上涨后回调的高点构成了三重顶形态。

2015 年 4 月 21 日，曲线 K 快速跌破了三重顶形态的颈线位，这说明曲线 K 将会出现一波下降走势，股价也会随之下跌。由于三重顶的高点全部位于 80 线上方，因而此时看跌的意味更浓。由于曲线 K 跌破颈线时已经跌破 80 线位置，且曲线 K 与曲线 D 早已形成高位死叉，说明股价即将进入快速下跌走势，交易者应立即清仓。

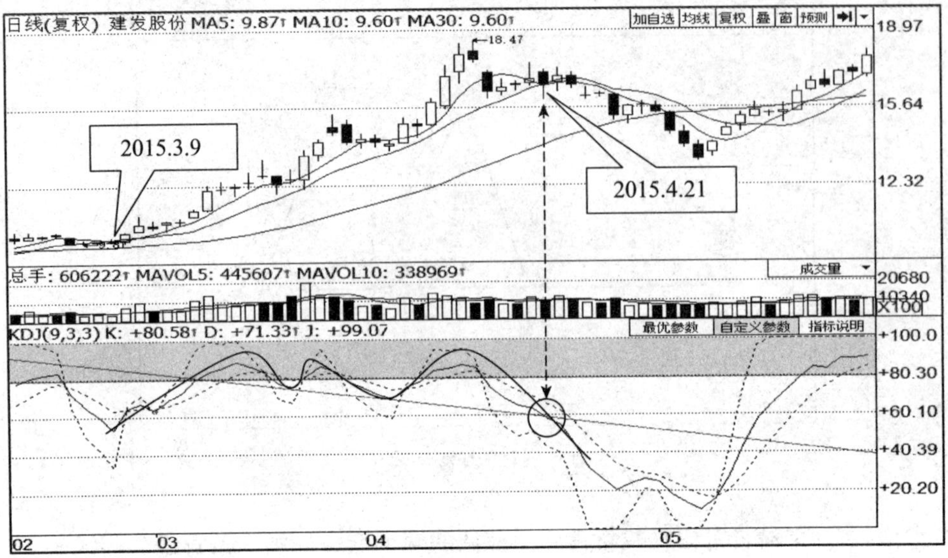

图 3-12 建发股份（600153）KDJ 指标走势图

五、曲线 K 头肩底与头肩顶

头肩底与头肩顶，也是曲线 K 运行过程中，经常出现的典型形态。从某种意义上来说，头肩底和头肩顶就是三重底和三重顶的变形。

1. 曲线 K 头肩底形态及交易含义

曲线 K 头肩底形态，是指曲线 K 在底部区域运行过程中，连续三次下跌又被连续拉起所形成的一种特殊的三重底形态。头肩底形态一旦形成，往往预示后市曲线 K 将会脱离底部区域，重新开始上涨，如图 3-13 所示。

头肩底形态的具体交易含义如下。

第一，交易者可以在头肩底中间反弹的两个高点处画一条直线。曲线 K 如果向上突破这条直线，就说明曲线 K 将要展开一波上涨，交易者可以考虑买入股票。

第二，头肩底形态中的右肩高于左肩，则看涨的信号更为强烈。

第三，头肩底形态中的三个低点若全部位于 20 线以下，则看涨的指示作用更强。

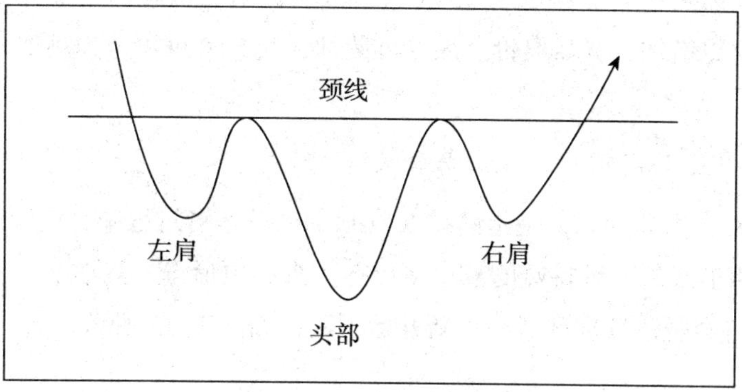

图 3-13 头肩底形态

如图 3-14 所示，梅安森的股价在 2015 年 8 月到 9 月期间走出了一波震荡下跌行情。与此同时，曲线 K 也一路下跌，并迅速进入 20 线以下区域。此后该股股价出现了阶梯式下跌，而曲线 K 却形成了头肩底形态，即曲线 K 在 9 月 7 日形成的底部明显低于前后两个底部。

9 月 22 日，曲线 K 向上突破了头肩底形态的颈线位，这说明曲线 K 将会出现一波上升走势，股价也会随之上涨，此时就是一个较佳的买点。头肩底形

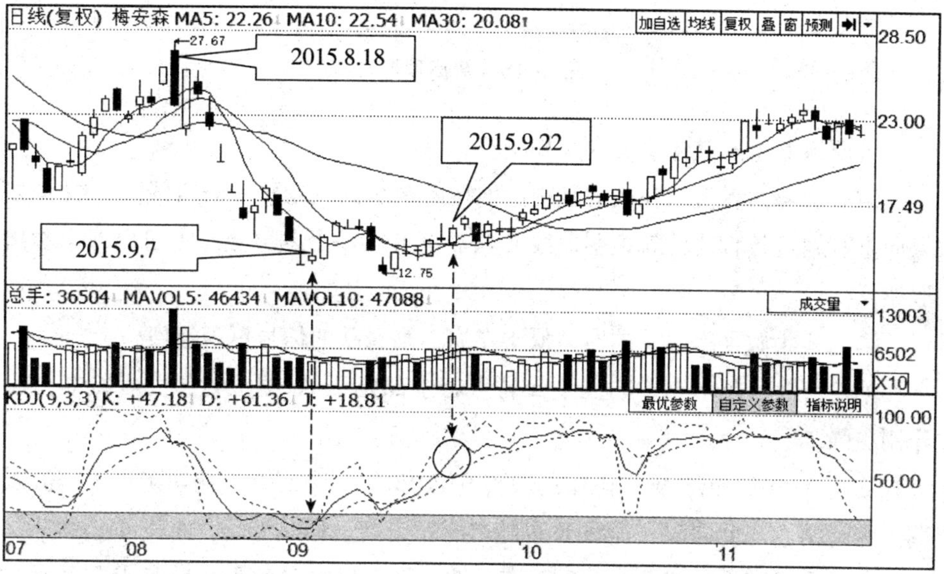

图 3-14 梅安森（300275）KDJ 指标走势图

成过程中，前两个底部均位于 20 线以下区域，第三个底部明显高于之前的两个底部，这更增加了其后股价上涨的可能性，交易者可以考虑适当加大初次建仓的仓位。

2. 曲线 K 头肩顶形态及交易含义

曲线 K 头肩顶形态，是指曲线 K 在顶部区域运行过程中，连续三次上涨又被连续打压形成的一种特殊的三重顶形态。头肩顶形态一旦形成，往往预示后市曲线 K 将会脱离顶部区域，重新开始下跌，如图 3-15 所示。

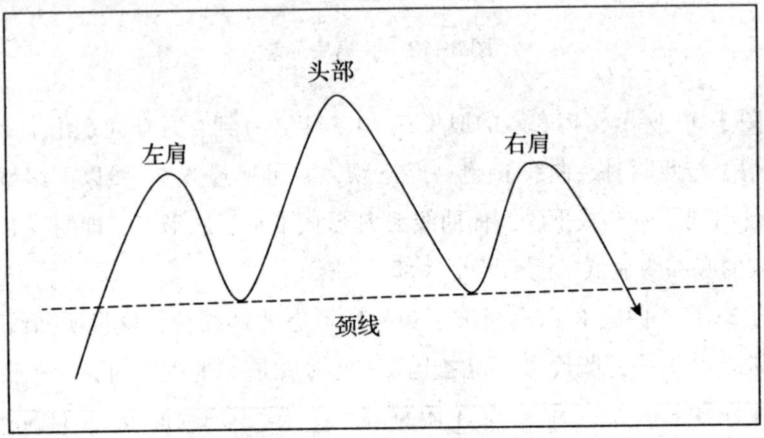

图 3-15　头肩顶形态

头肩顶形态的具体交易含义如下。

第一，交易者可以在头肩顶中间回调的两个高点处画一条直线。曲线 K 如果向下跌破这条直线，就说明曲线 K 将要展开一波下跌，交易者可以考虑卖出股票。

第二，头肩顶形态中的右肩低于左肩，则看跌的信号更为强烈。

第三，头肩顶形态中的三个最高点若全部位于 80 线上方，则看跌的指示作用更强。

如图 3-16 所示，美都能源的股价在 2015 年 5 月到 6 月期间走出了一波震荡上涨行情。与此同时，曲线 K 也随之震荡走高。在此期间，曲线 K 连续三次上涨后回调的高点构成了头肩顶形态，即 6 月 2 日曲线 K 形成的高点要远远高于其他两个高点。

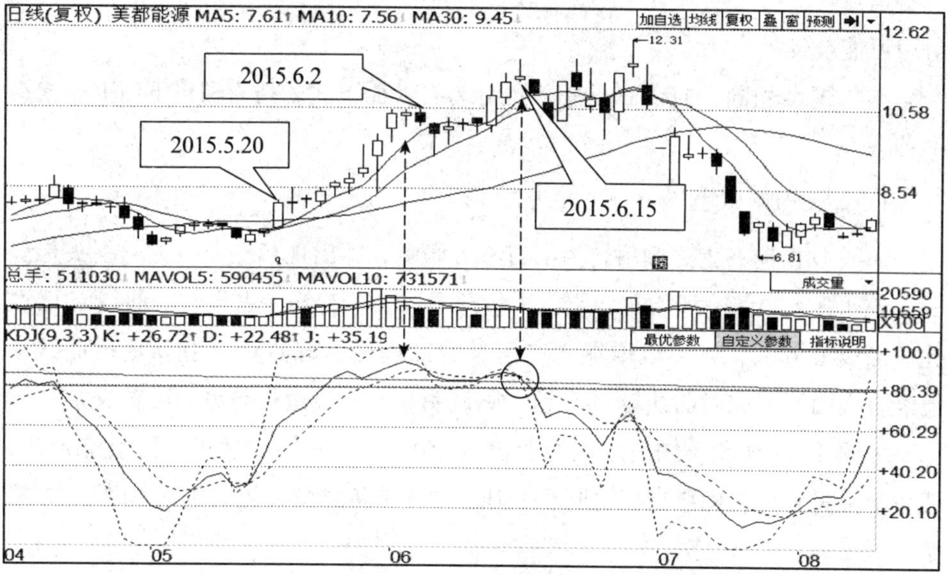

图 3-16　美都能源（600175）KDJ 指标走势图

2015 年 6 月 15 日，曲线 K 快速跌破了头肩顶形态的颈线位，这说明曲线 K 将会出现一波下降走势，股价也会随之下跌。由于三重顶的高点全部位于 80 线上方，因而此时看跌的意味更浓。曲线 K 跌破颈线时，曲线 K 与曲线 D 已经形成了高位死叉，这说明股价即将进入快速下跌，交易者应立即清仓。

由于 KDJ 指标属于典型的短线交易指标，因而利用曲线 K 的形态识别顶部与底部形态，只在短线操作中具有交易指示意义，对于中长线影响不大。

第二节　曲线 D 的运行形态及交易含义

曲线 D 的作用有些类似于曲线 K 的均线，其运行速度要明显滞后于曲线 K，但曲线 D 所反映的趋势要比曲线 K 更持久。

一、曲线 D 拐头：趋势转换

相对于曲线 K，曲线 D 具有稳定性强的特点。也就是说，曲线 D 按照某一趋势运行时，持续的时间往往会比较长。当曲线 D 拐头时，意味着股价运行趋势很可能会发生变化。

与曲线 K 相同，曲线 D 的拐头也分为自上而下式的拐头和自下而上的拐头两种。

1. 自上而下式拐头

曲线 D 由向右上方倾斜转为向右下方倾斜，即出现自上而下式的拐头走势时，说明多方力量有所不足，空方力量开始增长。若拐头出现时，曲线 K 已经先于曲线 D 拐头，则可以增加卖出信号的准确性。若曲线 D 拐头时，曲线 K 已经自上而下完成对曲线 D 的穿越，则说明股价短线运行趋势的反转成立。

如图 3-17 所示，耀皮玻璃的股价在 2015 年 8 月初出现了一波上涨走势。股价上涨过程中，KDJ 指标也同步上升，曲线 J 和曲线 K 先后进入 80 线上方超买区域。

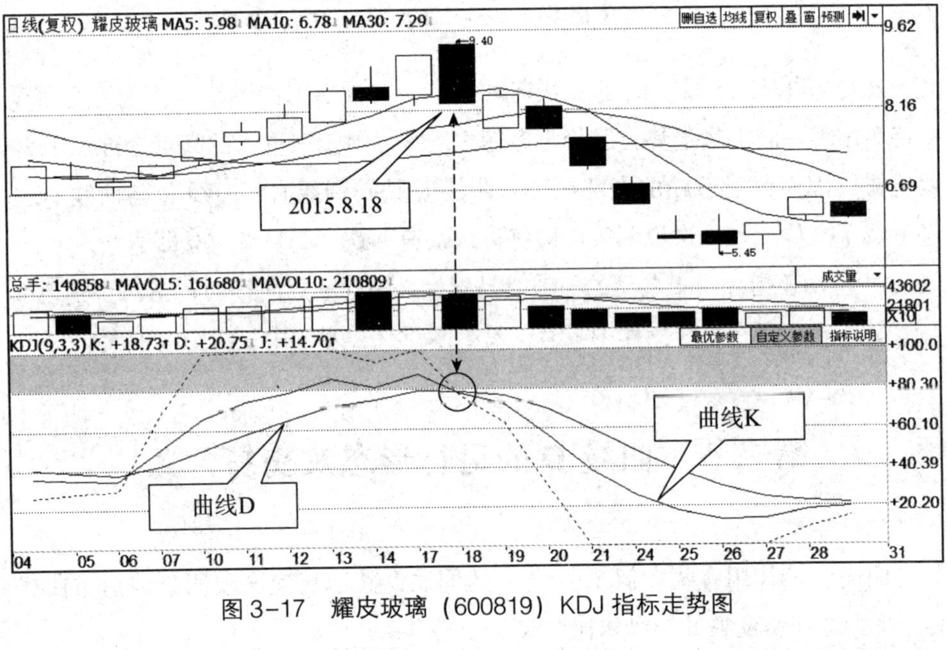

图 3-17 耀皮玻璃（600819）KDJ 指标走势图

2015 年 8 月 18 日，该股以跌停报收，曲线 D 在当日上涨至顶点后拐头向下。与此同时，曲线 K 和曲线 J 全部拐头，并且曲线 K 当日向下跌破曲线 D 形成死亡交叉，说明多方实力不足，交易者宜卖出股票。

2. 自下而上式拐头

曲线 D 由向右下方倾斜转为向右上方倾斜，即出现自下而上式的拐头走势时，说明空方力量有所不足，多方力量开始增长。若拐头出现时，曲线 K 已经先于曲线 D 拐头，则可以增加买入信号的准确性。若曲线 D 拐头时，曲线 K 已经自下而上完成对曲线 D 的穿越，则说明股价短线运行趋势的反转成立。

如图 3-18 所示，盘江股份的股价在 2015 年 10 月底随着大盘的回调出现了一波震荡下跌走势。股价下跌过程中，KDJ 指标也同步下降，曲线 J 和曲线 K 先后进入 20 线下方的超卖区域。

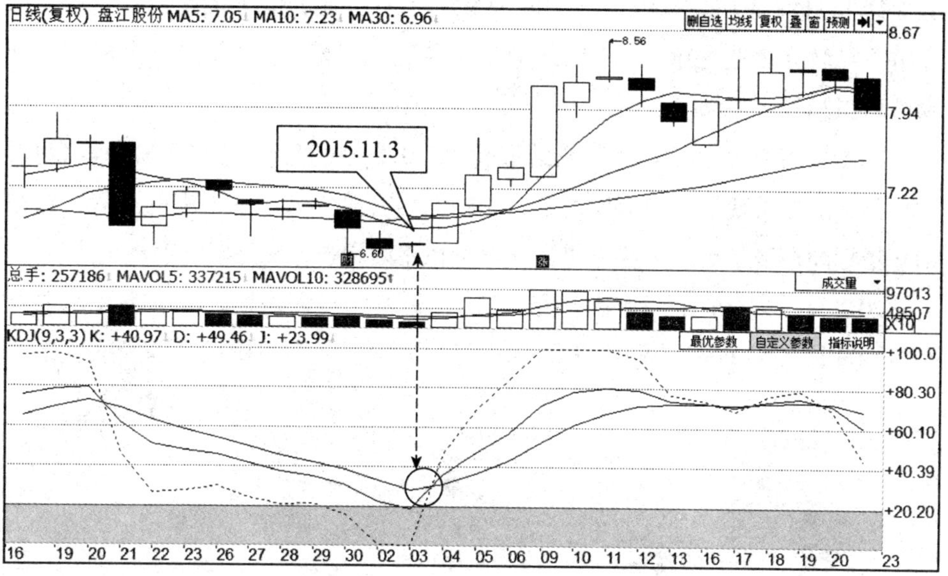

图 3-18 盘江股份（600395）KDJ 指标走势图

2015 年 11 月 3 日，该股以十字星报收，曲线 D 在当日下跌至 20 线附近时拐头向上。同时，曲线 K 和曲线 J 全部拐头，而且曲线 K 与曲线 D 形成了低位黄金交叉形态，这说明该股短期内可能有一波超跌反弹，短线交易者可以考虑少量建仓。

曲线 D 运行速度过于平缓，若进入 80 线以上区域或 20 线以下区域后出现拐头，尤其应该注意。

二、曲线 D 对 50 线的穿越

前面已经叙述过，50 线是一条多空力量强弱的分界线。曲线 D 每次穿越 50 线，都意味着市场多空双方的力量对比发生了变化。

1. 自下而上穿越 50 线

曲线 D 自下而上穿越 50 线时，曲线 K 和曲线 J 往往会先于曲线 D 穿越 50 线，这说明市场由空方主导转为多方主导，未来股价上涨的概率非常大。

曲线 D 对 50 线的穿越，更像是对曲线 K 线穿越 50 线的确认。也就是说，若曲线 K 自下而上穿越 50 线，曲线 D 没有完成穿越，还不能确认市场已经由空方主导转为多方主导。只有曲线 D 完成穿越，才算是最终确认，此时短线交易者可以积极入场做多。

如图 3-19 所示，晋亿实业的股价在 2015 年 9 月出现了一波盘整走势，KDJ 指标随之出现了震荡上扬走势。此时，尽管股价未出现上涨的态势，但是 KDJ 指标却在步步走高。这说明多方力量在逐渐增强，交易者宜保持关注。

2015 年 9 月 16 日，刚刚创下新低的晋亿实业以涨停报收，曲线 K 与曲线

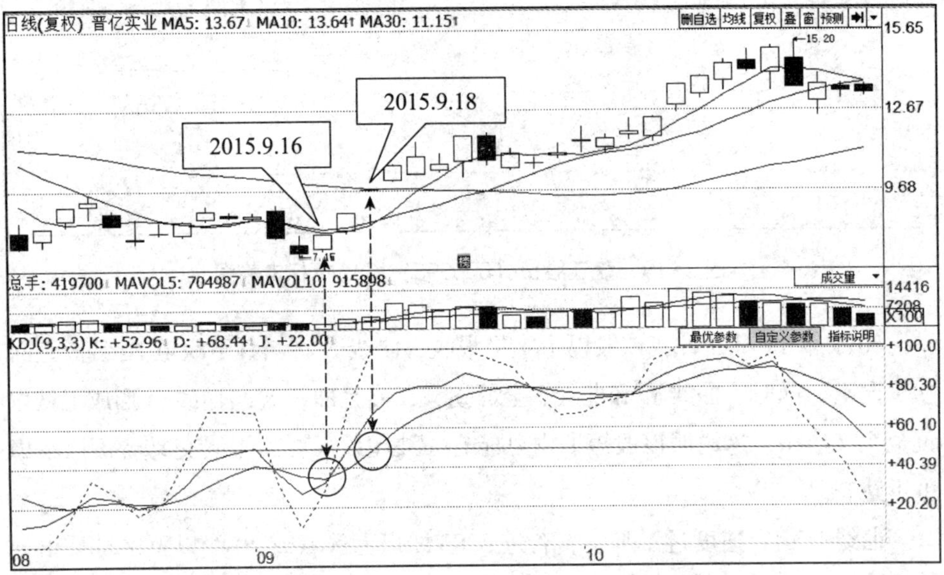

图 3-19 晋亿实业（601002）KDJ 指标走势图

D 在当日形成了黄金交叉形态。由于此交叉点位于 50 线附近，成色并不是特别足，交易者可以考虑少量建仓。

9 月 18 日，该股又一次以涨停报收，且曲线 D 成功上穿 50 线。这说明多方已经占据主导地位，短线交易者可以积极加仓买入。

2. 自上而下式拐头

曲线 D 自上而下穿越 50 线时，曲线 K 和曲线 J 往往会先于曲线 D 穿越 50 线，这说明市场由多方主导转为空方主导，未来股价下跌的概率非常大。

与自下而上式穿越相似，曲线 D 对 50 线的穿越，更像是对曲线 K 穿越 50 线的确认。此时短线交易者可以进行减仓操作。

如图 3-20 所示，青海春天的股价在 2015 年上半年随着大盘的暴涨出现了一波快速拉升行情，KDJ 指标随之出现了震荡上扬态势。进入 6 月，股价上攻力度有所减弱，KDJ 向上倾斜的角度也开始放缓。

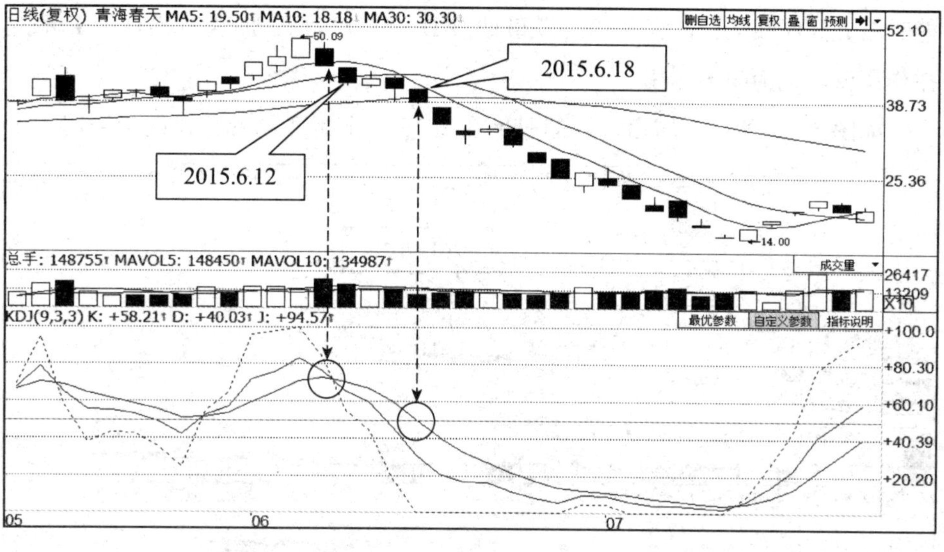

图 3-20　青海春天（600381）KDJ 指标走势图

6 月 12 日，该股股价大幅下跌。与此同时，KDJ 指标也出现了死亡交叉，这预示股价可能走弱。但此时 KDJ 指标仍位于 50 线上方，说明市场仍由多头主导。

6 月 18 日，该股再次大幅下挫，且股价跌破了 30 日均线，这说明该股中期走势可能转向。与此同时，曲线 D 向下跌破了 50 线，说明市场由多方主导转换为空方主导。其实，这也印证了股价跌破 30 日均线中线趋势反转的判断，交易者宜卖出手中的股票。

曲线 D 对 50 线完成穿越时，若股价能够同时对某条重要的均线完成穿越（如 20 日均线或 30 日均线），则可进一步增强该信号的强度。

三、曲线 D 对曲线 K 的支撑与阻力

作为曲线 K 的均线，曲线 D 对曲线 K 具有一定的支撑与阻力作用。不过，由于周期较短（通常默认值为 3），因而这种支撑与阻力作用较弱。

1. 支撑作用

曲线 K 在曲线 D 上方运行时，某一交易日因股价的调整而出现回调。当曲线 K 回调至曲线 D 附近时，会因曲线 D 的支撑作用而再度上升。若曲线 D 未能有效支撑曲线 K，曲线 K 就会跌破曲线 D，从此以后，曲线 D 对曲线 K 的支撑作用就转化为阻力作用。

如图 3-21 所示，城市传媒的股价在 2015 年上半年随着大盘的暴涨出现了

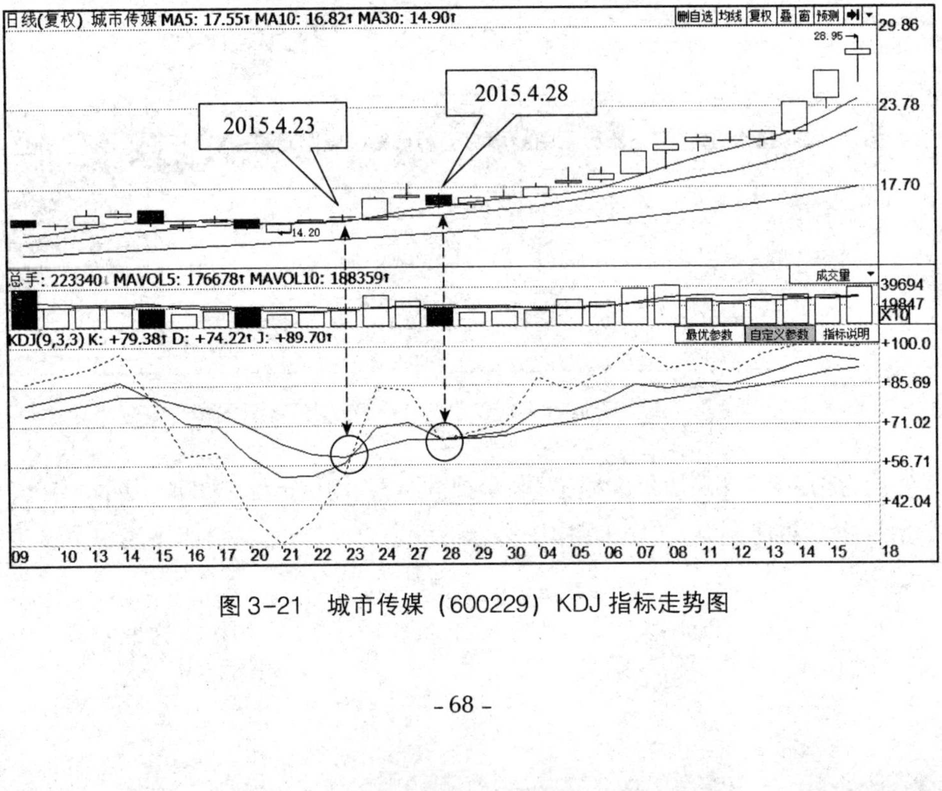

图 3-21 城市传媒（600229）KDJ 指标走势图

一波震荡上升行情。进入 4 月下旬，股价上攻力度有所减弱，KDJ 开始下降。其后，KDJ 指标率先反弹向上。

4 月 23 日，该股股价以十字线收盘。与此同时，KDJ 指标也出现了黄金交叉，这预示股价可能走强。随后，曲线 K 并未持续上攻，而是拐头向下。曲线 K 下降至曲线 D 附近时，因曲线 D 的支撑作用而再度上升，这说明曲线 D 对曲线 K 具有较强的支撑作用。

此后，曲线 K 一直在曲线 D 上方运行。这说明股价运行态势良好，交易者可以耐心持股待涨。

2. 阻力作用

曲线 K 在曲线 D 下方运行时，某一交易日因股价上涨或反弹而出现上升。当曲线 K 上升至曲线 D 附近时，会因曲线 D 的阻力作用而再度下降。若曲线 D 未能有效阻碍曲线 K，则曲线 K 就会向上突破曲线 D。从此以后，曲线 D 对曲线 K 的阻力作用就转化为支撑作用。

如图 3-22 所示，三安光电的股价在 2015 年上半年随着大盘的暴涨出现了一波震荡上升行情。进入 6 月中旬，股价上攻力度有所减弱，KDJ 开始下降。

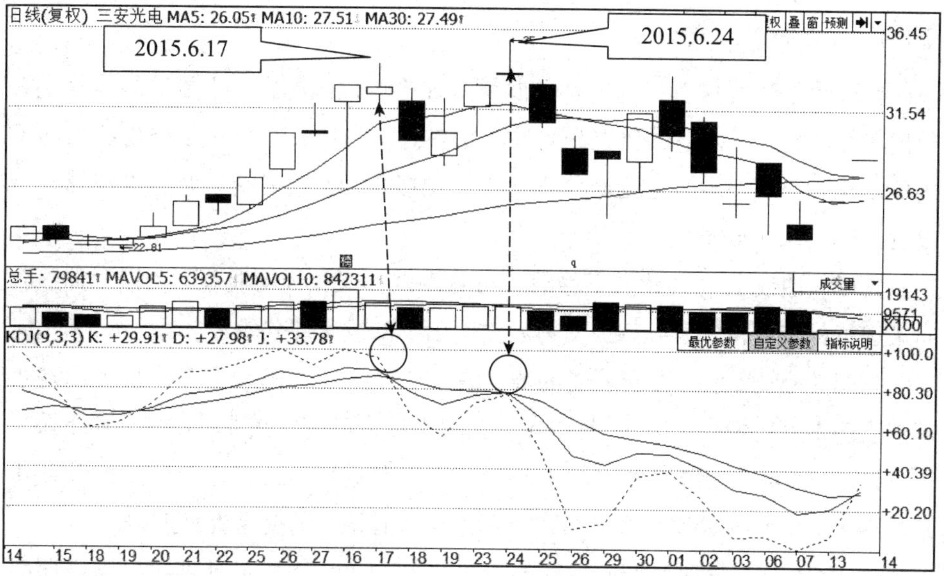

图 3-22 三安光电（600703）KDJ 指标走势图

6 月 17 日，该股股价以十字线收盘。与此同时，KDJ 指标也出现了高位死亡交叉，这预示股价可能走弱。随后，曲线 K 并未持续下降，而是拐头向上。曲线 K 上升至曲线 D 附近时，因曲线 D 的阻力作用而再度下降，这说明曲线 D 对曲线 K 具有较强的阻力作用。

此后曲线 K 一直在曲线 D 下方运行，这说明股价走势极差，交易者应离场避险。

四、曲线 K 对曲线 D 的穿越

当曲线 K 不再按照原来的方向运行，而是出现拐头迹象时，交叉就是对其新的运行路线的最好确认。例如，曲线 K 向右上方倾斜运行一段时间后，出现拐头向下的走势，说明多方力量有所不足。此时很多交易者都会犹豫多方会不会卷土重来，曲线 K 能不能重新向上运行。此时，若曲线 K 继续向下且与曲线 D 交叉，则表示对当前的运动态势进行了确认，也就说明未来曲线 K 将持续向下运行，股价将走出一波下跌走势。

曲线 K 与曲线 D 交叉的方式主要包括两种：其一是自上而下式的交叉；其二为自下而上式的交叉。

1. 自上而下式交叉

在股价上涨过程中，曲线 K 和曲线 D 也会随之不断向右上方倾斜，这是一种比较好的配合状态。股价上涨到顶部位置时，曲线 K 会先一步出现拐头向下迹象，此时曲线 D 往往还会继续向右上方缓慢移动。这时交易者可以选择少量出货，以确保资金安全。

其后，曲线 K 若继续向下移动，与曲线 D 交叉，说明股价下跌以及曲线 K 向下运行的态势得到了确认，交易者宜卖出全部或大部分股票。

如图 3-23 所示，潞安环能的股价在 2015 年 11 月随着大盘的反弹出现了一波震荡上升行情。进入 11 月中旬，股价上攻力度有所减弱，KDJ 开始下降。

11 月 12 日，该股股价以阳十字线收盘。与此同时，KDJ 指标中的曲线 K 开始拐头向下，这说明多头实力有所不足，持有该股的交易者宜谨慎。

11 月 16 日，该股股价连续调整，曲线 K 自上而下跌破曲线 D。这说明股价上涨趋势可能会告一段落，短线交易者宜部分卖出手中持有的股票。由于此

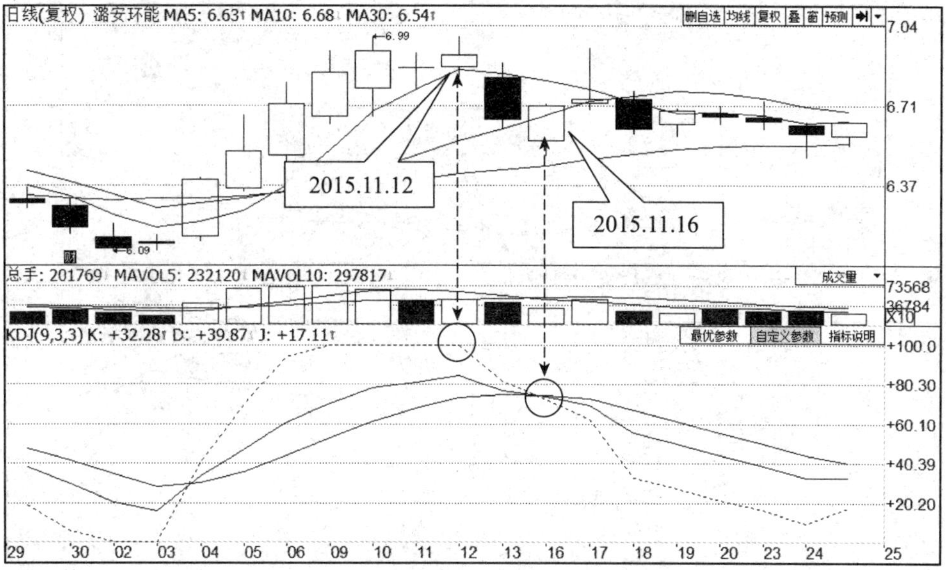

图 3-23 潞安环能（601699）KDJ 指标走势图

时 KDJ 指标仍位于 50 线上方，交易者可以保留部分筹码。

2. 自下而上式交叉

在股价下跌过程中，曲线 K 和曲线 D 也会随之不断向右下方倾斜，这是一种比较正常的状态。股价下跌到底部位置时，曲线 K 会先一步出现拐头向上迹象，此时曲线 D 往往还会继续向右下方缓慢移动，这时交易者可以选择少量建仓。

其后，曲线 K 若继续向上移动，与曲线 D 交叉，说明股价上涨以及曲线 K 向上运行的态势得到了确认，交易者可以考虑买入股票。

如图 3-24 所示，铜陵有色的股价在 2015 年 1 月出现了一波回调整理行情，KDJ 指标也随之不断下降。进入 2 月中旬，股价开始反攻，KDJ 指标也结束了下降趋势。

2 月 9 日，该股股价以阴十字线收盘。与此同时，KDJ 指标中的曲线 K 开始拐头向上，这说明空头实力有所不足，交易者可以持续观察该股之后的走势。

2 月 12 日，该股股价逐渐走出盘整区域，曲线 K 自下而上突破曲线 D。这

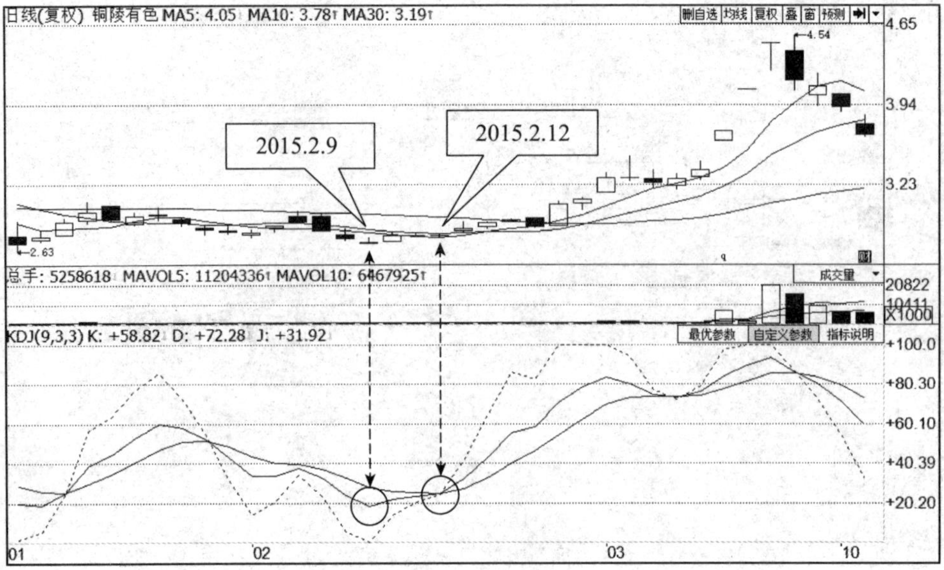

图 3-24 铜陵有色（000630）KDJ 指标走势图

说明股价下跌趋势可能告一段落，短线交易者可以少量建仓该只股票。

第三节 曲线 J 的运行形态及交易含义

在 KDJ 指标中，曲线 J 是最为灵敏的一条指标线。也正因为它太灵敏了，所以很多交易者并不重视它。其实，如果能将曲线 J 的运行形态与所处的位置结合起来分析，交易者还是会获得一些有价值的交易信号的。

一、曲线 J 对 50 线的穿越

前面已经叙述过，50 线是一条多空力量强弱的分界线。尽管曲线 J 穿越 50 线并不像曲线 D 那样能够直接反映多空力量的变化，但还是能够对交易者的交易起到一定的指示作用。

1. 自下而上穿越 50 线

曲线 J 自下而上穿越 50 线，说明市场气氛开始好转，多方有望获得市场的主导权。

这种走势还包括以下两种情形。

第一，曲线 J 自下而上穿越 50 线时，若曲线 K 和曲线 D 此时位于 50 线上方，说明股价调整有结束的迹象，交易者可以做好随时加仓入场的准备。

第二，曲线 J 自下而上穿越 50 线时，若曲线 K 和曲线 D 位于 50 线下方，说明股价有反弹向好的迹象。不过，交易者仍需继续观察曲线 K 和曲线 D 的运行状态，待曲线 K 和曲线 D 先后完成对 50 线的穿越，即可认定市场多空形势发生了逆转，此时交易者才可以积极入场做多。

如图 3-25 所示，三一重工的股价在 2015 年 2 月出现了一波震荡上涨行情，KDJ 指标也随之从底部开始上升。

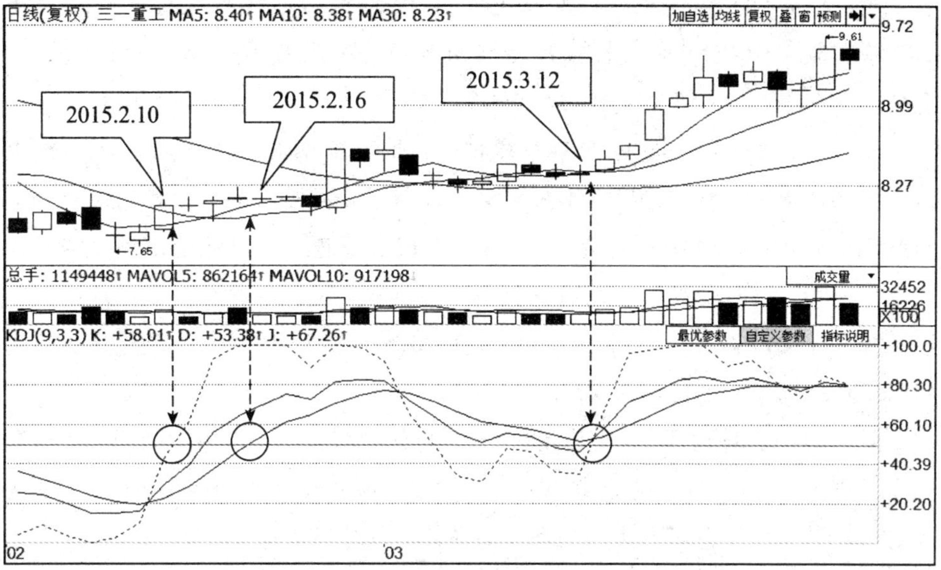

图 3-25 三一重工（600031）KDJ 指标走势图

2 月 10 日，该股股价以中阳线收盘。与此同时，KDJ 指标中的曲线 J 自下而上穿越 50 线，这说明多方实力有所增强。但曲线 K 和曲线 D 仍位于 50 线下方，说明市场仍在空方主导之下，交易者可以少量建仓或继续观望。

2 月 16 日，曲线 D 完成了对 50 线的穿越，且之前曲线 K 已经完成穿越，这说明市场已由空方主导转为多方主导，交易者可以加仓买入。

其后，该股经过短暂上涨后出现了回调走势，曲线 J 迅速跌破 50 线，曲线 K 和曲线 D 仍位于 50 线上方。这说明此时的下跌很可能只是短线的回调，交易者可以继续持股或少量减仓。

3 月 12 日，该股股价逐渐走出盘整区域，曲线 J 自下而上突破 50 线。此时曲线 K 和曲线 D 仍位于 50 线上方，这说明股价回调整理趋势可能会告一段落，短线交易者可以加仓买入该只股票。

2. 自上而下穿越 50 线

曲线 J 自上而下穿越 50 线，说明市场气氛转弱，空方有望获得市场的主导权。

这种走势还包括以下两种情形。

第一，曲线 J 自上而下穿越 50 线时，若曲线 K 和曲线 D 此时位于 50 线下方，说明股价短线反弹或上涨有终结的迹象，抢反弹的交易者宜迅速清空仓位。

第二，曲线 J 自上而下穿越 50 线时，若曲线 K 和曲线 D 此时位于 50 线上方，说明股价有下跌的迹象。不过，交易者仍需继续观察曲线 K 和曲线 D 的运行状态，待曲线 K 和曲线 D 先后完成对 50 线的穿越，即可认定市场多空形势发生了逆转。此时交易者可以清空仓位。

如图 3-26 所示，中葡股份的股价在 2015 年 8 月出现了一波震荡下跌走势，KDJ 指标也随之自顶部下降。

8 月 20 日，该股股价以中阴线收盘。与此同时，KDJ 指标中的曲线 J 自上而下穿越了 50 线，这说明空方实力有所增强。但曲线 K 和曲线 D 仍位于 50 线上方，说明市场仍在多方主导之下，交易者可以适当减仓。

8 月 24 日，曲线 D 完成了对 50 线的穿越，且之前曲线 K 已经完成穿越。这说明市场已经由多方主导转为空方主导，交易者可以清空仓位。

其后，该股经过短暂下跌后出现了反弹走势，曲线 J 迅速向上突破 50 线，而曲线 K 和曲线 D 仍位于 50 线下方。这说明此时的上升很可能只是短暂的反弹，交易者宜保持观望。

9 月 14 日，该股股价结束反弹，曲线 J 自上而下跌破 50 线。此时曲线 K 和曲线 D 仍位于 50 线下方，说明股价反弹趋势可能会告一段落。

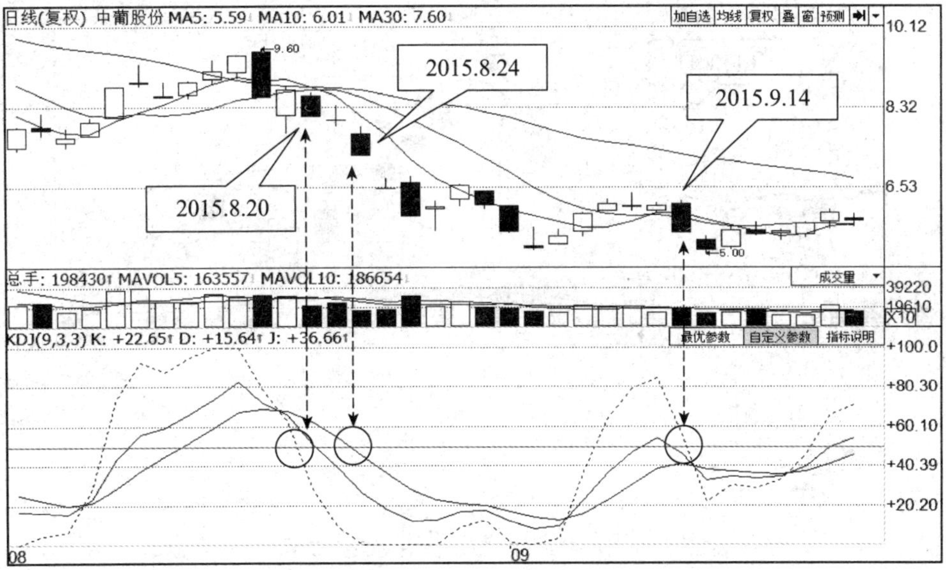

图 3-26 中葡股份（600084）KDJ 指标走势图

二、曲线 J 极限拐头

相对于曲线 K 和曲线 D，曲线 J 极为灵敏，因而其拐头也非常频繁，发出的信号极不准确。不过，若曲线 J 到达某一极端区域后出现拐头时，往往能够发出相对准确的交易信号。

1. 自上而下式极限拐头

曲线 J 上升到 100 线以上区域，即在 KDJ 指标走势图上呈直线时，此后出现拐头向下的走势，则意味着股价上涨趋势终结。通常情况下，曲线 J 呈直线时，往往都是股价处于加速上涨中。若曲线 J 拉出直线的时间超过 3 个交易周期（通常是 3 个交易日），之后再拐头向下，将增加卖出信号的准确性。

如图 3-27 所示，长春经开的股价在 2015 年 8 月初出现了一波上涨走势。在股价上涨的同时，KDJ 指标的各条指标线同步上升，曲线 J 率先在 8 月 11 日达到 100 线以上的位置，以后一直呈直线状态。这说明该股股价进入了快速拉升期，交易者可以继续持股待涨。

2015 年 8 月 18 日，该股股价以跌停收盘，此时曲线 J 自 100 线外拐头向

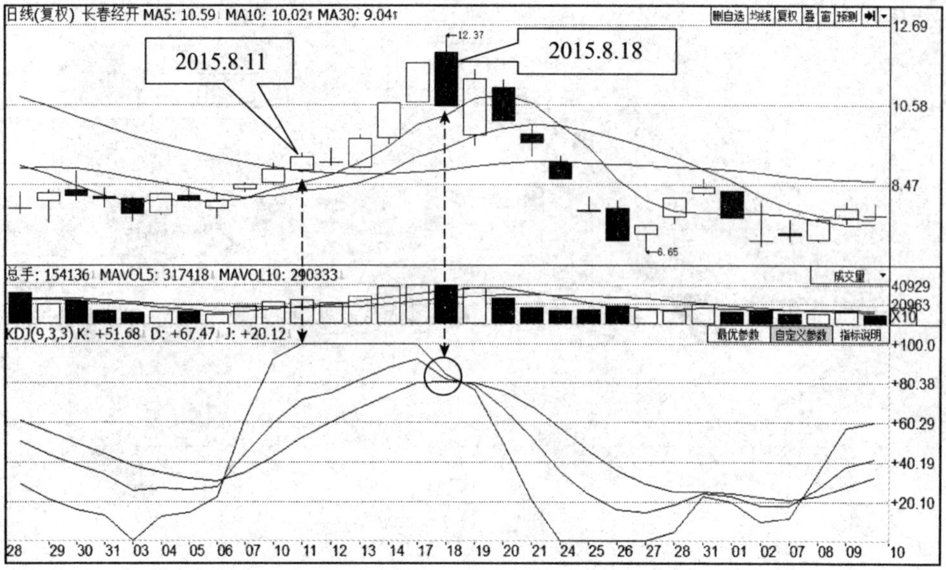

图 3-27 长春经开（600215）KDJ 指标走势图

下。之前曲线 J 已经在 100 线外运行了 6 个交易日，这说明股价上涨趋势有可能结束，短线交易者宜卖出手中的股票。

2. 自下而上式极限拐头

曲线 J 下降到 0 线以下区域，即在 KDJ 指标走势图上呈直线时，若此后出现拐头向上走势，则意味着股价下跌趋势终结。通常情况下，曲线 J 呈直线时，往往都是股价加速下跌时。若曲线 J 拉出直线的时间超过 3 个交易周期（通常是 3 个交易日），之后再拐头向上，将增加买入信号的准确性。

如图 3-28 所示，同方股份的股价在 2014 年 3 月初出现了一波下跌走势。在股价下跌的同时，KDJ 指标的各条指标线同步下降，曲线 J 率先在 3 月 28 日达到 0 线以下位置，此后一直呈直线状态。这说明该股股价进入了快速下跌期，交易者宜保持观望，不可入场。

2014 年 5 月 6 日，该股股价以小阳线收盘，此时曲线 J 自 0 线外拐头向上。之前曲线 J 已经在 0 线外运行了 7 周，这说明股价下跌趋势有可能结束，短线交易者可以择机少量建仓。

相比较而言，曲线 J 自上而下拐头的准确率要高于自下而上式拐头。短线

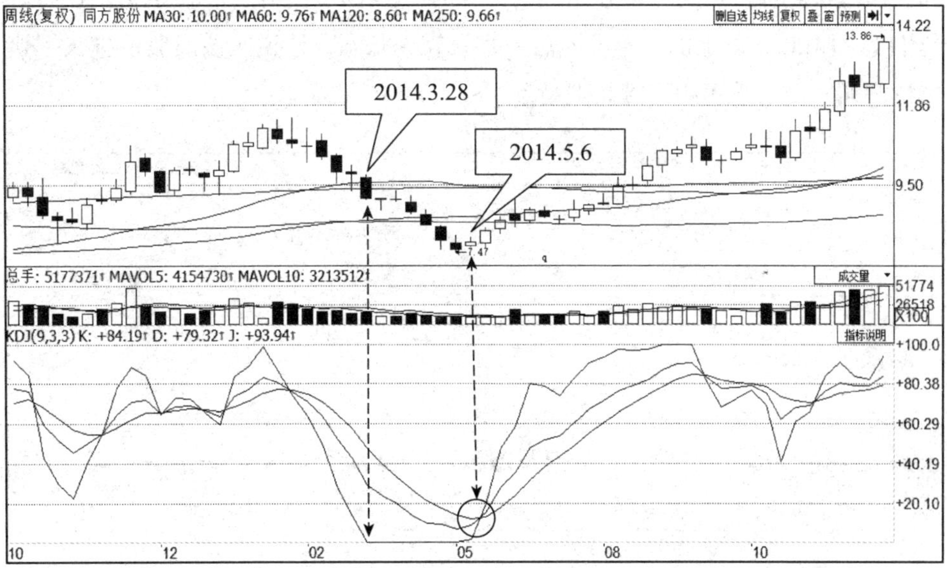

图 3-28 同方股份（600215）KDJ 指标周线走势图

交易者按照本技巧买入股票时，最好能结合其他方法综合研判，以提升买入信号的准确性。

三、曲线 J 极限交叉

曲线 J 极限交叉，本质上是对极限拐头信号的一个确认。也就是说，曲线 J 出现极限拐头形态后，若能够继续上升或下跌并与曲线 K、曲线 D 交叉，则可增强买入或卖出信号的准确性。

1. 极限死亡交叉

曲线 J 上升到 100 线以上区域，即在 KDJ 指标走势图上呈直线时，此后出现拐头向下走势，并与曲线 K、曲线 D 形成高位死亡交叉（交叉点位于 80 线附近时信号更为可靠），则可确认股价上涨趋势正式结束。

通常情况下，曲线 J 呈直线时，往往都是股价加速上涨时。若曲线 J 拉出直线的时间超过 3 个交易周期（通常是 3 个交易日），之后再拐头向下与曲线 K 和曲线 D 交叉，将增加卖出信号的准确性。

如图 3-29 所示，紫金矿业的股价在 2015 年 5 月初出现了一波快速上涨走势。在股价上涨的同时，KDJ 指标的各条指标线同步上升，曲线 J 率先在 5 月 27 日达到 100 线以上的位置，此后一直呈直线状态。这说明该股股价进入了快速拉升期，交易者可以继续持股待涨。

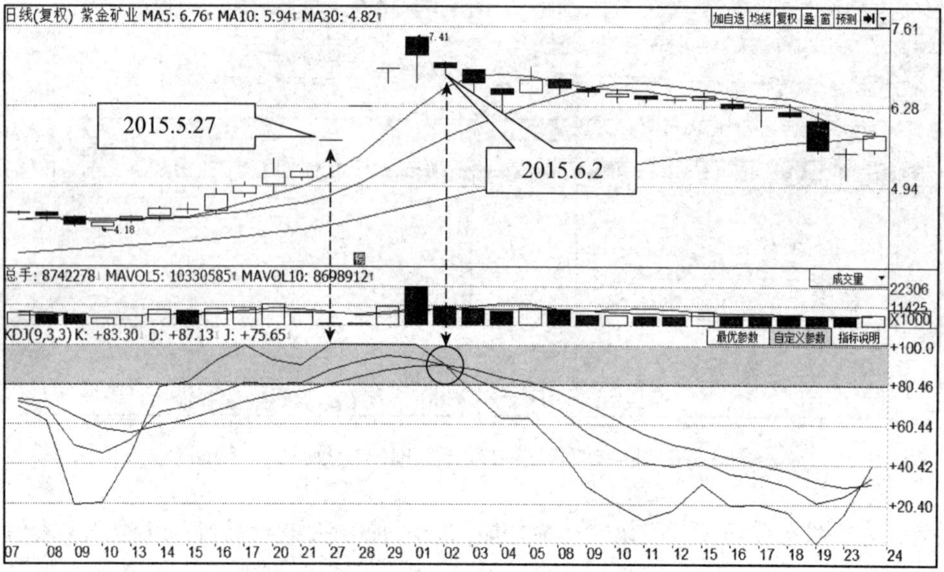

图 3-29 紫金矿业（601899）KDJ 指标走势图

2015 年 6 月 2 日，该股股价以小阴线收盘，此时曲线 J 自 100 线外拐头向下，并与曲线 K 和曲线 D 形成高位死亡交叉。之前曲线 J 已经在 100 线外运行了 4 个交易日，这说明股价上涨趋势有可能结束，短线交易者宜卖出手中的股票。

2. 极限黄金交叉

曲线 J 下降到 0 线以下区域，即在 KDJ 指标走势图上呈直线时，此后出现拐头向上并与曲线 K、曲线 D 形成黄金交叉（交叉点位于 20 线附近时信号更为可靠），则意味着股价下跌趋势终结，反弹或上涨行情来临。

通常情况下，曲线 J 呈直线时，往往都是股价加速下跌时。若曲线 J 拉出直线的时间超过 3 个交易周期（通常是 3 个交易日），之后拐头向上与曲线 K、曲线 D 形成黄金交叉，将增加买入信号的准确性。

如图 3-30 所示，中信海直的股价在 2015 年 6 月初出现了一波下跌走势。

在股价下跌的同时，KDJ 指标的各条指标线同步下降。曲线 J 率先在 7 月 2 日达到 0 线以下位置，以后一直呈直线状态。这说明该股股价进入了快速下跌期，交易者宜保持观望，不可入场。

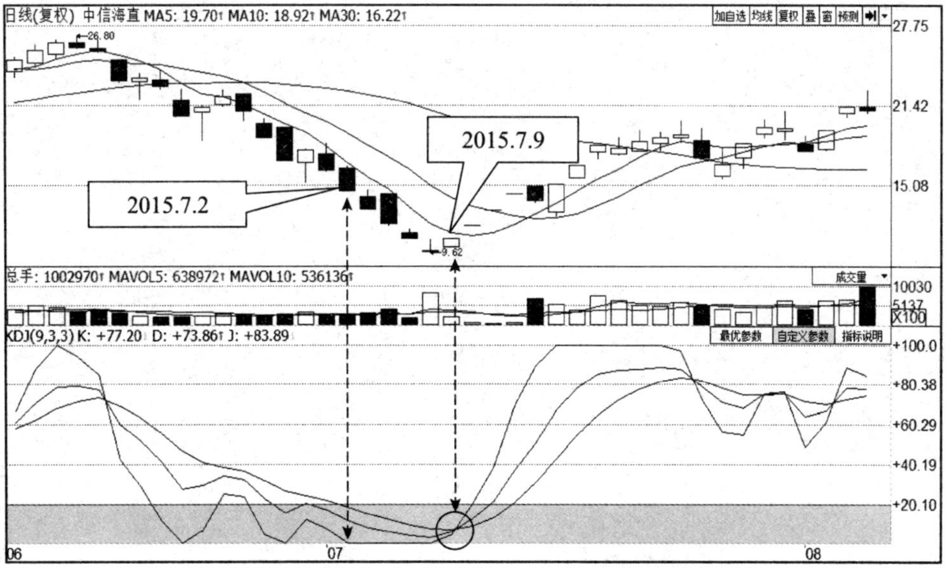

图 3-30　中信海直（000099）KDJ 指标走势图

2015 年 7 月 9 日，该股股价以光头阳线收盘，此时曲线 J 自 0 线外拐头向上并与曲线 K 和曲线 D 形成低位黄金交叉。之前曲线 J 已经在 0 线外运行了 5 个交易日，这说明股价下跌趋势有可能结束，短线交易者可以择机少量建仓。

第四章

KDJ 指标四大基本形态研判

交叉、背离、超买与超卖、钝化等，是KDJ 指标在运行过程中经常出现的四种形态，其中每种形态都可能会对股票走势产生一定的影响。

第一节　交叉：黄金交叉与死亡交叉

黄金交叉与死亡交叉，是 KDJ 指标最经典、最有效的技术分析方法。不过，当股价出现某种趋势或盘整走势，KDJ 指标中的曲线 K 与曲线 D 黏合在一起时，形成的交叉则不具有交易指导意义，也不在本节讨论范畴之内。

一、黄金交叉的原理及操作建议

通常情况下，大家习惯将曲线 K 自下而上穿越曲线 D 形成的交叉称为黄金交叉。也就是说，交叉之后，曲线 K 会逐渐走高，股价也会逐步走高。但是不可否认，其中有大量的交叉并没有带来股价的上涨。因此质量较高的黄金交叉，才是交易者最需要关注的一种形态。

1. 黄金交叉的条件

一般情况下，有质量的黄金交叉应该满足以下几项条件。

第一，曲线 K 和曲线 J 同时自下而上穿越曲线 D，交叉点最好位于 20 线上方附近。这说明股价已经启动反弹或上涨，且短期内存在一定的反弹或上涨空间。

第二，若曲线 K 与曲线 D 在底部多次形成金叉，则可增强买入信号的准确性。

第三，金叉出现时，股价 K 线应以阳线收盘，且成交量同步放大。

第四，金叉出现时，若股价 K 线同步上穿某条重要均线或阻力位，则可增强买入信号的准确性。

如图 4-1 所示，特力 A 的股价在 2015 年 10 月出现了一波调整走势，KDJ 指标逐步走低，曲线 K、曲线 D 先后进入 20 线下方的超卖区。

2015 年 11 月 24 日，该股股价以放量涨停报收，并在 K 线图上留下了一根大阳线。与此同时，曲线 K、曲线 J 自下而上穿越曲线 D 形成了底部黄金交叉，且此交叉点位于 20 线附近位置。这说明此时出现的黄金交叉质量较高，交易者可以执行短线买入操作。

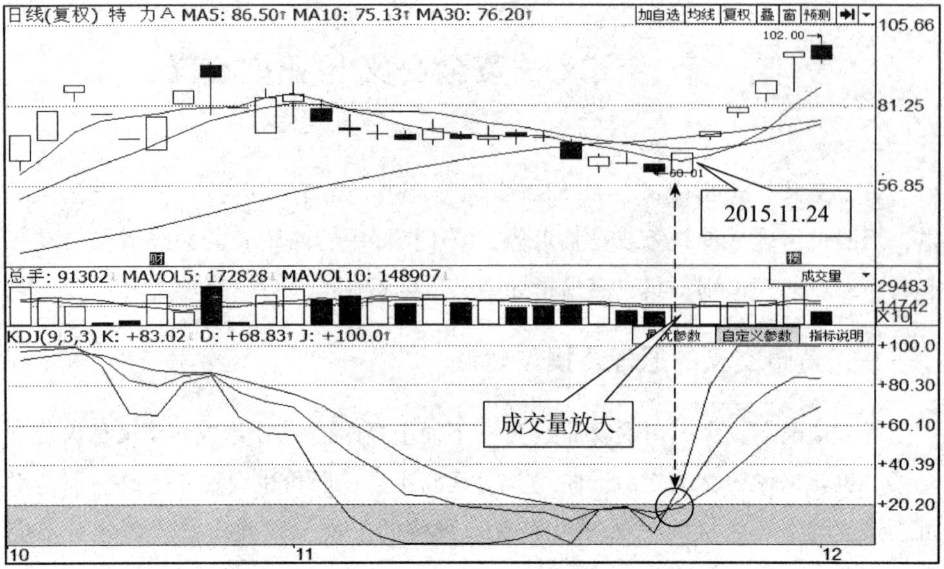

图 4-1　特力 A（000025）KDJ 指标走势图

2. 黄金交叉研判的依据

黄金交叉研判的依据主要包括动能反转原理和动态平衡原理。

（1）动能反转原理。

按照动能反转原理，在股价上涨或下跌过程中，都是以动能作为支撑的。股价持续下跌时，动能必然持续增加。当动能达到极限，无法继续增加或出现衰减时，股价的下跌将很难持续，未来有上涨的可能。

当曲线 K 进入 20 线以下区域并自下而上出现拐头时，说明下跌动能变弱，推动上涨的动能开始出现。但此时股价仍处于下跌趋势，交易者不宜介入。其后，当曲线 K 自下而上穿越曲线 D 时，说明上升动能已经取得主动，短期内曲线 K 继续走高的可能性较大，股价也会同步上升。

不过，此时曲线 K 和曲线 D 尚处于底部区域，市场仍由空方主导。为了提升买入信号的准确性，交易者需要尽量参考股价 K 线的走势、形态以及成交量情况进行综合判断。

（2）动态平衡原理。

股价的运行往往会围绕某一中心线波动。当股价上升过快时，就会向中心线回调靠拢；当股价下跌过快时，就会向上反弹靠拢中心线，且中心线也会根据股价的波动有所变化。整个股市就是处于这种动态平衡关系之中。

当股价持续调整或下跌时，曲线 K 和曲线 D 就会持续下降，并远离中心线 50 线。当曲线 K 和曲线 D 下降到一定程度后，必然会向中心线 50 线靠拢，反弹或反转就会出现。拐头意味着反弹或反转可能会出现，而黄金交叉点则是对反转或反弹趋势成立的一个确认。

3. 黄金交叉的操作建议

按照黄金交叉出现的位置不同，可以将其划分为低位金叉和高位金叉两种。前面讲述的有质量的黄金交叉，其实就是低位金叉中的一种特殊形态。

（1）低位金叉。

通常情况下，低位金叉发出的买入信号要比高位金叉更高，其研判方法与前面讲述的黄金交叉相同。

不过在具体操作时，还需要注意以下几点。

第一，股价 K 线与成交量的关系。即当股价自底部上升，且成交量放大时，入场交易成功率更高。

第二，交叉点最好位于 20 线上方附近，且黄金交叉形成后，曲线 K 和曲线 D 能够全部向上远离 20 线区域。

第三，交叉次数越多，成功率越高。

如图 4-2 所示，招商银行的股价在 2014 年 9 月出现了一波调整走势，KDJ 指标逐步走低，曲线 K、曲线 D 先后进入 20 线下方的超卖区。

2014 年 9 月 23 日，该股股价以放量上涨收盘，并在 K 线图上留下了一根大阳线。与此同时，曲线 K、曲线 J 自下而上穿越曲线 D，形成了底部黄金交叉。此交叉点位于 20 线上方的位置，说明此时出现的黄金交叉质量一般，交易者可以选择少量介入。

其后，该股股价出现横盘走势，KDJ 指标出现黏合状态。此时曲线 K 和曲线 D 多次形成黄金交叉，不过股价和成交量都未有明显的变化，交易者此时需要保持对该股的关注。

10 月 28 日，该股股价在前一交易日大幅下跌的基础上低开高走，收出一根大阳线。与此同时，曲线 K 自下而上穿越曲线 D，又一次形成黄金交叉。在

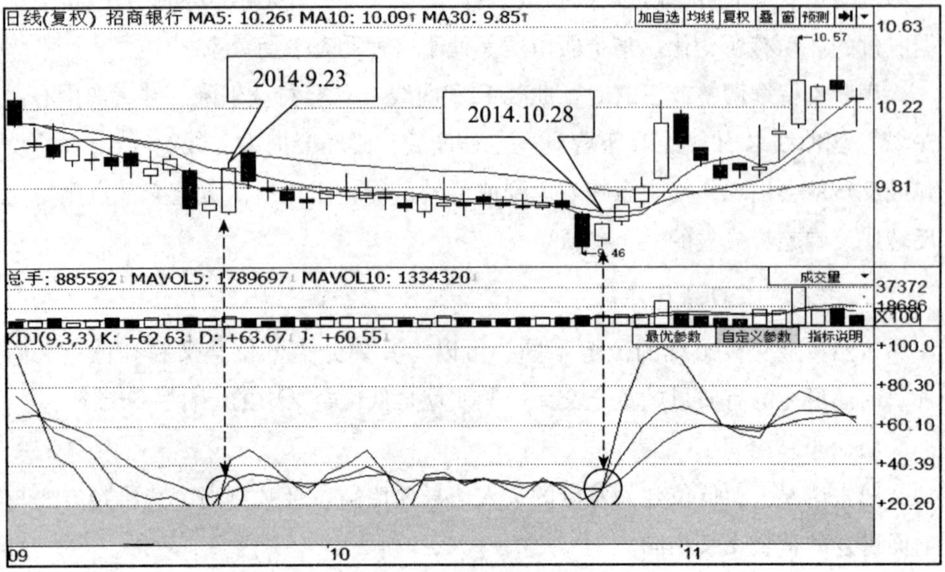

图 4-2 招商银行（600036）KDJ 指标走势图

此交叉之前，曲线 K 与曲线 D 已经多次交叉，因而可以认定此次交叉的含金量较高，交易者可以加仓买入该股。

通常情况下，股价经过长时间下跌后自底部开始反弹，此时 KDJ 指标出现的第一个黄金交叉的可靠性，需要借助其他技术分析手段进行验证。当股价反弹数个交易日后回调再上涨时，KDJ 指标在底部形成的第二个黄金交叉买入指示作用更强。这有点儿类似波浪理论中“第一浪起点买入失败率较高，而第三浪买入的可靠性更强”的意思。

（2）高位金叉。

通常情况下，高位金叉发出的买入信号相对较弱，不过这也需要结合具体情况进行分析。

在下列情况下，KDJ 指标出现高位金叉时买入信号较强。

第一，股价处于上升趋势中。此时，若股价出现短暂回调，KDJ 指标势必跟随调整，并出现死叉。其后股价调整结束，重新上升，KDJ 指标就会在高位出现一个金叉。

第二，高位金叉出现前，股价调整时成交量表现为缩量态势，而 KDJ 指标再度出现金叉时，成交量却出现了放大态势。

如图 4-3 所示，江粉磁材的股价在 2015 年上半年出现了一波上涨走势，KDJ 指标也逐步走高，曲线 K、曲线 D 先后进入了 80 线上方的超买区。

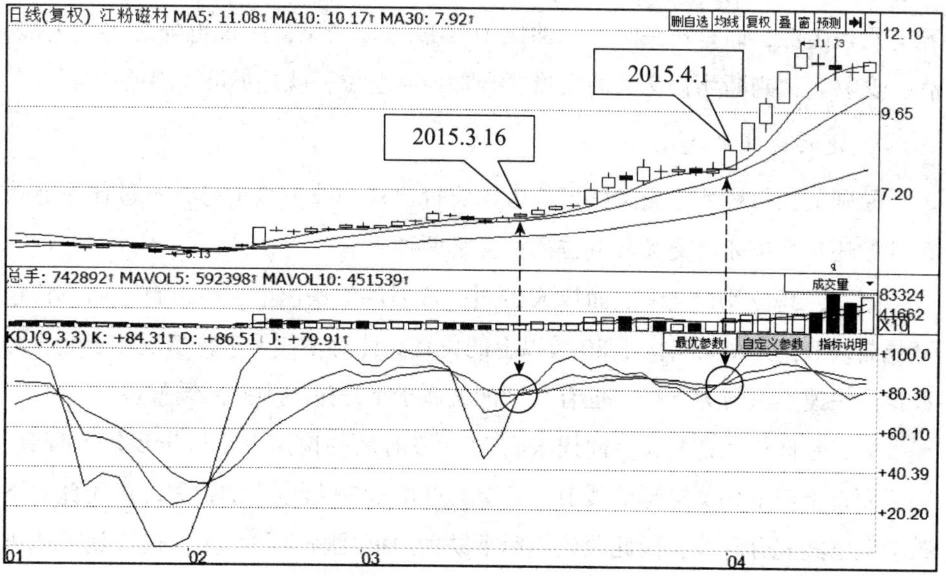

图 4-3 江粉磁材（002600）KDJ 指标走势图

2015 年 3 月中旬，该股股价出现了一波回调走势，KDJ 指标形成高位死叉后再次上升。观察股价的走势可知，此时该股股价仍处于上升趋势中，此时的下跌很可能只是一次短暂的调整。

3 月 16 日，曲线 K 自下而上穿越曲线 D 形成高位金叉。股价回调时，由于成交量并未放大，因而交易者可在该股 KDJ 出现高位金叉时再度加仓买入该股。

其后，该股经过一段时间的上涨后再度回调，KDJ 指标又一次出现高位死叉。交易者可密切关注股价运行的趋势以及支撑情况，以研判股价上升趋势能否被破坏。

4 月 1 日，KDJ 指标随着股价的回升再度出现高位金叉，由于此时成交量并未明显放大，交易者可以再次加仓买入该股。

二、死亡交叉的原理及操作建议

曲线 K 自上而下穿越曲线 D 形成的交叉称为死亡交叉。也就是说，交叉之后，曲线 K 会逐渐走低，股价也会逐步走低。但有时候交叉形成后，曲线 K 并没有迅速走低，而是转头向上与曲线 D 再度形成交叉，股价也随之再度上涨。作为交易者，判断死亡交叉的质量，合理控制仓位，就是不可或缺的一环。

1. 死亡交叉的类型

原则上，每种死亡交叉都可能带动股价出现一波下跌走势，不过比较有代表性的还是高位死亡交叉和低位死亡交叉两种。

第一，高位死亡交叉。曲线 K 经过一段时间的快速上涨后，自上而下快速穿越曲线 D，且交叉点位于 80 线以上的位置。此时多数属于行情反转走势，即股价由快速上涨转为下跌。也有个别死叉属于上涨过程中的回调整理。

第二，低位死亡交叉。曲线 K 经过一段时间的快速下跌后出现短暂反弹，随后便自上而下快速穿越曲线 D，且交叉点位于 20 线以下的位置。由于此时下跌动能已经充分释放，因此股价随后下跌的空间比较有限，而且很快就可能进入筑底阶段。

如图 4-4 所示，光华科技的股价在 2015 年 3 月经历了一波上涨，之后出现了下跌走势，KDJ 指标也从 80 线以上的超买区拐头向下。

3 月 16 日，曲线 K 自上而下穿越曲线 D 形成高位死叉。由于该死叉位于股价短期顶部位置，且当日股价下跌时成交量同步放大，这说明股价短期内下跌的概率很大，交易者宜卖出手中的股票。

经过一段时间的下跌后，该股股价出现反弹迹象。但反弹几个交易日后的 3 月 16 日再度出现下跌，曲线 K 也再次自上而下跌破曲线 D，形成低位死亡交叉。由于此交叉点位于 20 线下方的超卖区，说明该股未来下跌的趋势难以长久，交易者宜保持观望。一旦股价企稳并出现反弹迹象时，可以考虑建仓该股。

2. 死亡交叉研判的依据

与黄金交叉相同，死亡交叉的研判依据主要包括动能反转原理和动态平衡

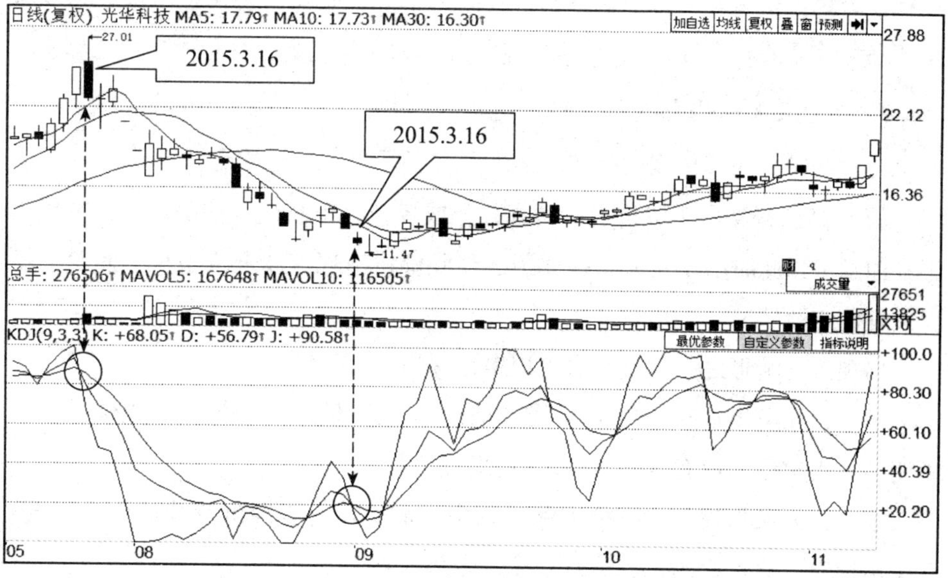

图 4-4 光华科技（002741）KDJ 指标走势图

原理。

（1）动能反转原理。

按照动能反转原理，在上涨或下跌过程中，股价都是以动能作为支撑的。股价持续上涨时，动能必然持续增加。当动能达到极限，无法继续增加或出现衰减时，股价的上涨将很难持续，未来有下跌的可能。

当曲线 K 进入 80 线以上区域并自上而下出现拐头时，说明上涨动能变弱，推动下跌的动能开始出现，但此时股价仍处于上涨趋势。其后，当曲线 K 自上而下穿越曲线 D 时，说明下跌动能已经取得主动，短期内曲线 K 继续走低的可能性较大，股价也会同步下跌。

（2）动态平衡原理。

股价的运行往往会围绕某一中心线波动。当股价上升过快时，就会向中心线回调靠拢；当股价下跌过快时，就会向上反弹靠拢，且中心线也会根据股价的波动有所变化。整个股市就是处于这种动态平衡关系之中。

当股价持续上涨时，曲线 K 和曲线 D 就会持续上升，并远离中心线 50 线。当曲线 K 和曲线 D 上涨到一定程度后，必然会向中心线 50 线靠拢，调整或反转就会出现。拐头意味着调整或反转可能会出现，而死亡交叉点则是对调整或反转趋势成立的一个确认。

3. 死亡交叉的操作建议

死亡交叉，因其出现的位置不同，往往预示着不一样的交易指导意义。

（1）高位死叉。当股价上涨至高位，或者正处于高位盘整阶段时，曲线 K 下穿曲线 D，此时出现死叉，往往预示着股价将出现一波下跌走势，此时交易者最好清空股票。

出现下列情形之一，交易者可以考虑保留部分筹码。

第一，死叉出现时，30 日均线和曲线 D 仍旧呈上升态势，且股价没有跌破明显的支撑位，没有跌破 10 日均线更好。

第二，死叉出现前，股价上涨过程中，成交量会表现出持续放大的情况；死叉出现时，股价回调，成交量呈萎缩态势。

第三，股价明显处于上涨趋势中，且市场做多气氛浓厚。

如图 4-5 所示，市北高新的股价在 2015 年 9 月经历了一波上涨走势，KDJ 指标也同步上升。

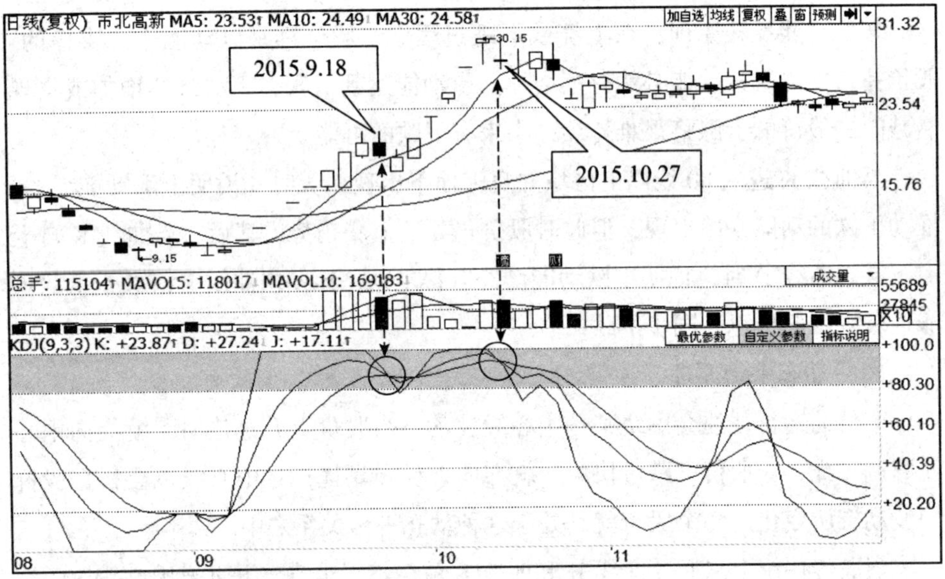

图 4-5　市北高新（600604）KDJ 指标走势图

9 月 18 日，该股股价出现回调，曲线 K 自上而下穿越曲线 D 形成高位死叉。该死叉出现时，由于股价仍处于上升趋势中，且回调时成交量出现缩量，说明股价运行趋势尚佳，交易者可以继续持股。

经过一段时间的上涨后，该股股价再度出现滞涨走势。10 月 27 日，该股股价再度出现下跌，曲线 K 也再次自上而下跌破曲线 D，形成高位死亡交叉。由于此交叉点位于 80 线上方的超买区，且成交量出现放大的迹象，这说明该股未来下跌的概率很高，交易者宜卖出该股。

第二节　背离：顶背离与底背离

KDJ 指标背离，是指股价在上涨（下跌）过程中不断创出新高（低），但 KDJ 指标中的曲线 K 却没有创出新高（新低）的一种现象。

KDJ 指标背离主要包括顶背离和底背离两种。

一、顶背离的原理及操作建议

顶背离，是指股价在上涨过程中创下的高点一个比一个高，但 KDJ 指标中的各条指标线却没有创出新高的现象。

1. 顶背离的特征

出现顶背离，说明上涨行情很难持续，股价未来有下跌的风险。

通常情况下，顶背离具有如下几个特征。

第一，经过一段时间的上涨后，股价出现了调整走势，随后再度启动并创下新高。与此同时，曲线 K 和曲线 D 也随着股价的再度上涨而上扬，但却没有突破前期的高点。

第二，若股价第二个高点对应的 KDJ 指标值仍位于 80 线上方，也就是说，顶背离形成时，KDJ 指标线仍位于 80 线上方，则可增加股价下跌的概率。

如图 4-6 所示，浙江永强的股价在 2015 年上半年经历了一波上涨走势，KDJ 指标也同步上升，并进入 80 线上方的超买区。

5 月 25 日，浙江永强在创下短期高点后出现回调。5 月 27 日，曲线 K 自

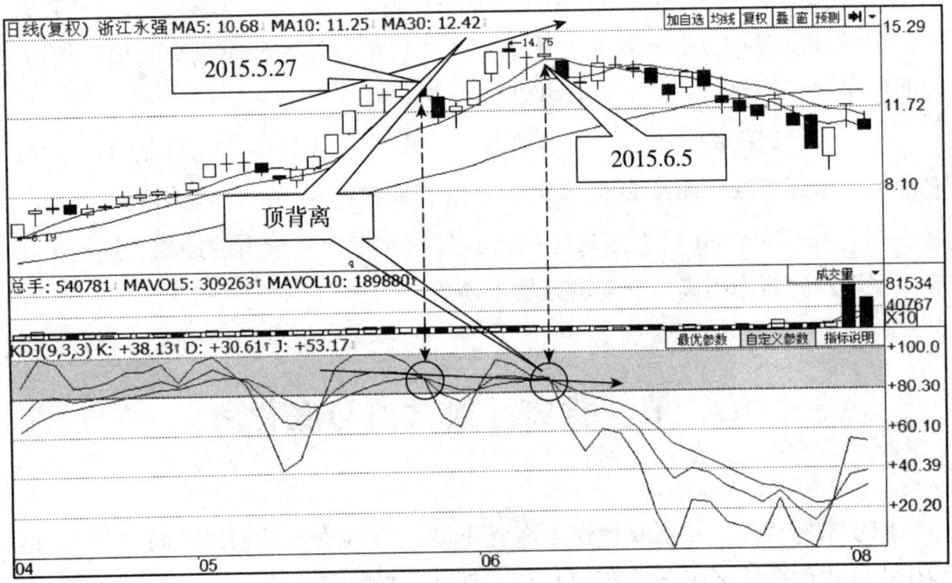

图 4-6　浙江永强（002489）KDJ 指标走势图

上而下穿越曲线 D 形成高位死叉。该死叉出现时，股价仍处于上升趋势中，且回调时成交量出现了缩量，这说明股价运行趋势尚佳，交易者可以继续持股。

6 月 3 日，该股股价再次出现回调。6 月 5 日，曲线 K 自上而下穿越曲线 D 形成高位死叉。该死叉出现时，尽管成交量仍未明显放大，但此时 KDJ 指标与股价出现了明显的顶背离，即股价的高点一波比一波高，而 KDJ 指标形成的高点却一波比一波低。

顶背离出现时，KDJ 指标仍位于 80 线上方的超买区，这说明股价下跌的概率很高，交易者宜迅速卖出股票。

2. 顶背离背后的原理

（1）趋势价格一致原理。

趋势价格一致原理，是指在上涨趋势中，价格趋于交易区域的上部收盘。这一理论反映到 KDJ 指标中就会出现这样的情况：正常上升趋势中，收盘价接近于交易区域的上部，KDJ 指标的数值必将持续走高。也就是说，上升趋势中，KDJ 指标线会一直上升。

理论上，当股价创下相邻两个高点，且后一个高于前一个的时候，KDJ 指标也必然会出现同样的情形，即后一个高点高于前一个高点。但是，当 KDJ 指标并未与股价同步时，说明股价的上升趋势存在不确定性，至少不是一个正常的上升趋势。这样的上升趋势，必然不会长期存在，不久的将来必然会出现转向。

（2）动能反转原理。

动能反转原理，是指在上涨或下跌过程中，股价都是以动能作为支撑的。股价持续上涨时，动能必然持续增加。当动能达到极限，无法继续增加或出现衰减时，股价的上涨将很难持续，未来有下跌的可能。

顶背离出现时，股价连续形成两个高点，动能必然会连续两次出现增加。当股价形成后一个高点时，动能无法创下新的高点，就说明动能有所不足，未来股价下跌的概率很大。

3. 顶背离的操作建议

股价与 KDJ 指标出现顶背离时，交易者在具体操作上需要注意以下几点。

第一，成交量的变化。股价与 KDJ 指标出现顶背离时，又同步与成交量指标出现顶背离，则意味着股价下跌的可能性非常大。

第二，股价与 KDJ 指标出现顶背离的次数越多，越能说明股价下跌的可能性非常大。

第三，顶背离形成后，曲线 K 自上而下穿越曲线 D 形成交叉时，交易者可以卖出部分股票。若曲线 K 跌破 50 线，则可清空仓位。

如图 4-7 所示，中信证券的股价在 2014 年底到 2015 年初经历了一波上涨走势，KDJ 指标也同步上升，并进入 80 线上方的超买区。

2014 年 12 月 17 日，该股股价创下短期高点后出现回调。12 月 19 日，曲线 K 自上而下穿越曲线 D 形成高位死叉。该死叉出现时，由于股价仍处于上升趋势中，且回调时成交量出现了缩量，说明股价运行趋势尚佳，交易者可以继续持股。

2015 年 1 月 7 日，该股股价创下新高再次出现回调。1 月 9 日，曲线 K 自上而下穿越曲线 D 形成高位死叉。该死叉出现时，尽管成交量仍未明显放大，但此时 KDJ 指标与股价出现了明显的顶背离，即股价的高点一波比一波高，而 KDJ 指标形成的高点却一波比一波低。另外，顶背离出现时，KDJ 指标仍位于

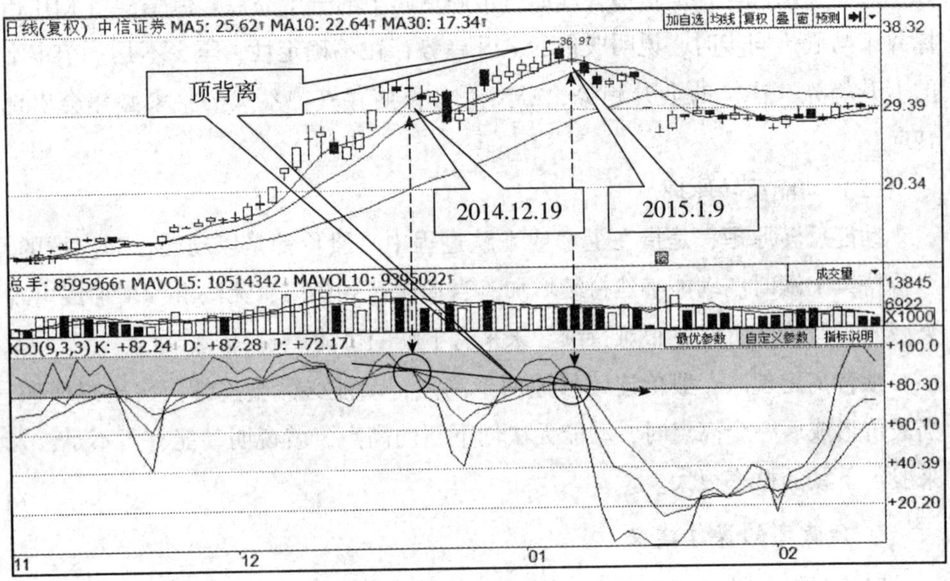

图 4-7　中信证券（600030）KDJ 指标走势图

80 线上方的超买区，这说明股价下跌的概率很高，交易者宜迅速卖出股票。

二、底背离的原理及操作建议

底背离，是指股价在下跌过程中创下的低点一个比一个低，但 KDJ 指标中的曲线 K 却没有创出新低的现象。

1. 底背离的特征

出现底背离，说明下跌行情很难持续，股价未来存在筑底反弹的可能。

通常情况下，底背离具有如下几个特征。

第一，股价经过一段时间的下跌后出现了反弹走势，随后再度启动下跌并创下新低。与此同时，曲线 K 也随着股价的再度下跌而下降，但却没有突破前期的低点。

第二，若股价第二个低点对应的 KDJ 指标值仍位于 50 线下方，则可增加股价反弹或反转的概率。

如图 4-8 所示，中直股份的股价在 2015 年 8 月到 9 月期间经历了一波下跌走势。KDJ 指标也同步下降，并进入 20 线下方的超买区。

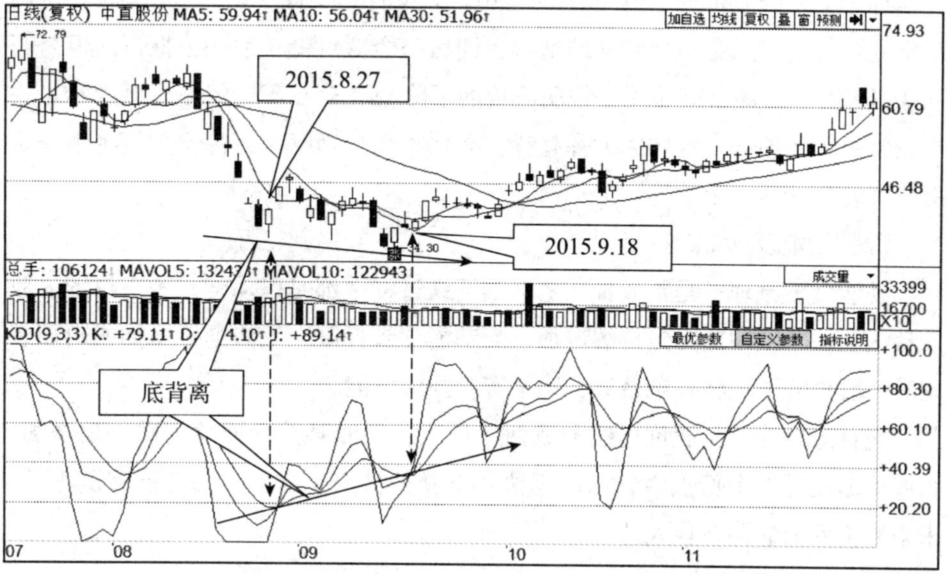

图 4-8　中直股份（600038）KDJ 指标走势图

2015 年 8 月 27 日，该股股价创下短期低点后出现反弹。8 月 28 日，曲线 K 自下而上穿越曲线 D 形成低位金叉。由于该金叉出现时，股价仍处于下降趋势中，且股价运行于均线之下，说明股价运行趋势不佳，交易者可以继续观望。

9 月 17 日，该股股价创下新低后再次出现反弹。9 月 18 日，曲线 K 自下而上穿越曲线 D 形成低位金叉。该金叉出现时，尽管成交量仍未明显放大，但此时 KDJ 指标与股价出现了明显的底背离，即股价的低点一波比一波低，而 KDJ 指标形成的低点却一波比一波高。另外，底背离出现时，KDJ 指标仍位于 50 线下方的超买区，这说明股价反弹向上的概率很高，交易者可以少量建仓。

2. 底背离背后的原理

（1）趋势价格一致原理。

趋势价格一致原理，是指在下降趋势中，价格趋于交易区域的下部收盘。这一理论直接反映到 KDJ 指标中，就会出现这样的情况：正常下降趋势中，收盘价必然接近交易区域的下部，KDJ 指标的数值必然持续走低。也就是说，下降趋势中，KDJ 指标线会一直下降。

理论上，当股价创下两个相邻的低点，且后一个低于前一个的时候，KDJ 指标的数值也必然会出现同样的情形，即后一个低点低于前一个低点。但是当 KDJ 指标并未与股价同步时，说明股价的下降趋势存在不确定性，至少不是一个正常的下降趋势。这样的下降趋势，必然不会长期存在，在不久的将来一定会出现转向。

（2）动能反转原理。

动能反转原理，是指股价在上涨或下跌过程中都是以动能作为支撑的。股价持续下跌时，动能必然持续增加。当动能达到极限，无法继续增加或出现衰减时，股价的下跌将很难持续，未来有反弹的可能。

底背离出现时，股价连续形成两个低点，动能必然会连续两次出现增加。当股价形成后一个低点时，动能无法创下新的低点，这就说明动能有所不足，未来股价反弹的概率很大。

3. 底背离的操作建议

股价与 KDJ 指标出现底背离时，交易者在具体操作方面需要注意以下几点。

第一，成交量的变化。若股价与 KDJ 指标出现底背离，又同步与成交量指标出现底背离，则意味着股价反弹的可能性非常大。

第二，股价与 KDJ 指标出现底背离的次数越多，越能说明股价反弹的可能性非常大。

第三，底背离形成后，曲线 K 自下而上穿越曲线 D 形成交叉时，交易者可以卖出部分股票。若曲线 K 向上突破 50 线，则可以加仓买入。

如图 4-9 所示，钢构工程的股价在 2014 年底到 2015 年初经历了一波下跌走势，KDJ 指标也同步下降，并进入 20 线下方的超买区。

2014 年 12 月 24 日，该股股价创下短期低点后出现反弹。12 月 25 日，曲线 K 自下而上穿越曲线 D 形成低位金叉。该金叉出现时，由于股价仍处于下降趋势中，且股价运行于均线之下，说明股价运行趋势不佳，交易者可以继续观望。

2015 年 1 月 20 日，该股股价创下新低后再次出现反弹。1 月 21 日，曲线 K 自下而上穿越曲线 D 形成低位金叉。该金叉出现时，成交量出现明显放大，

图 4-9 钢构工程（600072）KDJ 指标走势图

并且 KDJ 指标与股价出现了明显的底背离，即股价的低点一波比一波低，而 KDJ 指标形成的低点却一波比一波高。底背离出现时，KDJ 指标仍位于 50 线下方的超买区，这说明股价反弹向上的概率很高，交易者可以少量建仓。

KDJ 指标的顶背离和底背离形态中，后一波的低点或高点只能和之前一波的低点或高点对比，不能跳过去比较其他的波段低点或高点。同时，根据历史经验判断，KDJ 指标顶背离的准确性要大于底背离。底背离出现时，最好能够多耐心等待一下。有时在一个底部区域可能会出现多次底背离，出于安全考虑，可以在底背离出现后，股价启动上升时，先少量建仓，待趋势确立再加仓。

第三节 KDJ 超买与超卖

超买与超卖是 KDJ 指标最主要的功能之一。交易者通过指标识别超买或超卖，可以提前做好卖出或买入决策，以实现投资收益的最大化。

一、KDJ 指标超买原理及操作建议

KDJ 超买，是指在股价上涨过程中，买盘逐渐放大，KDJ 指标逐步走高；当买盘放大到一定程度无法继续放大时，KDJ 指标上升的难度会越来越大，此时就说明指标已经进入超买区域，未来有下跌的风险。

1. KDJ 指标超买的特征

KDJ 指标出现超买，说明上涨行情很难持续，未来股价有下跌的风险。

通常情况下，KDJ 指标超买具有如下几个特征。

第一，股价经过一段时间的上涨后，KDJ 指标中的曲线 J、曲线 K 和曲线 D 先后进入超买区域，即 80 线上方区域。

第二，尽管 80 线被看成超买区与徘徊区的分界线，但很多交易者仍然将曲线 K 进入 90 线以上的区域才看成指标超买，曲线 J 要到达 100 线以上区域才被看成超买。

如图 4-10 所示，华丽家族的股价经过一段时间的盘整后，2015 年 10 月出现了一波快速拉升。随着股价的上涨，KDJ 指标中的各条指标线从 10 月 12 日

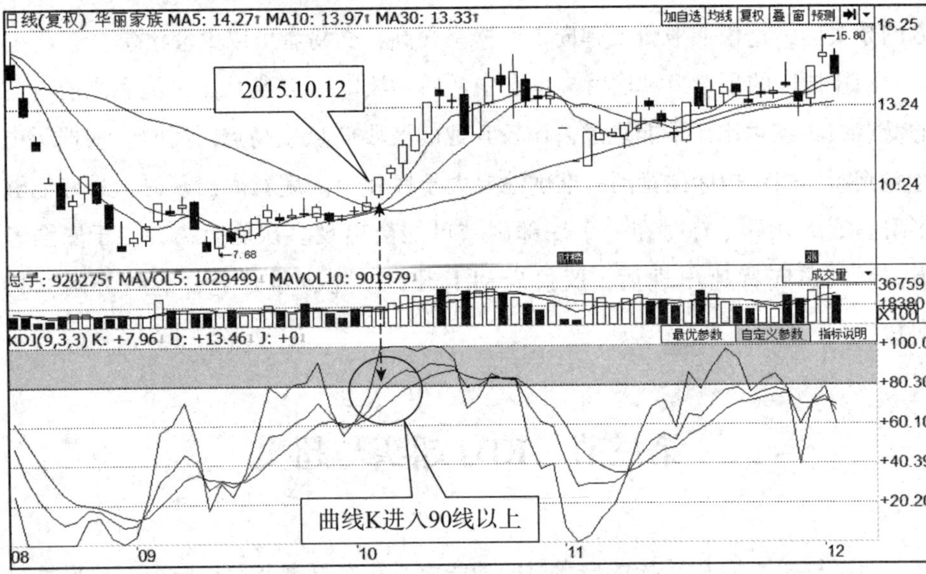

图 4-10 华丽家族（600503）KDJ 指标超买示意图

开始先后进入超买区域，即 80 线以上区域。其中曲线 K 进入了 90 线以上区域，曲线 J 一度达到 100 线以上区域，这说明股价短期可能会出现筑顶态势，交易者可做好卖出股票的准备。待有明确的卖出信号发出，则可考虑出货。

2. KDJ 指标超买的基本原理——动态平衡原理

动态平衡原理认为，股价的运行往往会围绕某一中心线波动。当股价上升过快时，就会向中心线回调靠拢，中心线也会根据股价的波动发生变化。整个股市就处于这种动态平衡关系之中。

KDJ 指标超买功能正是以这一原理为依据设计的。50 线就是股价运行的中心线，而且这一中心线并不是某一固定价格，而是相对的比例，这就使得这一中心线可以随股价的波动发生变化。当股价上升过快的时候，KDJ 指标的各条指标线就会进入超买区域，此时向中心线靠拢的概率就会逐渐加大。

3. KDJ 指标超买的操作建议

KDJ 指标出现超买时，交易者在具体操作方面需要注意以下几点。

第一，指标超买，说明股价上涨趋势结束的可能性正在增加，但不意味着股价立即从上涨转为下跌。其实 KDJ 超买信号发出时，很可能是股价涨势最猛烈的时候，也是交易者获利最为丰厚的时刻。其后若有其他卖出信号发出，交易者可视风险承受能力酌情减仓。

第二，尽管超买信号出现时股价处于快速拉升期，交易者也应该尽量克制，避免冲动买入或加仓操作，而应反向作减仓操作。

第三，KDJ 指标线从超买区返回徘徊区或出现高位死叉时，交易者需及时减仓甚至清仓。

如图 4-11 所示，广发证券的股价经过一段时间的盘整后，从 2014 年 10 月开始出现了一波快速拉升。随着股价的上涨，KDJ 指标中的各条指标线从 11 月 14 日开始先后进入超买区域，即 80 线以上区域。其中曲线 K 进入了 90 线以上区域，曲线 J 一度达到 100 线以上区域，这说明股价短期可能会出现筑顶态势，交易者需要密切关注股价和 KDJ 指标的变化。

2014 年 12 月 9 日，广发证券的股价出现了高位震荡走势，当日 KDJ 指标出现了高位死叉。这说明股价回调的风险正在加大，交易者可考虑第一次

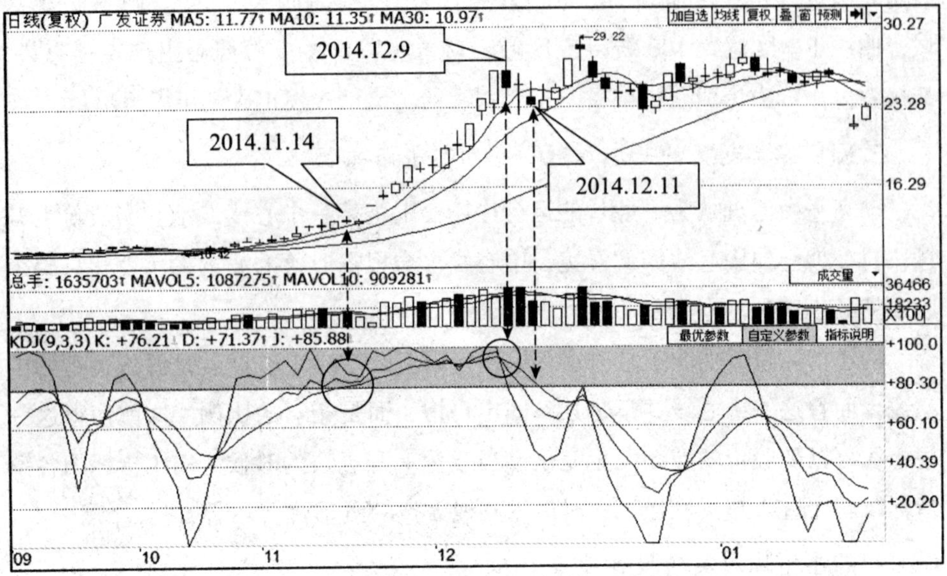

图 4-11 广发证券（000776）KDJ 指标走势图

减仓。

12 月 11 日，曲线 K 和曲线 D 先后从超买区返回徘徊区，这说明股价有走弱的迹象，交易者宜进行第二次减仓或清仓操作。

二、KDJ 指标超卖的原理及操作建议

KDJ 超卖，是指在股价下跌过程中卖盘逐渐放大，KDJ 指标逐步走低。当卖盘放大到一定程度无法继续放大时，KDJ 指标下降的角度会越来越大，此时就说明指标已经进入超卖区域，未来股价有反弹的可能。

1. KDJ 指标超卖的特征

KDJ 指标出现超卖，说明下跌行情很难持续，未来股价有反弹的可能。

通常情况下，KDJ 指标超卖具有如下几个特征。

第一，股价经过一段时间的下跌后，KDJ 指标中的曲线 J、曲线 K 和曲线 D 先后进入超卖区域，即 20 线下方区域。

第二，尽管 20 线被看成超卖区与徘徊区的分界线，但很多交易者仍然将曲线 K 进入 10 线以下区域才看成指标超卖，曲线 J 到达 0 线以下区域才被看成

超卖。

如图 4-12 所示，万家文化的股价在 2015 年 6 月出现了一波快速下跌。随着股价的下跌，KDJ 指标中的各条指标线从 8 月 3 日开始先后进入超卖区域，即 20 线以下区域。其中曲线 K 进入了 10 线以下区域，曲线 J 一度达到 0 线以下区域。这说明股价短期可能会出现筑底态势，交易者宜做好买入股票的准备。待有明确的买入信号发出，可考虑少量建仓。

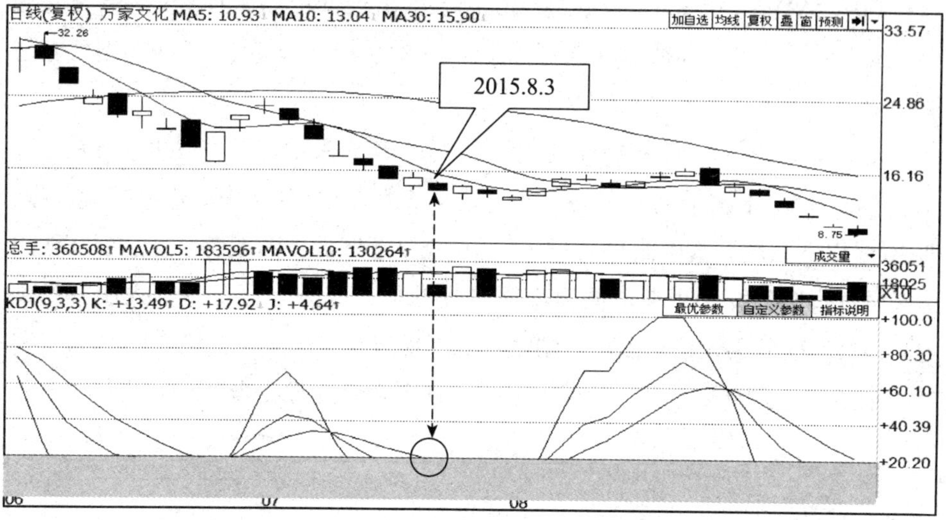

图 4-12　万家文化（600576）KDJ 指标超卖示意图

2. KDJ 指标超卖的基本原理——动态平衡原理

动态平衡原理认为，股价的运行往往会围绕某一中心线波动。当股价下跌过快时，就会向中心线回调靠拢，中心线也会根据股价的波动发生变化，整个股市就是处于这种动态平衡关系之中。

KDJ 指标超卖功能正是以这一原理为依据设计的。50 线就是股价运行的中心线，而且这一中心线并不是某一固定价格，而是相对的比例，这就使得这一中心线可以随股价的波动而变化。当股价下跌过快的时候，KDJ 指标的各条指标线就会进入超卖区域，此时向中心线靠拢的概率就会逐渐加大。

3. KDJ 指标超卖的操作建议

KDJ 指标出现超卖时，交易者在具体操作方面需要注意以下几点。

第一，指标超卖，说明股价下跌趋势结束的可能性正在增加，但不意味着股价立即从下跌转为上涨。其实 KDJ 指标发出超卖信号时，很可能正是股价跌势最猛烈的时候，也是交易者避之唯恐不及的时刻。其后若有其他买入信号发出，交易者可视风险承受能力酌情建仓。

第二，尽管超卖信号出现时，股价正处于快速下跌期间，也可能有反弹迹象产生，但交易者也应该尽量克制入场冲动，避免买入操作。

第三，KDJ 指标线从超卖区返回徘徊区或出现低位死叉时，交易者可考虑少量试探建仓。若反弹或上涨趋势确立，如 KDJ 指标线站上 50 线，则可考虑加仓。

如图 4-13 所示，天齐锂业的股价在 2015 年 6 月出现了一波快速下跌。随着股价的下跌，KDJ 指标中的各条指标线从 6 月 29 日开始先后进入超卖区域，即 20 线以下区域。其中曲线 K 进入了 10 线以下区域，曲线 J 一度达到 0 线以下区域。这说明股价短期可能会出现筑底态势，交易者可做好买入股票的准备。待有明确的买入信号发出，则可考虑少量建仓。

2015 年 7 月 9 日，天齐锂业的股价出现了强势反弹，当日 KDJ 指标出现了

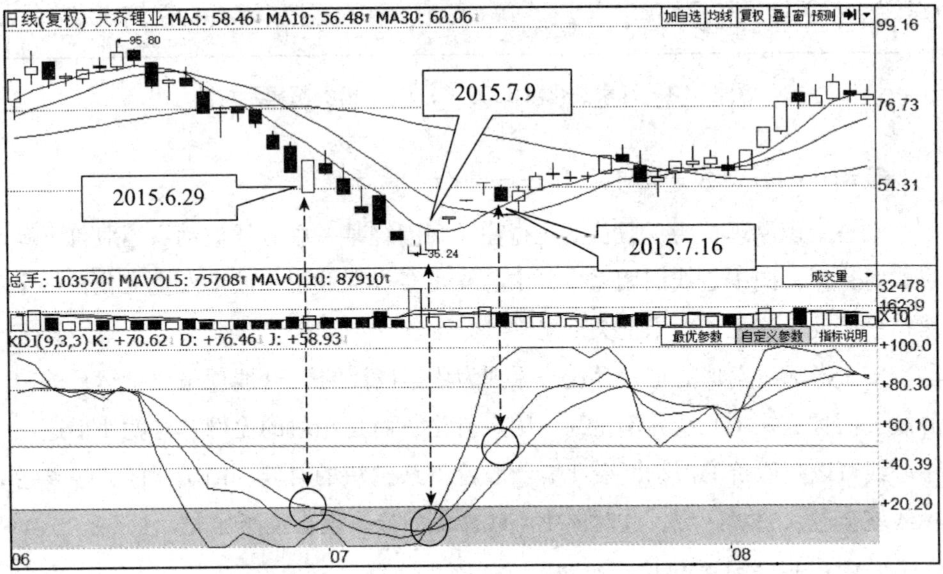

图 4-13　天齐锂业（002466）KDJ 指标走势图

低位金叉。这说明股价未来反弹的可能正在加大，交易者可考虑第一次建仓。

7 月 16 日，曲线 K 和曲线 D 先后向上突破 50 线，这说明股价有走强的迹象，交易者宜进行第二次加仓操作。

第四节 KDJ 指标钝化

KDJ 指标钝化，是指股价按照某一趋势运行时，KDJ 指标黏合在一起，频繁地发出买入或卖出信号，而这些信号对交易者而言没有任何意义，失去了指示交易的作用。

一、KDJ 指标钝化的类型及成因

通常情况下，当股价处于某一稳定的运行趋势中，且波动幅度不大时，都有可能出现 KDJ 指标钝化的情况。不过大多数 KDJ 指标钝化都出现在高位或低位。无论何种形式的钝化，其背后的运行机理都是相似的。

1. KDJ 指标钝化

最具代表性的 KDJ 指标钝化，当属高位钝化和低位钝化两种。

（1）高位钝化。

当股价启动快速上涨行情时，KDJ 指标会随之升至高位。其间，若股价偶有小的波动或调整，KDJ 指标就会随之发出买入或卖出信号。这些信号其实都是无效信号，这就形成了 KDJ 指标的高位钝化。

如图 4-14 所示，昆仑万维的股价从 2015 年 9 月启动了一波强势上涨行情，KDJ 指标同步上升。

进入 2015 年 10 月以后，股价一直持续上升走势。KDJ 指标达到高位后，随着股价的波动出现了一些波动形态，曲线 K 甚至多次跌破曲线 D 形成高位死叉，而股价仍处于上升趋势，这说明 KDJ 指标出现了高位钝化现象。此时，KDJ 指标发出的买入或卖出信号对交易者来说无任何指导意义。

（2）低位钝化。

当股价启动一波下跌行情时，KDJ 指标会随之下降至低位。其间，若股价

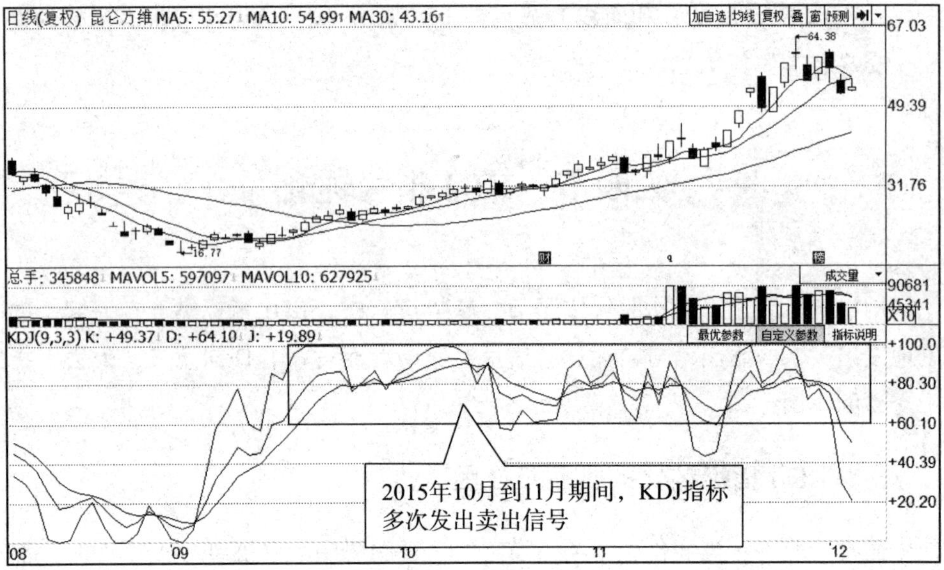

图 4-14　昆仑万维（300418）KDJ 指标走势图

偶有小的波动或反弹，KDJ 指标就会随之发出买入或卖出信号。这些信号其实都是无效信号，这就形成了 KDJ 指标的低位钝化。

如图 4-15 所示，时代万恒的股价从 2012 年 5 月启动了一波下跌行情，KDJ 指标同步下降。进入 2012 年 6 月以后，股价一直持续下跌走势。KDJ 指标达到低位后，也随着股价的波动出现了一些波动形态，曲线 K 甚至多次向上突破曲线 D，形成低位金叉，而股价仍处于下跌趋势，这说明 KDJ 指标出现了低位钝化现象。此时，KDJ 指标发出的买入或卖出信号对交易者来说无任何指导意义。

2. KDJ 指标钝化产生的原因

在股价强势上涨行情中，会出现如下情形。

股价连续上涨，收盘价一般都会位于整个周期内价格区间的上部，甚至是顶部位置。曲线 K 就会无限接近于 100 线，而曲线 D 则会逐渐向曲线 K 靠拢。在股价上涨过程中，若出现偶然的下跌或调整，乃至出现带长上影线的阳线，都会使得当日收盘价在整个交易区间内的位置有所下降，这就使得曲线 K 会向

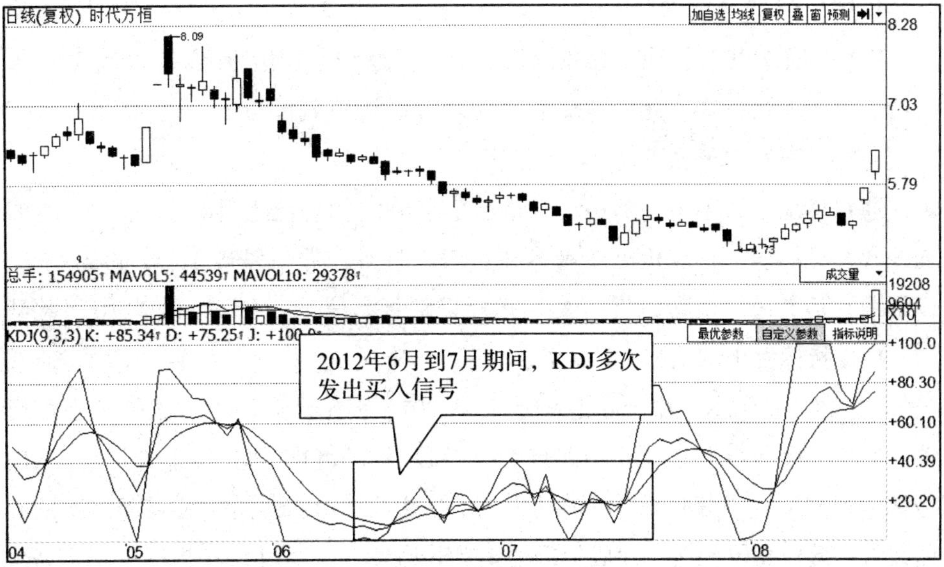

图 4-15　时代万恒（600241）KDJ 指标走势图

下运行。此时由于曲线 K 与曲线 D 距离较近，曲线 D 的反应又慢于曲线 K，所以很容易就会出现曲线 K 跌破曲线 D 的形态。

其后，股价很快再度上攻，曲线 K 就会重新回到曲线 D 的上方，形成一个黄金交叉。股价上涨过程中，由于经常会出现回调走势，因而就会出现多次高位死叉情形。但此时股价仍处于上升趋势中，这就直接导致了高位钝化现象出现。

在下跌或横向盘整行情中，相同的情形会再现，这就导致 KDJ 指标的钝化。

KDJ 指标钝化，从某种意义上来讲，就是对股价正常波动的一个过度反应。上升趋势中，股价的回调或波动会导致 KDJ 过度反应，造成高位钝化；下降趋势中，股价的反弹或波动又会导致 KDJ 过度反应，造成低位钝化。

二、应对 KDJ 指标钝化的操作建议

KDJ 指标出现钝化后，将无法准确发出交易信号，此时交易者需要借助其他技术分析工具来应对 KDJ 指标的钝化问题。

1. KDJ 指标与均线配合

KDJ 指标钝化时，往往是股价正沿着某一趋势平稳运行之时，如单边上升行情或单边下跌行情。此时，交易者可以考虑按照股价与 10 日均线（或 5 日均线）的关系来判断买卖点。

通常情况下，单边趋势中，股价会沿着特定的均线上升或下跌，如 10 日均线或 5 日均线。在股价处于上升过程时，只有当股价跌破 10 日均线（或 5 日均线）后，才可以考虑借助 KDJ 指标识别买卖信号。在股价跌破 10 日均线前，KDJ 指标发出的信号一律无视。

如图 4-16 所示，航天信息的股价从 2015 年 3 月启动了一波强势上涨行情，KDJ 指标同步上升。进入 2015 年 5 月以后，股价一直持续上升走势。KDJ 指标达到高位后，随着股价的波动出现了一些波动形态，曲线 K 甚至多次跌破曲线 D，形成高位死叉，而股价仍处于上升趋势，这说明 KDJ 指标出现了高位钝化现象。此时，KDJ 指标发出的买入或卖出信号对交易者来说无任何指导意义。

此时，交易者可观察股价与 10 日均线的关系。在这一波上涨过程中，股

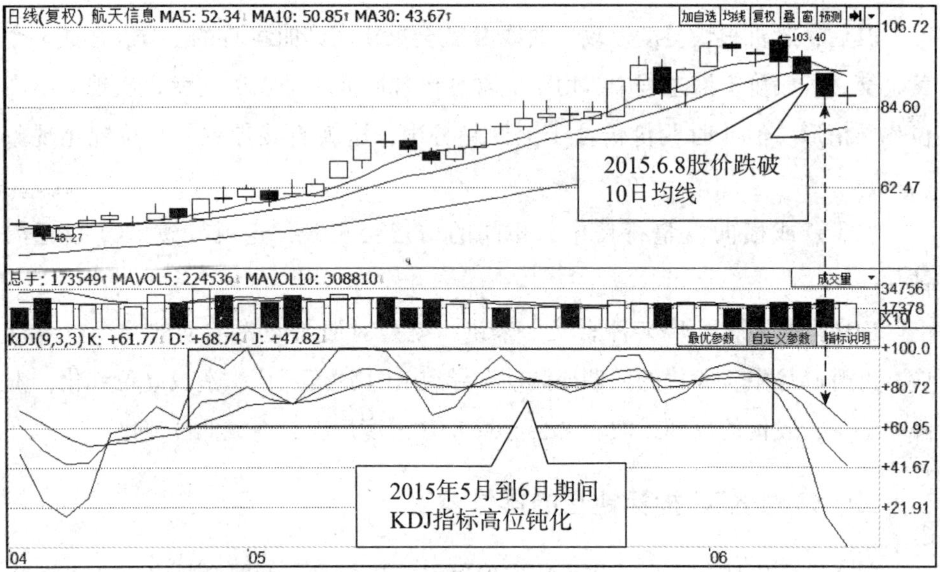

图 4-16 航天信息（600271）KDJ 指标走势图

价回调时从未跌破过 10 日均线，因此交易者可以将 10 日均线列为重要的参考指标。只有在股价跌破 10 日均线后，才能借助 KDJ 指标分析买入或卖出时机。

2015 年 6 月 8 日，股价跌破 10 日均线，此时 KDJ 指标也自超买区下行，这属于比较典型的卖出信号，交易者可在当日卖出股票。

2. KDJ 指标与趋势线配合

股价出现单边走势时，交易者可在 K 线图上按照趋势线的画法画一条上升或下降趋势线。当股价向上或向下突破趋势线后，再观察 KDJ 指标发出的信号。只要股价没有脱离趋势线标定的运行趋势，就可以忽略 KDJ 指标发出的买入或卖出信号。

如图 4-17 所示，东方创业的股价从 2015 年 5 月启动了一波强势上涨行情，KDJ 指标同步上升。KDJ 指标达到高位后，随着股价的波动出现了一些波动形态，曲线 K 甚至多次跌破曲线 D，形成高位死叉，而股价仍处于上升趋势，这说明 KDJ 指标出现了高位钝化现象。此时，KDJ 指标发出的买入或卖出信号，对交易者来说无任何指导意义。

交易者可沿股价运行方向绘制一条上升趋势线。在这一波上涨过程中，股

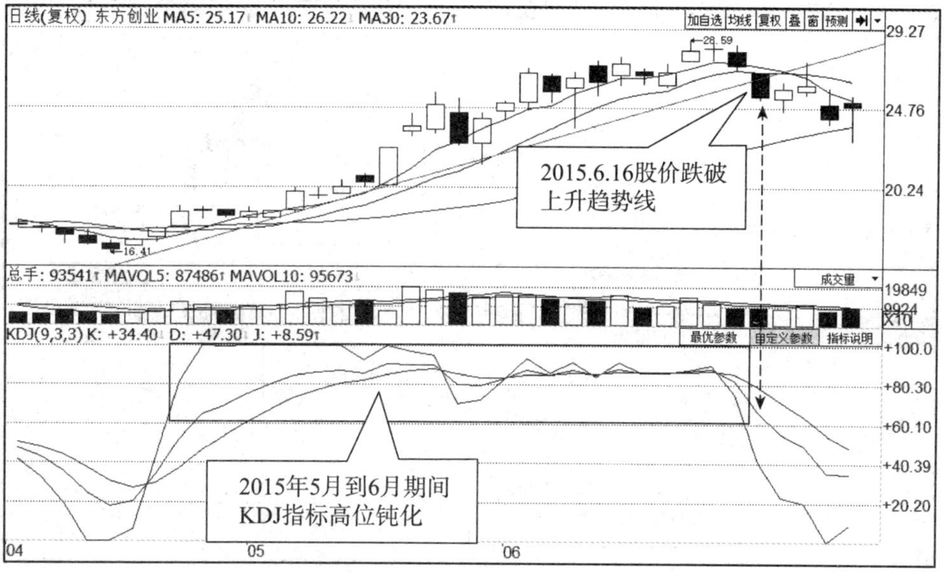

图 4-17 东方创业（600278）KDJ 指标走势图

价回调至趋势线位置，都因趋势线的支撑作用再度上升。交易者可将上升趋势线列为重要的参考指标，只有当股价跌破上升趋势线后，才能借助 KDJ 指标分析买入或卖出时机。

2015 年 6 月 16 日，股价跌破上升趋势线，此时 KDJ 指标也自超买区下行。这属于比较典型的卖出信号，交易者可在当日卖出股票。

3. KDJ 日线指标与周线指标配合

KDJ 指标钝化，是由于在某一周期内多次出现金叉和死叉造成的，交易者可以通过扩大分析周期的方法来观察 KDJ 指标的走势情况。例如，交易者可以采用日线与周线结合的方法进行分析，以回避日线 KDJ 指标钝化的问题。

也就是说，当日线 KDJ 指标出现钝化时，交易者可以调出周线 KDJ 指标来寻找买卖信号。即股价处于上涨趋势时，周线 KDJ 指标发出卖出信号，再执行卖出操作，忽略日线 KDJ 指标发出的信号。

下跌趋势也是如此操作。如图 4-18、图 4-19 所示。

如图 4-18 所示，安琪酵母的股价从 2015 年 5 月启动了一波强势上涨行情，KDJ 指标同步上升。KDJ 指标达到高位后，随着股价的波动出现了一些波

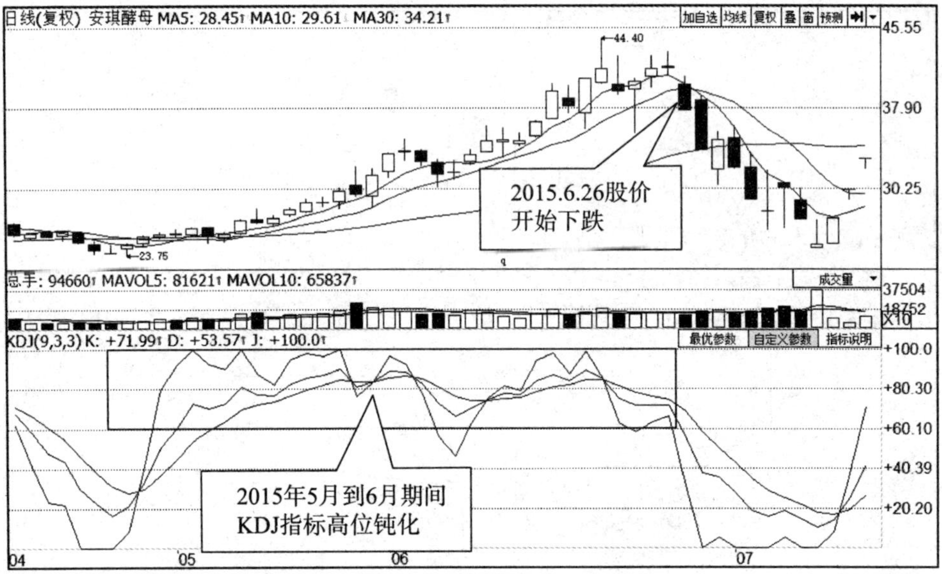

图 4-18　安琪酵母（600298）KDJ 指标日线走势图

动形态，曲线 K 甚至多次跌破曲线 D，形成高位死叉，而股价仍处于上升趋势，这说明 KDJ 指标出现了高位钝化现象。

此时，KDJ 指标发出的买入或卖出信号对交易者来说无任何指导意义。交易者可将日 K 线图换成周 K 线图进行分析，借此观察股价的走势情况，如图 4-19所示。

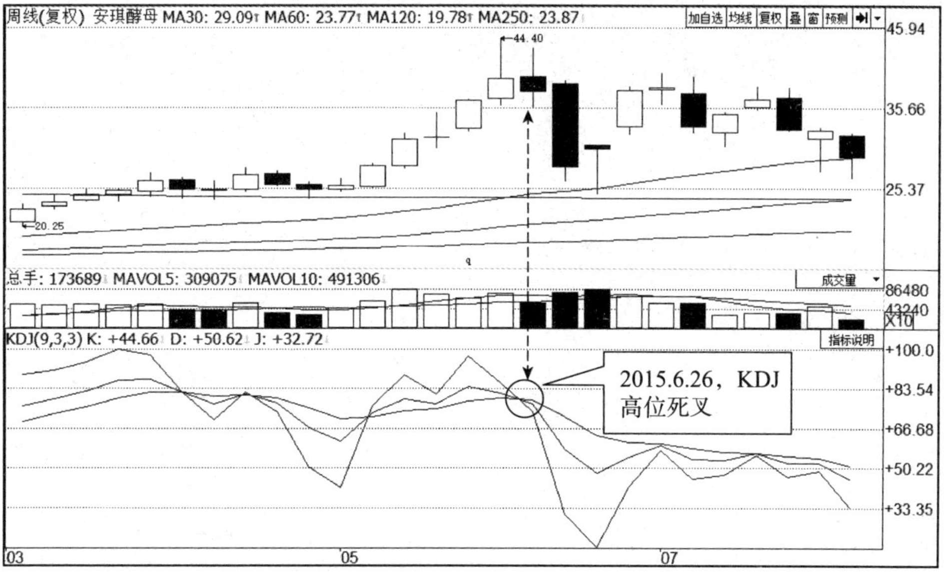

图 4-19 安琪酵母（600298）KDJ 指标周线走势图

如图 4-19 所示，安琪酵母的周线 KDJ 指标在日线 KDJ 指标出现高位钝化时并未钝化，直到 2015 年 6 月 26 日才出现了高位死叉，这说明股价上涨趋势已经结束，交易者此时应立即卖出手中的股票。

当股价处于一个大周期上升或下跌趋势时，周线 KDJ 指标也有可能出现钝化问题。此时也可通过扩大分析周期的方法来解决，即将周线 KDJ 调整为月线 KDJ，乃至季线 KDJ。

相较于日线 KDJ 指标，周线 KDJ、月线 KDJ 和季线 KDJ 指标更加稳定。但是，KDJ 指标多是用来识别短线买卖信号的，将日线调整为周线、月线、季线后，势必存在交易信号滞后的问题。

第五章

KDJ 指标实战交易信号

在实战交易中，KDJ 指标的各种用途也被很多投资专家越来越多地发掘和应用。本章将向交易者介绍几类常见的 KDJ 实战交易技法。

第一节 KDJ 指标常用交易信号

KDJ 指标作为一个灵敏性极佳的技术指标，发出买入卖出信号的频率也是非常高的，其中不免存在一些无效的信号。本节选择了几个准确性相对较高的交易信号介绍给读者，以供实战中参考之用。

一、突破整理区间再上升

该技巧的操作要点包括如下几项。

第一，股价沿着某一趋势运行，或者出现横盘震荡时，KDJ 指标也会出现频繁的交叉、震荡，并且这些交叉与震荡体现一定的趋势性。

第二，交易者可沿 KDJ 指标震荡的高点和低点分别画一条趋势线。当曲线 K 向上突破趋势线，则考虑买入股票；向下突破趋势线，则卖出股票。

第三，KDJ 指标中，曲线 K 向上突破趋势线时，若股价 K 线呈阳线，且成交量放大，则可增强信号的准确性。

第四，KDJ 指标中，曲线 K 向下突破趋势线时，若股价 K 线呈阴线，且成交量放大，交易者应坚决卖出。

如图 5-1 所示，国金证券的股价在 2015 年初启动了一波上涨行情。在股价上涨过程中，KDJ 指标也随之升至高位。2015 年 3 月 24 日，处于上涨途中的股价出现了回调，KDJ 指标也同步出现了高位死叉，短线交易者可以考虑出货。

其后，该股股价出现了高位震荡盘整，KDJ 指标一路走低，且在下跌过程中出现了数次反弹。交易者可将这些反弹的高点用直线连接，绘制一条下降趋势线。当 KDJ 指标向上突破这条趋势线时，再考虑买入该股。

5 月 7 日，该股股价再度出现上攻迹象，且重新站上了 5 日均线。此时 KDJ 指标刚刚出现低位金叉，并向上突破了下降趋势线，短线交易者可以重新考虑买入该股。

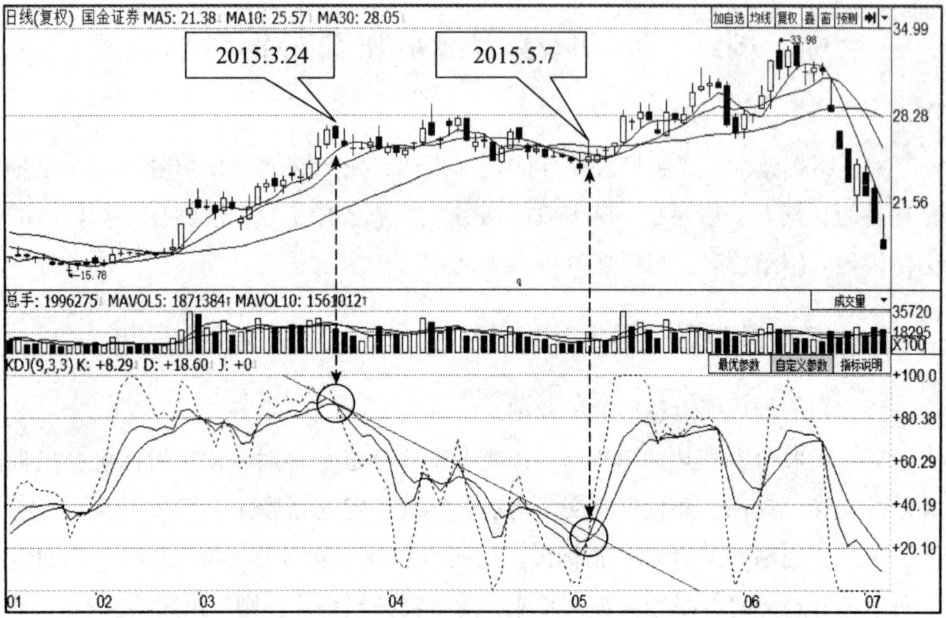

图 5-1 国金证券（600109）KDJ 指标走势图

二、二度金叉再买入

低位金叉，尽管预示未来上升空间较大，但也存在一定的交易风险。交易者也可考虑在第二度出现金叉时买入股票，其具体操作要点包括以下几点。

第一，股价经过一段时间的下跌后出现反弹迹象，KDJ 指标同步出现低位金叉。

第二，股价经过几个交易日的反弹后出现回调，且 KDJ 指标同步出现死叉。

第三，股价经过几个交易日的调整后重新开始上涨，KDJ 指标再度出现黄金交叉，且第二个金叉的位置高于第一个金叉。

第四，股价二度上涨时，成交量最好能够同步放大，此时就是一个比较安全的买点。

如图 5-2 所示，中科英华的股价在 2015 年初启动了一波上涨行情。股价在上涨启动前经历了一波调整，KDJ 指标也随之降至低位。

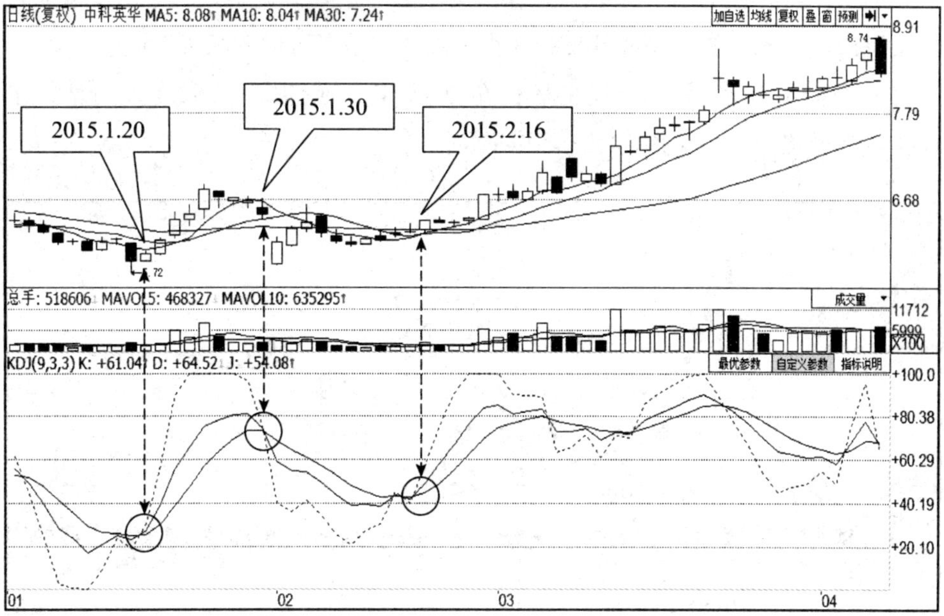

图 5-2　中科英华（600110）KDJ 指标走势图

2015 年 1 月 20 日，处于下跌途中的股价出现了反弹，而 KDJ 指标同步出现了低位死叉。此时激进的交易者可以建仓该股，保守型交易者可以继续等待更加安全的机会。

股价上涨了几个交易日后出现震荡盘整，KDJ 指标一路走低，且于 1 月 30 日出现了一个死叉。2015 年 2 月 16 日，处于调整中的股价重新开始上涨，KDJ 指标又一次出现黄金交叉，此时股价 K 线以阳线收盘，且成交量有所放大。至此 KDJ 指标二度金叉形态出现，交易者可放心买入该股。

三、底背离+低位金叉

该技巧的操作要点包括以下几项。

第一，股价在下跌过程中与 KDJ 指标形成了底背离形态，即股价下跌反弹后再下跌，形成的低点一个比一个低。KDJ 指标尽管与之对应也形成了几个低点，但低点却是一个比一个高。

第二，KDJ 指标在股价形成底背离的过程中曾出现几次低位金叉。

第三，当股价 K 线呈阳线，且放量突破某一重要短期均线时，KDJ 指标同步出现低位金叉，则说明股价反弹即将来临，交易者可以考虑买入该股。

如图 5-3 所示，洪都航空的股价在 2015 年 8 月启动了一波下跌行情。在股价下跌过程中，KDJ 指标随之降至低位。

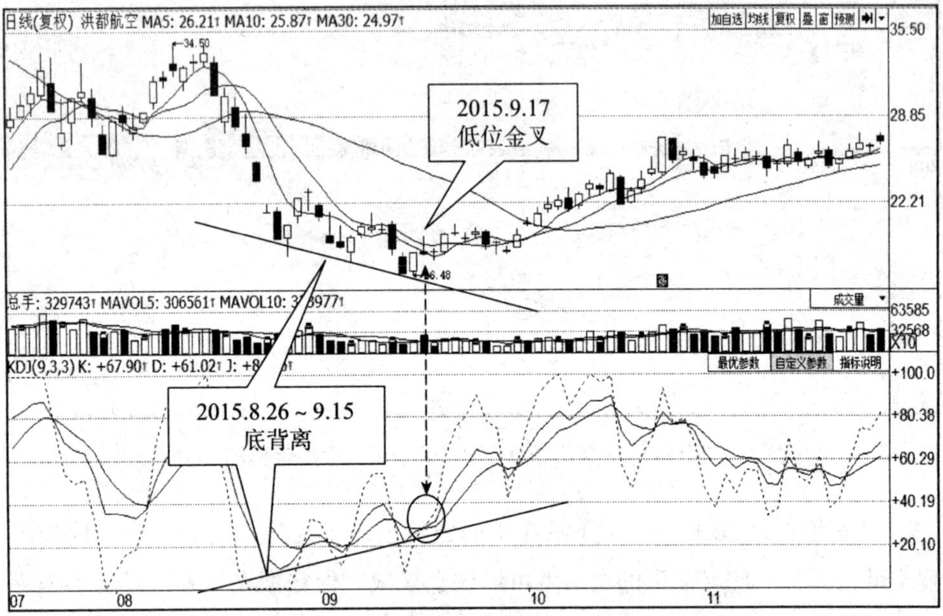

图 5-3　洪都航空（600316）KDJ 指标走势图

2015 年 8 月 26 日到 9 月 15 日，股价在下跌过程中曾数次反弹，且反弹形成的低点一个比一个低。与此同时，KDJ 指标也随着股价的反弹向上震荡，并形成了数个低点，不过 KDJ 指标的低点却是一个比一个高。至此，股价与 KDJ 指标形成了底背离形态。

2015 年 9 月 17 日，该股跳空高开低走，在 K 线图上留下了一根假阴线，且成交量出现了放大态势。与此同时，KDJ 指标出现了低位金叉形态。这说明股价启动上涨的概率很高，交易者可以考虑在此时买入该股。

第二节 KDJ 指标持币与持股信号

KDJ 指标不仅能发出买入与卖出信号，还可以发出各类持币与持股信号。当 KDJ 指标发出持股信号时，交易者坚定持有该股即可。KDJ 指标发出持币信号时，交易者最好不要进场，以免资金遇到危险。

一、持股信号：曲线 D 上扬不回头

曲线 D 作为曲线 K 的一条平滑均线，对曲线 K 有重要的支撑与阻力作用。该信号的具体判断方法包括如下几项。

第一，KDJ 指标同步向右上方倾斜，说明股价处于上涨趋势中。

第二，曲线 K 和曲线 J 在运行过程中只要不跌破曲线 D，曲线 D 又未出现走平或拐头迹象，交易者就可以继续持股。

第三，在股价上涨过程中，若遇回调仍未跌破某条短期均线更佳。

如图 5-4 所示，北大荒的股价在 2015 年 9 月初下跌至底部区域后反弹向

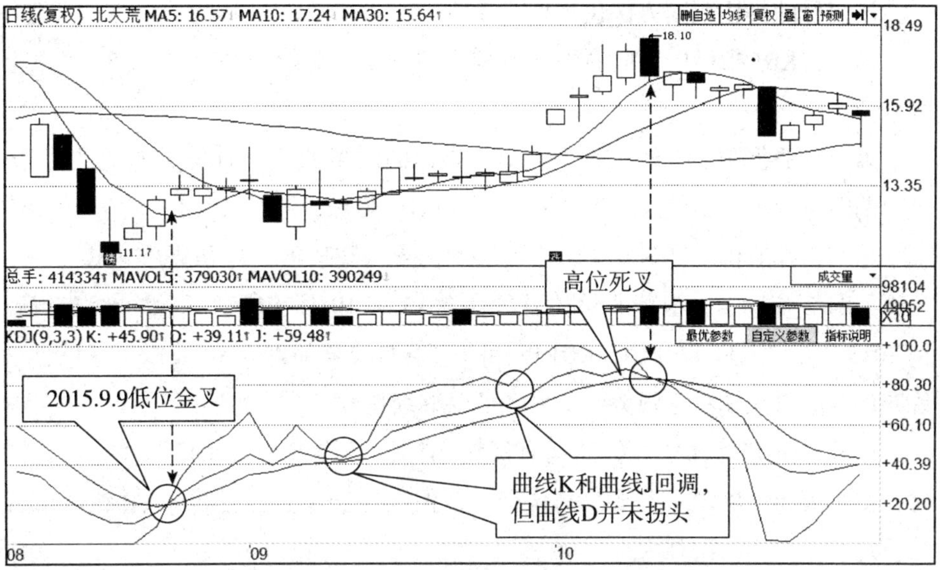

图 5-4 北大荒（600598）KDJ 指标走势图

上，KDJ 指标也随之触底反弹。

2015 年 9 月 9 日，曲线 K 和曲线 J 自下而上穿越曲线 D，形成了底部黄金交叉，这说明之后股价将出现一波上涨行情。此后曲线 K、曲线 D 和曲线 J 呈多头排列，这属于典型的持股待涨信号。

股价在上涨过程中出现了若干次回调，但始终没有效跌破 10 日均线。曲线 K 和曲线 J 也随之数次回调，但这两条曲线下跌至曲线 D 附近时，均因受到曲线 D 的支撑再度上扬。曲线 D 则一直处于上升趋势中，并未有拐头迹象，因此交易者可以耐心持股待涨。

2015 年 10 月 14 日，该股股价大幅下跌。与此同时，曲线 K 和曲线 J 自上而下跌破曲线 D，形成高位死叉。之后三条曲线很快又跌破了 80 线，这属于典型的趋势反转信号，交易者此时可以卖出手中持有的股票。

二、持股信号：80 线是一个硬指标

80 线是徘徊区与超买区的分界线。通常认为，KDJ 指标进入超买区，股价有可能出现下跌。但是 KDJ 指标进入这个危险区时，股价往往会同步出现一波快速拉升行情。

该信号的具体判断方法包括如下几项。

第一，KDJ 指标同步向右上方倾斜，曲线 K、曲线 D 同步进入 80 线以上区域。

第二，股价震荡上涨过程中，KDJ 指标的三条曲线一直位于 80 线以下区域，期间虽出现数次交叉，但交叉点从未跌破 80 线。

第三，在股价上涨过程中，若遇回调仍未跌破某条短期均线更佳。

如图 5-5 所示，浪莎股份的股价在 2015 年 10 月初启动了一波上涨行情。从 2015 年 11 月 11 日开始，KDJ 指标的三条曲线全部进入 80 线以上区域，这说明该股股价短期将呈强势，交易者可以继续持股。

该股股价上行过程中虽然偶有回调动作，但均未跌破 5 日均线。与此同时，KDJ 指标也出现了若干次高位交叉，但这些交叉点全部位于 80 线以上区域，足见多方实力的强大。

2015 年 11 月 30 日，该股股价收出一根大阴线，且该阴线跌破了 5 日均

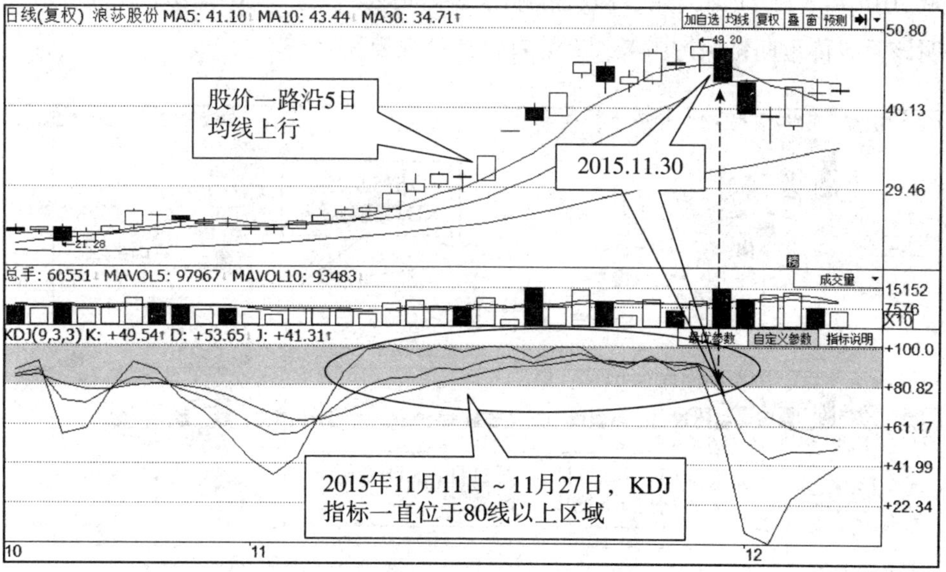

图 5-5　浪莎股份（600137）KDJ 指标走势图

线。与此同时，曲线 K 自上而下跌破了曲线 D，形成高位死叉，且三条曲线全部跌破了 80 线。这说明该股股价运行趋势有可能出现反转，交易者宜卖出该股。

三、持币信号：50 线决定是否进场

50 线是多空力量强弱的重要分界线。KDJ 指标运行于 50 线上方，表明多方呈强势；KDJ 指标运行于 50 线下方，则表明空方呈强势。

该信号的具体判断方法包括如下几项。

第一，KDJ 指标自高位向下跌破了 50 线。

第二，股价震荡过程中，KDJ 指标的三条曲线一直位于 50 线以下区域，期间虽然出现数次上涨，但均未突破 50 线区域。这说明市场呈弱势格局，交易者宜持币观望。

第三，在股价震荡过程中，若始终被某条重要的均线压制，则可增强本信号的准确性。

如图 5-6 所示，长春一东的股价在 2015 年 8 月中旬启动了一波下跌行情。

从 2015 年 8 月 21 日开始，KDJ 指标的三条曲线全部进入 50 线以下区域。这说明该股股价短期将保持弱势，交易者宜持币观望。

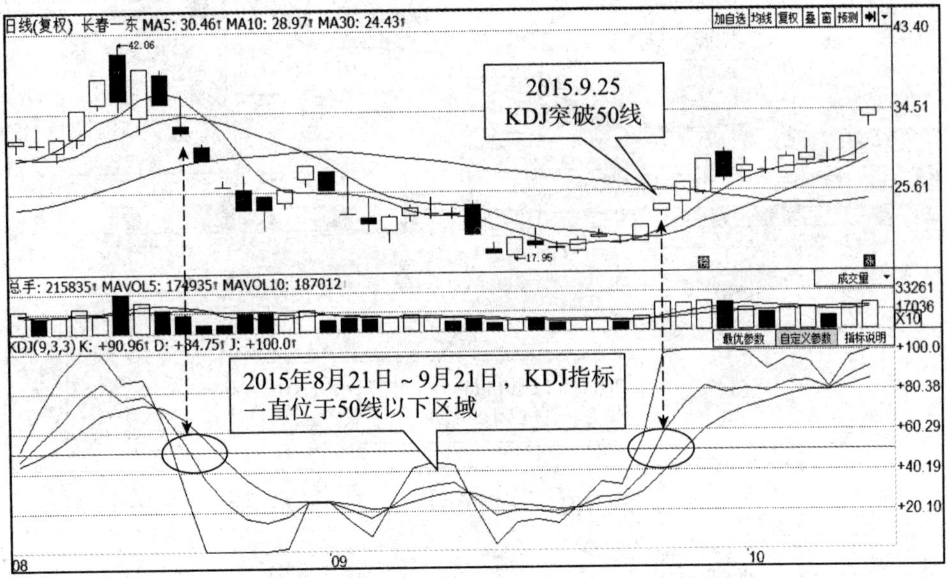

图 5-6 长春一东（600148）KDJ 指标走势图

该股股价震荡筑底过程中虽然偶有反弹动作，但均未向上突破 10 日均线。与此同时，KDJ 指标也出现了若干次低位金叉。但这些交叉点全部位于 50 线以下区域，足见空方实力强大。

2015 年 9 月 25 日，该股股价收出一根光头阳线，且该阳线向上突破了 10 日均线。与此同时，KDJ 三条曲线全部向上突破了 50 线，这说明该股股价运行趋势有可能出现反转，交易者宜跟进买入该股。

四、持币信号：20 线下不交易

20 线是徘徊区与超卖区的分界线。通常认为，KDJ 指标进入超卖区，有可能会出现反弹。但是 KDJ 指标进入这个危险区时，股价往往会同步出现一波快速杀跌行情。

该信号的具体判断方法包括如下几项。

第一，KDJ 指标同步向右下方倾斜，曲线 K、曲线 D 同步进入 20 线以下区域。

第二，股价震荡下跌过程中，KDJ 指标的三条曲线一直位于 20 线以下区域。期间虽出现数次交叉，但交叉点从未向上突破 20 线，这表明股价走势极度弱势。

第三，在股价下跌过程中，若均线呈空头排列，且股价未能有效突破均线，则该信号强度更大。

如图 5-7 所示，创兴能源的股价在 2015 年 6 月初启动了一波暴跌行情。从 2015 年 6 月 16 日开始，KDJ 指标的三条曲线全部进入 20 线以下区域，这说明该股股价短期将呈弱势，交易者宜继续持币观望。

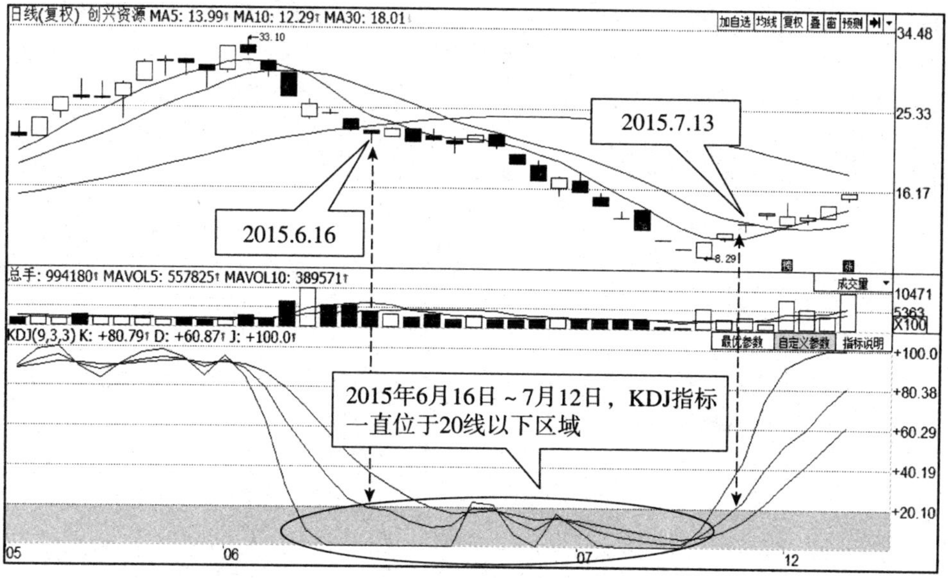

图 5-7　创兴能源（600193）KDJ 指标走势图

该股股价在下跌过程中虽然偶有反弹动作，但均未向上突破 10 日均线。与此同时，KDJ 指标也出现了若干次低位交叉，但这些交叉点全部位于 20 线以下区域，足见空方实力强大。

2015 年 7 月 13 日，该股股价收出一根光头阳线。之前曲线 K 自下而上突破了曲线 D，形成低位金叉。此时三条曲线全部向上突破了 20 线，这说明该股股价运行趋势有可能出现反转。激进型交易者此时可以少量买入该股，保守型投资者需要等到 KDJ 指标返回 50 线上方时再买入该股。

第六章

KDJ 指标各周期共振实战技术

实战应用中，日线 KDJ 指标有时会出现信息滞后或信息过于灵敏的情况，此时交易者可借助其他周期的 KDJ 指标进行综合研究，以求获得更为准确的交易信号。

第一节　日线 KDJ 与周线、月线共振

一、周线 KDJ 与月线 KDJ 分析方法

相对于日线 KDJ，周线 KDJ 与月线 KDJ 的分析周期更长，发出信号的稳定性更佳，但同时也存在信号滞后的问题。

1. 周线 KDJ 指标分析方法

周线 KDJ，顾名思义，是指 KDJ 各指标线数值是以周为周期计算得出的。按照现行的作息时间制度，周一的开盘价即为周线的开盘价，周五的收盘价即为周线的收盘价。期间若有假期，则周期的实际计算天数可以适当缩减。如某月周四、周五放假，则以周三收盘价作为周线收盘价。

周线 KDJ 指标的分析方法与日线 KDJ 指标相同，主要包括这样几个方面。

第一，黄金交叉与死亡交叉。即周线 KDJ 指标在高位出现死叉时，说明股价即将启动下跌；周线 KDJ 指标在低位出现金叉时，则说明股价即将启动上涨。

第二，底背离与顶背离。即股价出现一波比一波高或低的走势，而周线 KDJ 指标却未创下新高或新低。这说明股价原有的运行趋势将被打破，未来存在变盘的可能。

第三，超买与超卖。即周线 KDJ 指标进入 80 线以上区域时，就意味着进入了超买区间，未来存在下跌的可能；周线 KDJ 指标进入 20 线以下区域，就意味着进入了超卖区间，未来存在反弹向上的可能。

第四，钝化。与日线 KDJ 相同，周线 KDJ 指标也会出现各类钝化形态，不过由于时间跨度较大，发生钝化的频率要远远低于日线 KDJ 指标，如图 6-1 所示。

如图 6-1 所示，吉林敖东的股价在 2015 年上半年创下阶段高点后出现下跌走势，周线 KDJ 指标随之出现了震荡走势。

4 月 30 日，该股股价接近高点时，周线 KDJ 指标出现了高位死叉，说明股

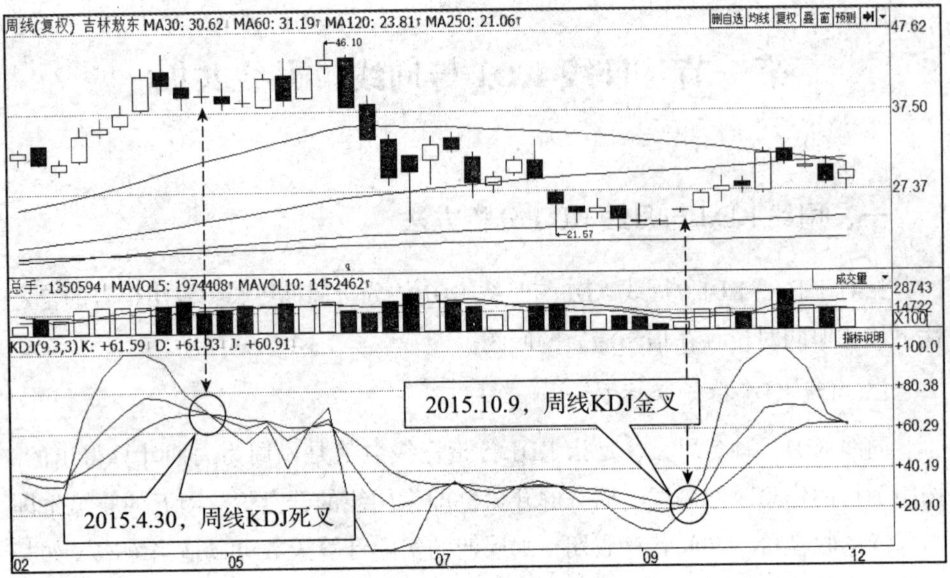

图 6-1　吉林敖东（000623）周线 KDJ 指标走势图

价短期可能会下跌。10 月 9 日，该股股价跌至低点时，周线 KDJ 指标又出现了低位金叉，预示股价可能会出现反弹或反转。

2. 月线 KDJ 分析方法

月线 KDJ，顾名思义，是指 KDJ 各指标线数值是以月为周期计算得出的。按照现行的作息时间制度，每月第一个交易日的开盘价即为月线的开盘价，每月最后一个交易日的收盘价即为月线的收盘价。

月线 KDJ 指标的分析方法与周线 KDJ 指标完全相同，这里不再赘述。

如图 6-2 所示，吉林敖东的股价在 2015 年上半年创下阶段高点后出现下跌走势，月线 KDJ 指标随之出现了震荡走势。

2014 年 8 月 29 日，该股股价启动上涨行情，月线 KDJ 指标出现底部金叉，交易者可在此时买入该股。其后该股股价一路上涨，接近高点时，月线 KDJ 指标在 2015 年 6 月 30 日出现高位死叉，说明股价短期可能会下跌。

通过图 6-1 和图 6-2 的对比可知，月线 KDJ 指标比周线 KDJ 指标指示的交易行情更加持久，期间指标线出现的交叉次数很少，但每次交叉发出的交易指示信号更准确，也更适宜波段操作或中长线交易。

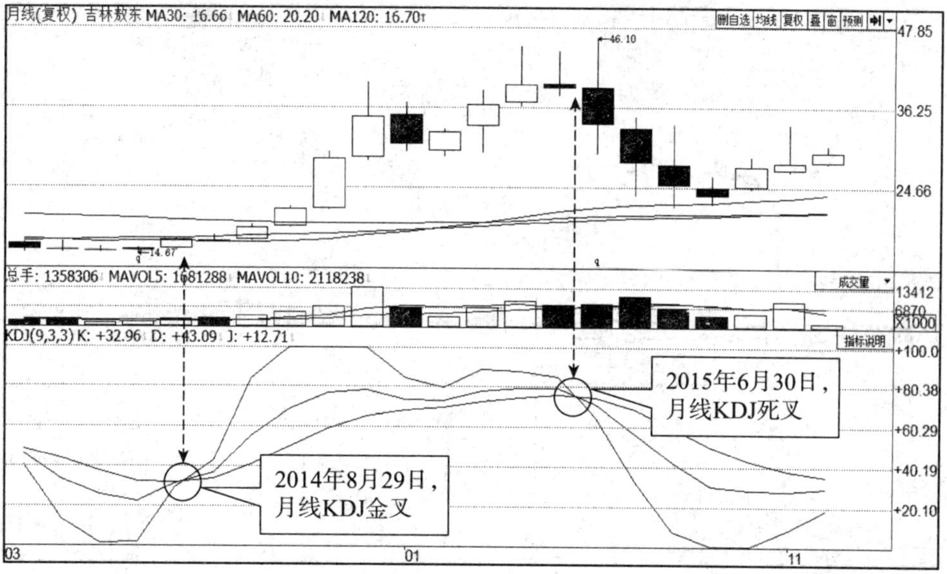

图 6-2 吉林敖东（000623）月线 KDJ 指标走势图

二、日线 KDJ 与周线 KDJ 共振交易技术

日线 KDJ 指标与周线 KDJ 指标结合，在判断股票买点方面效果较佳。下面简单介绍两种基于日线 KDJ 和周线 KDJ 指标的选股方法。

1. 日线 KDJ 金叉+周线 KDJ 金叉

“日线 KDJ 金叉+周线 KDJ 金叉”操作方法如下。

第一，股价收阳线，并位于 5 日均线上方。

第二，日线 KDJ 指标呈现底部金叉形态，即曲线 K 自下而上穿越曲线 D。

第三，日线 KDJ 指标出现交叉时，成交量应同步放大。

第三，周线 KDJ 指标同步呈黄金交叉形态，交易者可以考虑执行买入操作。

如图 6-3 所示，盘江股份的股价在 2014 年 3 月出现了筑底走势。在底部震荡过程中，日线 KDJ 指标出现了底部金叉形态。

2014 年 3 月 12 日，日线 KDJ 指标出现了短期内的第二个金叉，不过此时股价仍位于 5 日均线下方，交易者可结合周线 KDJ 指标进行分析。

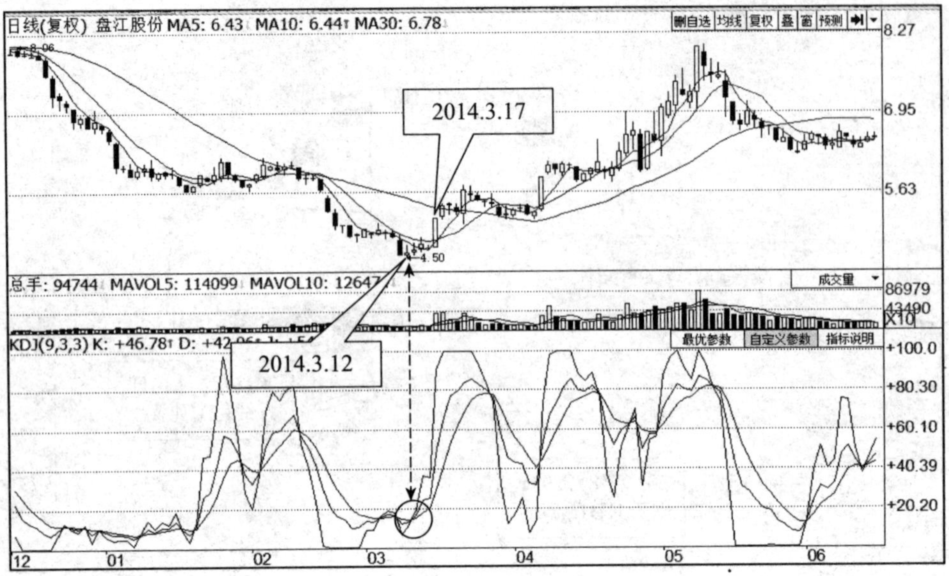

图 6-3　盘江股份（600395）日线 KDJ 指标走势图

如图 6-4 所示，盘江股份的股价在 2014 年 3 月 14 日出现了第二次黄金交叉形态，这说明股价即将启动上涨。

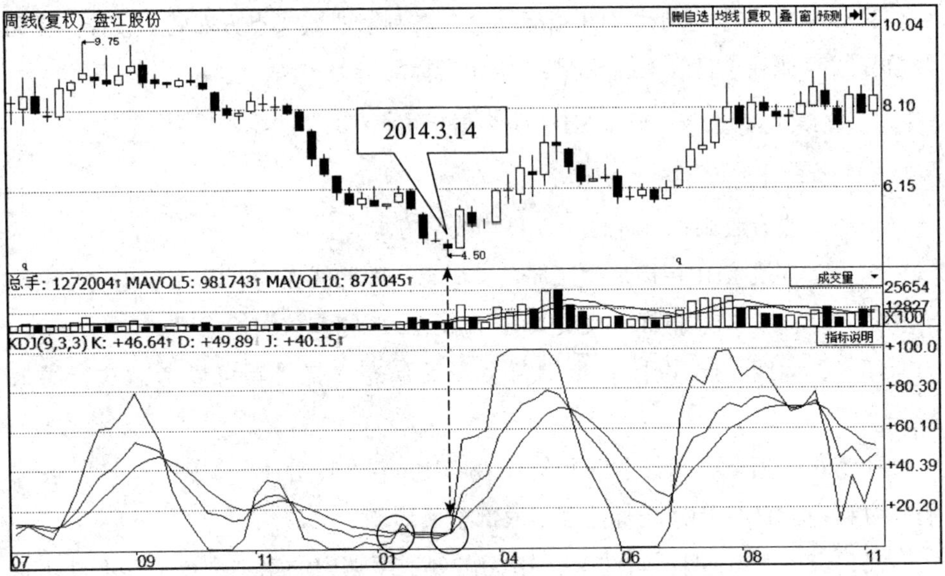

图 6-4　盘江股份（600395）周线 KDJ 指标走势图

对照图 6-3 可以看出，周线 KDJ 形成黄金交叉时，日线 KDJ 已经完成了黄金交叉，同时股价 K 线即将向上突破 5 日均线。交易者可在 3 月 17 日股价 K 线向上突破 5 日均线时执行买入操作。

日线金叉出现时，若周线 KDJ 指标的金叉将要形成却尚未形成，此时股价已经放量突破 5 日均线，激进的交易者也可在此时尝试少量建仓买入股票。

2. 周线 KDJ 将死不死+日线 KDJ 金叉

“周线 KDJ 将死不死+日线 KDJ 金叉”操作方法如下。

第一，股价收阳线，并位于 5 日均线上方。

第二，周线 KDJ 指标金叉后，曲线 K 出现回调。回调至曲线 D 处，将要形成死叉时，因受曲线 D 支撑而再度上升。

第三，日线 KDJ 指标呈现金叉形态，即曲线 K 自下而上穿越曲线 D。

第四，日线 KDJ 指标出现交叉时，成交量同步放大最好，此时交易者可以考虑执行买入操作。

如图 6-5 所示，电广传媒的日线 KDJ 指标在 2014 年 4 月 25 日出现了黄金交叉形态。其后股价并未上涨，而是出现了回调，曲线 K 也同步出现了回调。曲线 K 回调至曲线 D 附近时，5 月 9 日，曲线 K 因受曲线 D 的支撑而再度上

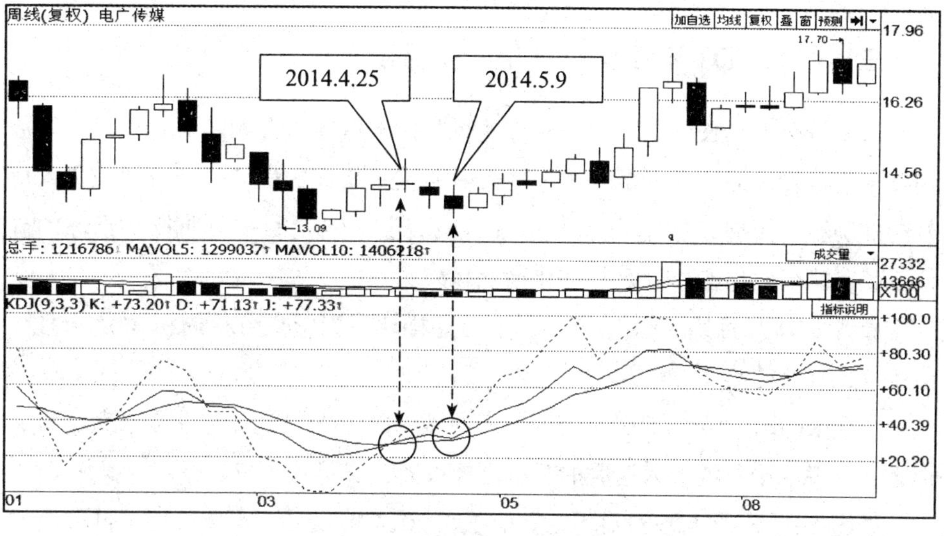

图 6-5　电广传媒（000917）周线 KDJ 指标走势图

升。此时交易者可以再观察一下电广传媒的日线 KDJ 指标。

如图 6-6 所示，电广传媒的日线 KDJ 指标在 2014 年 5 月 9 日出现了低位黄金交叉态势，这说明该股迎来了极好的入场良机。次日即 5 月 10 日，该股以阳线报收，并成功向上突破多条均线，此时交易者可以考虑建仓该股。

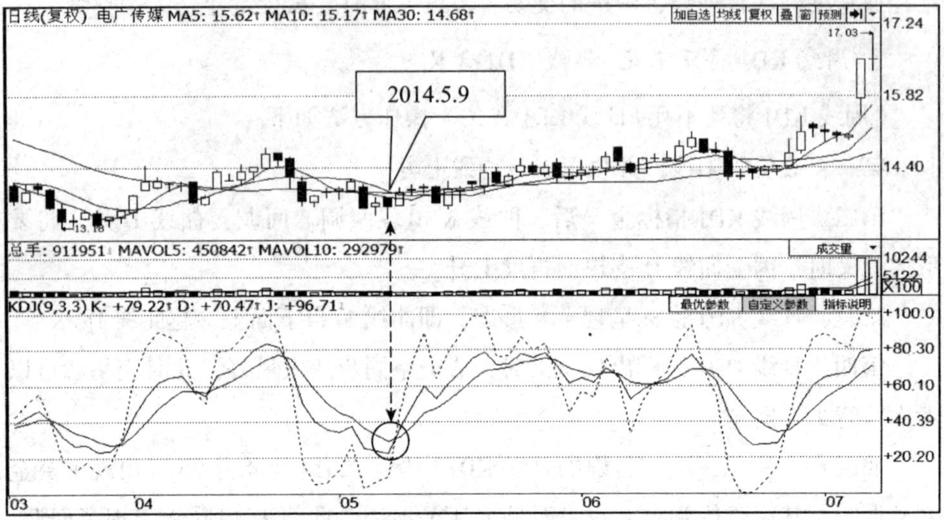

图 6-6　电广传媒（000917）日线 KDJ 指标走势图

三、周线 KDJ 与月线 KDJ 组合交易技术

通常情况下，长周期技术指标与短周期技术指标结合判断买卖点时，短周期技术指标发出的买入信号若能获得长周期技术指标的确认，则可增强买入信号的准确性。短周期技术指标若发出卖出信号，则无需长周期技术指标的确认，就可执行卖出操作（高位钝化情况除外）。

周线 KDJ 与月线 KDJ 结合分析也是这样。下面重点分析周线 KDJ 与月线 KDJ 金叉共振的操作方法。

周线 KDJ 出现黄金交叉形态时，若月线 KDJ 指标此时也同步出现黄金交叉形态，则说明中长线买入该股的时机已经成熟，交易者可以执行买入操作。

如图 6-7 所示，立思辰的周线 KDJ 在 2014 年 12 月 14 日出现了低位黄金交叉态势，这说明该股迎来了极好的入场良机。鉴于此时股价仍处于下跌趋势中，交易者可再对照月线 KDJ 指标进行分析，如图 6-8 所示。

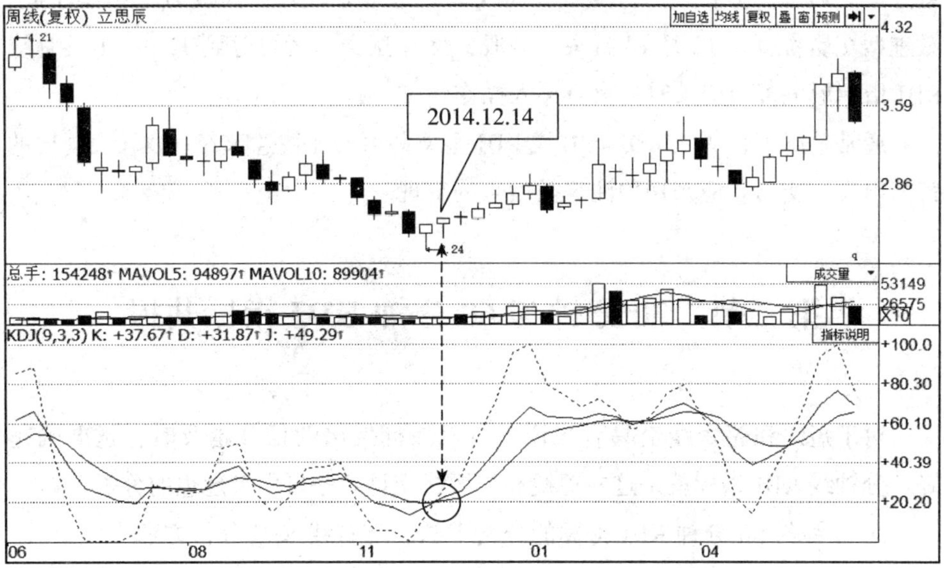

图 6-7　立思辰（300010）周线 KDJ 指标走势图

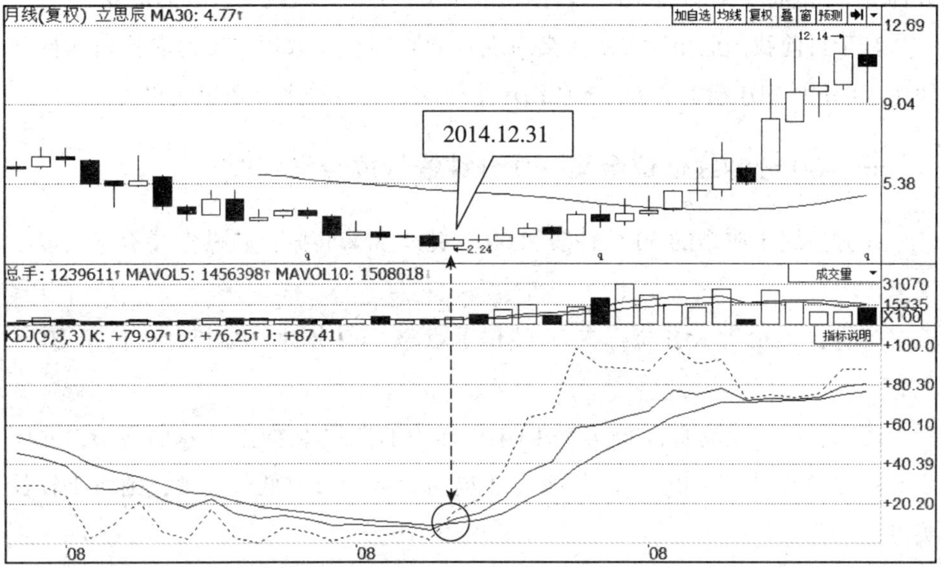

图 6-8　立思辰（300010）月线 KDJ 指标走势图

如图 6-8 所示，立思辰的月线 KDJ 指标在 2014 年 12 月 31 日形成了低位黄金交叉形态。但在 12 月 14 日，曲线 K 已经非常接近于曲线 D 了。鉴于此，激进型交易者可在 12 月 14 日买入该股，保守型交易者可等到 12 月 31 日月线 KDJ 指标形成黄金交叉时再执行买入操作。

通常情况下，周线 KDJ 与月线 KDJ 金叉共振，往往意味着一波较大规模的行情出现，交易者应密切关注这类信号的出现。

第二节　30 分钟与 60 分钟 KDJ 指标共振

对于短线和超短线交易者来说，技术指标发出的信号越及时、越准确越好。分钟线 KDJ 指标就是这些短线和超短线交易者心目中最理想的分析工具。

30 分钟与 60 分钟 KDJ 指标的分析方法，与日线 KDJ 分析方法大同小异，这里不再重复介绍。只是 30 分钟 KDJ 指标和 60 分钟 KDJ 指标的分析结论，只适用于对股价短周期运行趋势的判断，对于长周期则影响不大。正因如此，30 分钟 KDJ 指标和 60 分钟 KDJ 指标才会成为短线和超短线交易者的最爱。

基于目前我国股市“T+1”交易规则的限制，多数短线交易者比较倾向于使用 30 分钟 KDJ 指标和 60 分钟 KDJ 指标结合的方法来寻找短线买卖点。

一、30 分钟线低位金叉+60 分钟线低位金叉

此方法属于典型的 30 分钟线和 60 分钟线金叉共振，其操作要点包括以下几点。

第一，30 分钟 KDJ 指标在 20 线以下盘整，60 分钟 KDJ 指标也位于 20 线下方。

第二，某一交易日，30 分钟 KDJ 指标中的曲线 K 向上穿越曲线 D，并同步穿越 20 线。与此同时，60 分钟 KDJ 也向上运行形成低位金叉，则属于较佳买点。

第三，若此时日线 KDJ 指标也能同步出现低位金叉，则上升趋势能够持续相对较长的时间。

如图 6-9 所示，六国化工的股价在 2015 年 11 月 30 日上午开盘后一路走低，30 分钟 KDJ 指标进入了 20 线下方，并出现了盘整走势。

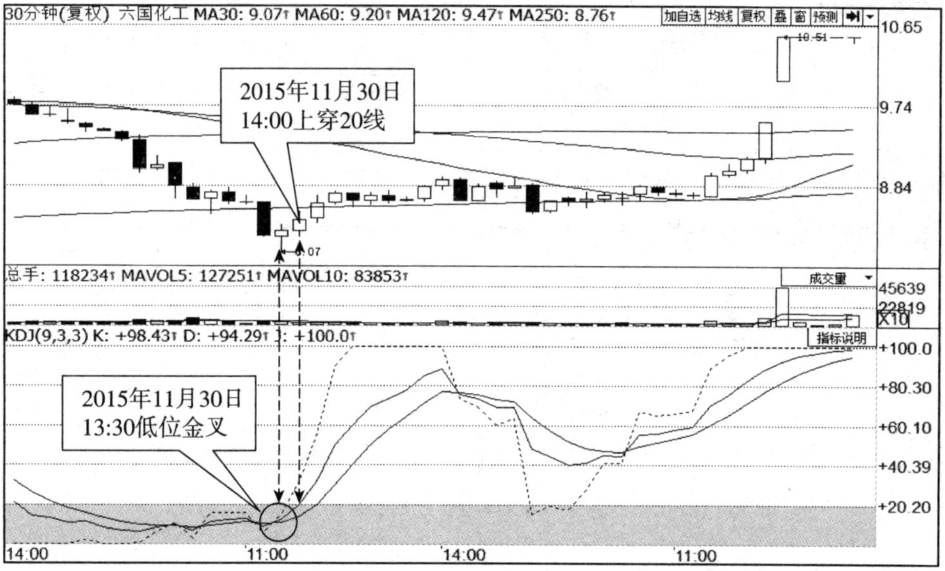

图 6-9　六国化工（600470）30 分钟 KDJ 指标走势图

下午开盘后，股价有了明显的上攻意愿，13：30，曲线 K 向上突破曲线 D，形成了低位黄金交叉。此后曲线 K 继续上扬，并于 14：00 突破了 20 线，这说明股价将在短期内结束下降趋势。此时交易者可对照该股的 60 分钟走势图进行观察。

如图 6-10 所示，六国化工的股价在 2015 年 11 月 30 日上午开盘后一路走低，60 分钟 KDJ 指标也同步进入 20 线下方区域。

午盘开盘后，随着股价的上升，60 分钟 KDJ 指标形成了低位黄金交叉形态，并同时上攻 20 线。到了尾盘时分，KDJ 指标已经站稳 20 线以上位置。此时 60 分钟 KDJ 指标与 30 分钟 KDJ 指标形成了金叉共振，交易者可在当日收盘前买入该股。

二、30 分钟线高位死叉+60 分钟线向上突破 20 线

此方法属于 30 分钟 KDJ 指标与 60 分钟 KDJ 指标出现趋势相悖的情况，其

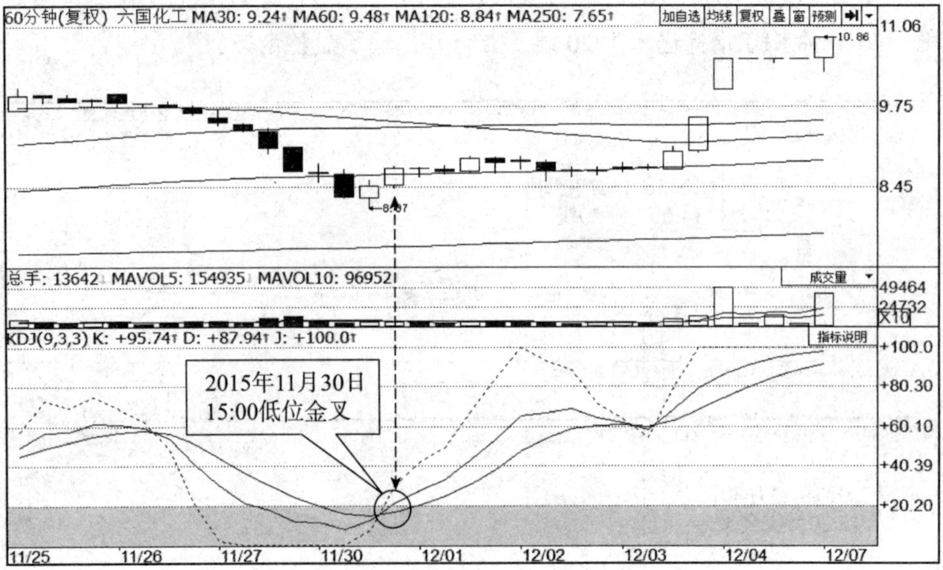

图 6-10　六国化工（600470）60 分钟 KDJ 指标走势图

操作要点包括以下几点。

第一，30 分钟 KDJ 指标自 80 线以上向下运行，高位死叉后跌破 80 线。60 分钟 KDJ 指标自下而上突破 20 线，并呈上升状态。此时股价和 30 分钟 KDJ 指标的下降可能只是短暂的回调，持股者可以继续持股，或只卖出少量股票。

第二，某一交易日，30 分钟 KDJ 指标下跌至 50 线附近区域，遇支撑再度上升，则说明之前的下跌只是短暂的回调。交易者可在 30 分钟线 KDJ 指标重新上升时，再度执行加仓或买入操作，如图 6-11、图 6-12 所示。

如图 6-11 所示，中国平安的股价 30 分钟线在 2015 年 12 月 1 日上午开盘后一路震荡走高，30 分钟 KDJ 指标进入了 80 线上方。

14：30，处于上升途中的股价突然大幅下挫，30 分钟 KDJ 指标出现高位死叉，并很快跌破了 80 线。此时交易者可对照该股的 60 分钟走势图进行观察，以确定是否需要卖出股票。

如图 6-12 所示，中国平安的股价在 2015 年 12 月 1 日上午开盘后一路走低，60 分钟 KDJ 指标也同步进入 20 线下方区域。下午开盘后，随着股价的上升，60 分钟 KDJ 指标逐步向上。

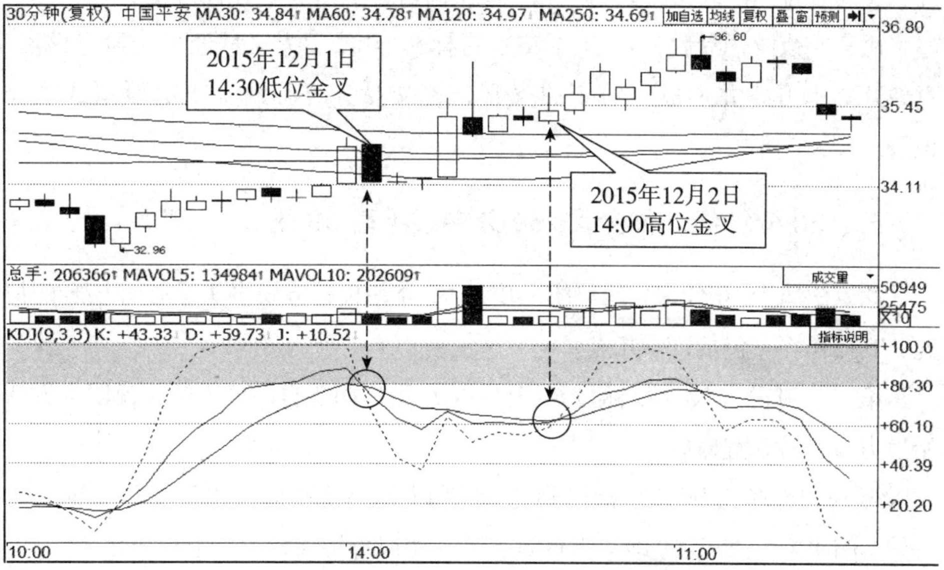

图 6-11　中国平安（601318）30 分钟 KDJ 指标走势图

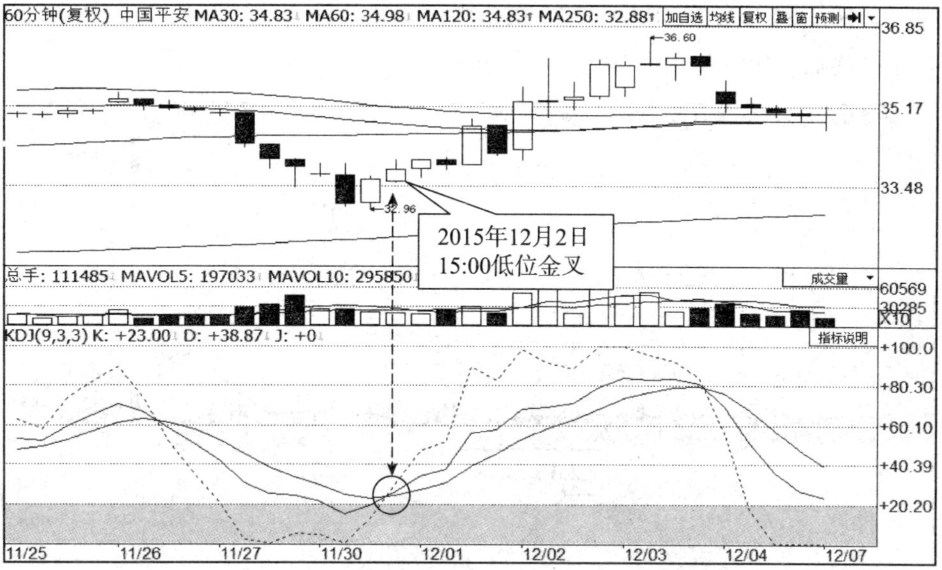

图 6-12　中国平安（601318）60 分钟 KDJ 指标走势图

15：00，曲线 K 向上突破 20 线，并形成了低位黄金交叉形态。这说明 60 分钟线运行情况良好，30 分钟 KDJ 指标的下降很可能只是一次短暂的回调整理，交易者可以继续持有该股，保守型交易者可卖出少量持有的股票。

次日，该股开盘后，30 分钟 KDJ 指标在 50 线上方区域经过一段盘整后，重新开始上升，并形成了黄金交叉形态，交易者可补回卖出的股票或加仓该股。

三、30 分钟线低位金叉+60 分钟线不破 50 线

此方法属于 30 分钟短趋势线上攻与 60 分钟长趋势线多头呈强势结合的情况，其操作要点包括以下几点。

第一，30 分钟 KDJ 指标与 60 分钟 KDJ 指标同步自高位下降，说明空方开始发力，交易者宜谨慎。

第二，当 30 分钟 KDJ 指标到达 30 线以下区域（20 线以下更好）时，60 分钟 KDJ 指标仍处于 50 线以上区域，这说明股价短线疲软，中长线强势。

第三，30 分钟 KDJ 指标中的曲线 K 自下而上突破曲线 D，呈现低位黄金交叉。60 分钟 KDJ 指标仍不破 50 线，则说明短线回调已经结束，股价还将维持上升格局，如图 6-13、图 6-14 所示。

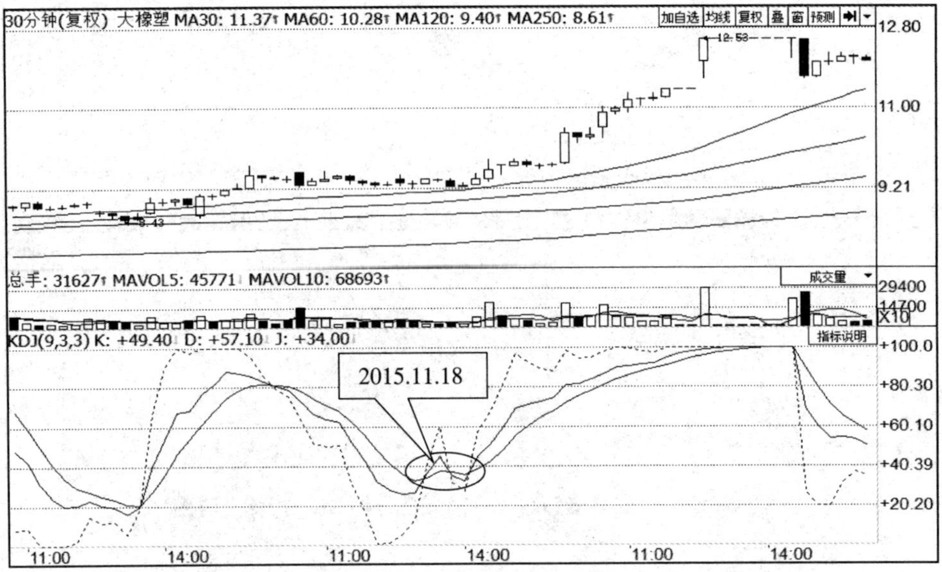

图 6-13 大橡塑（600346）30 分钟 KDJ 指标走势图

如图 6-13 所示，大橡塑的股价 30 分钟 KDJ 指标在 2015 年 11 月 18 日上午开盘后一路震荡走低，30 分钟 KDJ 指标进入了 30 线下方。

中午时分，处于下降途中的股价开始向上缓慢运动，30 分钟 KDJ 指标连续两次出现低位金叉，并很快向上突破了 30 线。此时交易者可对照该股的 60 分钟线走势图进行观察，以确定是否需要买入股票。

如图 6-14 所示，大橡塑的股价 60 分钟 KDJ 指标在 2015 年 11 月 18 日上午开盘后一路震荡走低，并形成了高位死叉。保守型交易者可卖出部分股票，并检验 50 线对 60 分钟 KDJ 指标的支撑作用。

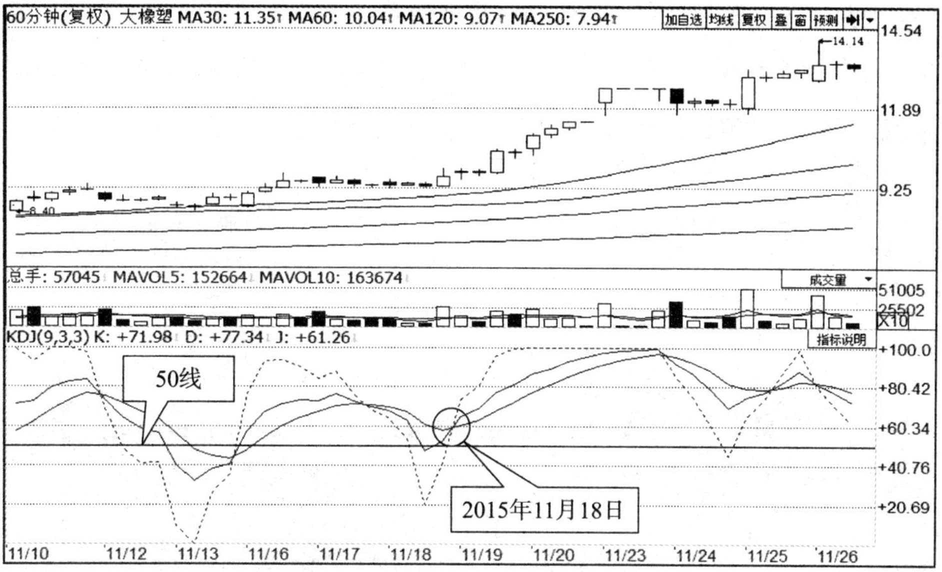

图 6-14　大橡塑（600346）60 分钟 KDJ 指标走势图

午盘时分，60 分钟 KDJ 指标下行至 50 线附近，因 50 线的支撑而再度上升，并在 50 线上方形成了黄金交叉形态。交易者对照 30 分钟 KDJ 指标可以发现，此时也正是 30 分钟 KDJ 指标向上运行的时刻。基于这一观察，交易者可以判断先前的下跌只是一次回调整理，未来向上运行仍是主趋势，交易者可以考虑补仓或加仓该股。

四、30 分钟线高位死叉+60 分钟线高位死叉

此方法属于典型的 30 分钟线和 60 分钟线死叉共振，其操作要点包括以下几点。

第一，30 分钟 KDJ 指标在 80 线以上盘整，60 分钟 KDJ 指标也位于 80 线上方。

第二，某一交易日，30 分钟 KDJ 指标中的曲线 K 向下穿越曲线 D，并同步穿越 80 线。与此同时，60 分钟 KDJ 指标也向下运行，形成高位死叉，这种情况属于典型卖点。

如图 6-15 所示，保利地产的股价在 2015 年 12 月 3 日上午开盘后一路上涨，30 分钟 KDJ 指标也随之进入了 80 线上方，并出现了盘整走势。

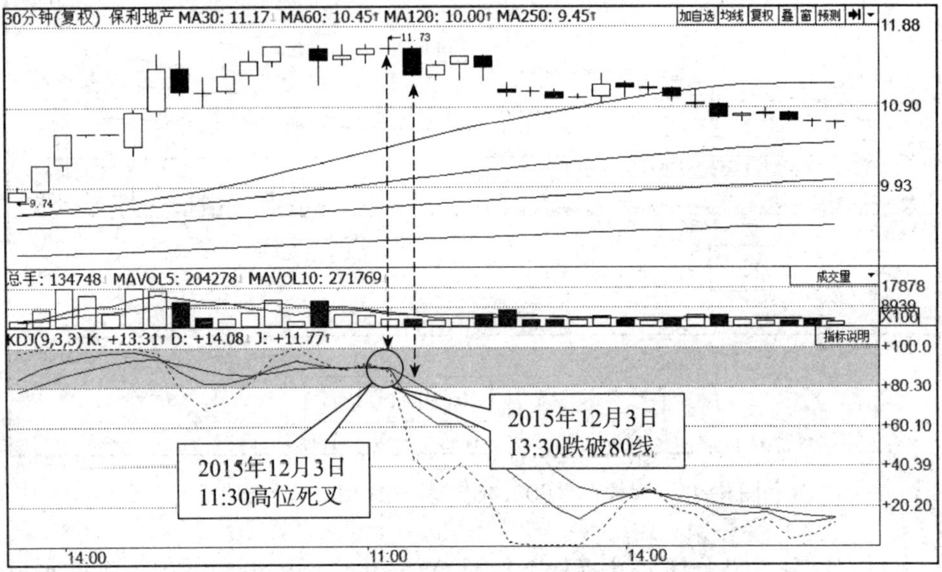

图 6-15 保利地产（600048）30 分钟 KDJ 指标走势图

11：30，曲线 K 自上而下跌破曲线 D，形成高位死叉。13：30，曲线 K 和曲线 D 双双跌破 80 线，说明股价短期有下行风险。此时交易者可对照该股的 60 分钟走势图进行观察，以确定是否卖出股票。

如图 6-16 所示，保利地产的股价在 2015 年 12 月 3 日上午开盘后一路上

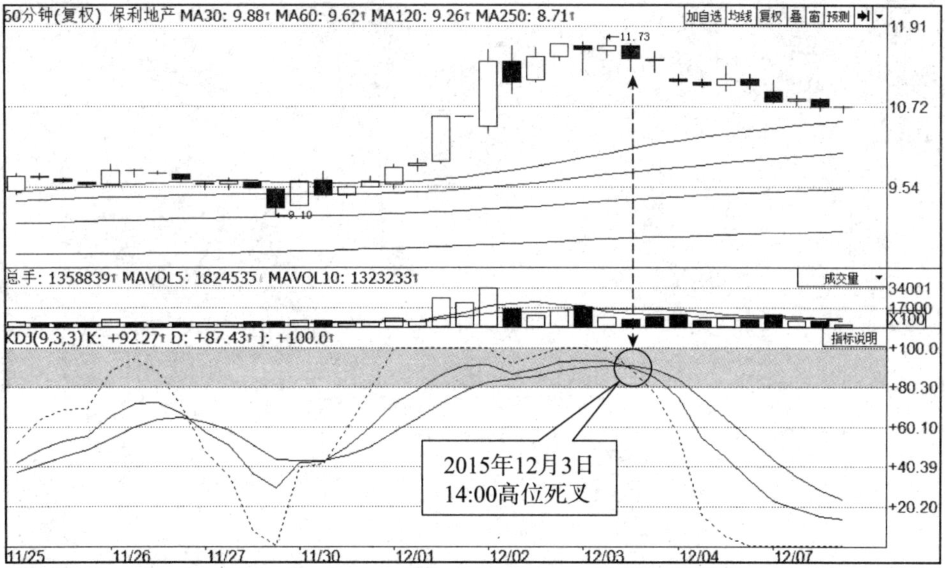

图 6-16　保利地产（600048）60 分钟 KDJ 指标走势图

涨，60 分钟 KDJ 指标也随之进入了 80 线上方，并出现了盘整走势。

14：00，曲线 K 自上而下跌破曲线 D，形成高位死叉。其后，曲线 K 和曲线 D 双双跌破了 80 线，这说明股价短期有下行风险。结合 30 分钟 KDJ 指标研判，交易者可以得出这样的结论：股价短线下行风险极大，宜迅速卖出手中的股票。

第七章

KDJ 指标与 K 线及其他指标组合分析

单独的 KDJ 指标发出的信号存在一定的局限性，若能将 KDJ 指标与 K 线及其他指标组合起来分析，则会大大提升其发出的交易信号的准确性。

第一节 KDJ 指标与 K 线形态组合分析技巧

将 KDJ 指标与 K 线顶部形态、底部形态结合分析，可以帮助交易者更早地作出卖出或买入决策，从而获得更多的投资收益。

一、M 顶+KDJ 顶背离+KDJ 死叉

K 线组合出现 M 顶形态时，说明股价已经上涨至顶部位置，即将启动下跌。若两个顶部对应的 KDJ 指标呈现顶背离形态后又出现高位死叉，则可进一步增强卖出信号的准确性。该形态属于典型的看跌形态。

1. 形态描述

股价上涨过程中，到达第一个高点后出现回调。与此相对应，KDJ 指标中的曲线 K 和曲线 D 也出现回调，并可能走出高位死叉形态。

此后股价重新发动一波上涨，并形成了第二个高点。曲线 K 同步上穿曲线 D，形成高位金叉。

接着股价在创下新高后开始回调，曲线 K 和曲线 D 又一次形成死叉，且这一次曲线 K 上升过程中形成的高点低于前一个高点。至此，KDJ 指标顶背离形态正式形成，未来股价下跌的概率很高。

2. 操作建议

“M 顶+KDJ 顶背离+KDJ 死叉”的具体要求如下。

第一，股价 K 线形成 M 顶的过程中，曲线 K 与曲线 D 要位于 50 线上方。

第二，曲线 K 与曲线 D 形成的两个死叉要一个比一个低。

第三，M 顶的第一个高点形成后，股价回调时成交量同步放大，将增加股价继续下跌的可能性。

第四，M 顶的第二个顶要高于第一个。M 顶形成后，股价跌破颈线位，就是该股的第一个卖点；曲线 K 与曲线 D 二次形成死叉时，也是该股的卖点。

如图 7-1 所示，亿纬锂能的股价在 2015 年 6 月上旬出现了明显的筑顶迹

象。2015 年 6 月 3 日和 6 月 12 日，该股分别创下了两个顶部高点，形成了 M 顶形态，且后一个顶要高于前一个。按照 M 顶形态的操作要求，通常要等到股价跌破颈线位时，才能正式确认 M 顶形态形成，不过此时股价已经下跌较大的幅度了。

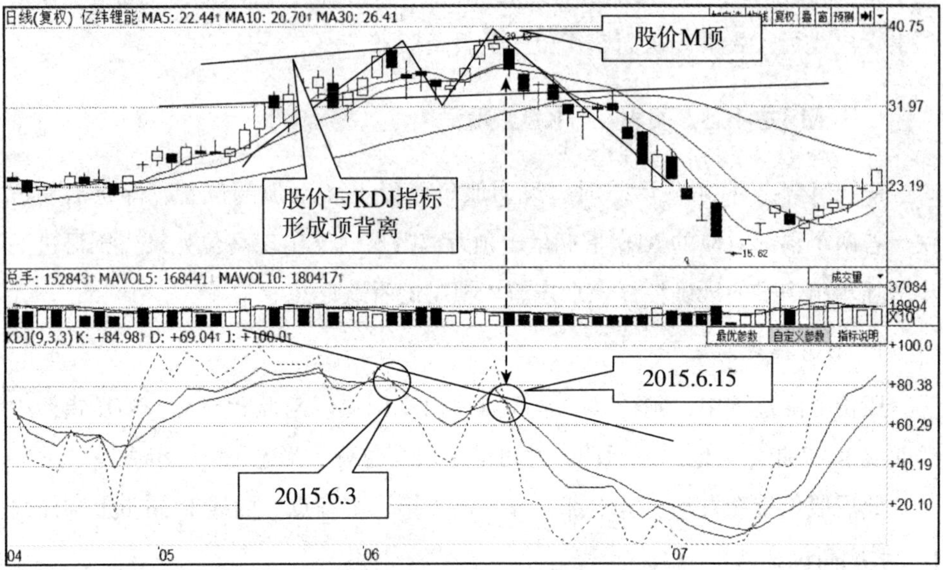

图 7-1　亿纬锂能（300014）KDJ 指标走势图

交易者如果结合 KDJ 指标进行分析，可以提前作出卖出股票的判断。首先，随着股价 M 顶形态的出现，KDJ 指标在 6 月 3 日和 6 月 15 日分别出现了两个死亡交叉，都是比较明显的卖出信号。曲线 K 在死叉前创下的两个高点是一个比一个低，这说明股价与 KDJ 指标出现了顶背离形态。因此，当曲线 K 与曲线 D 形成死亡交叉的 6 月 15 日，交易者就应该卖出股票，而不是等到股价跌破颈线时才卖出。

二、圆弧顶+KDJ 高位死叉+跌破 80 线

K 线组合出现圆弧顶形态时，说明股价已经上涨至顶部位置，且出现了明显的滞涨。若顶部位置对应的 KDJ 指标呈现死亡交叉形态，且很快跌破 80 线，交易者可以提前卖出股票。该形态属于典型的看跌形态。

1. 形态描述

股价上涨到高位后，上涨速度明显放缓。此后又出现了缓慢下跌的迹象，形成了一个类似圆弧形的顶部。与此相对应，KDJ 指标中的曲线 K 和曲线 D 在上升至高位后也出现了回调，并出现了死亡交叉形态。

死亡交叉形态出现后，KDJ 指标又跌破了 80 线，意味着股价上涨趋势已经结束，马上将开始下跌行情。

2. 操作建议

“圆弧顶+KDJ 指标高位死叉+跌破 80 线”的具体要求如下。

第一，股价 K 线形成圆弧顶过程中，曲线 K 和曲线 D 要位于 50 线上方，且呈多头排列。

第二，随着股价上涨速度减弱，曲线 K 和曲线 D 逐渐趋于黏合。

第三，当股价开始缓慢下跌时，曲线 K 率先穿越曲线 D 形成死亡交叉，之后又很快跌破 80 线，说明股价强势上升趋势彻底结束。

第四，圆弧顶形成后，股价下跌加速的位置，就是该股的第一个卖点。曲线 K 下穿曲线 D 形成死叉并很快跌破 80 线时，是该股的清仓线。通常情况下，即使股价随后有所反弹，曲线 K 也无法成功上穿曲线 D。

如图 7-2 所示，浪潮信息的股价在 2015 年 5 月中下旬开始出现了明显的筑顶迹象。从 2015 年 5 月底开始，该股上涨速度明显减弱，但仍旧处于上涨趋势中，交易者可以继续持股。此时曲线 K 逐渐向曲线 D 靠拢，说明多方力量有所不足，交易者宜谨慎。

此后该股股价又出现了缓慢下跌走势，并越发有形成圆弧顶的态势。此时交易者可以观察 KDJ 指标的走势。

2015 年 5 月 26 日，股价出现大幅下跌，曲线 K 向下穿越曲线 D，形成高位死亡交叉。此后，曲线 K 和曲线 D 很快跌破了 80 线，由超买区进入了徘徊区，这是该股的一个较明确的卖点。

按照圆弧顶的分析方法，该股 6 月 19 日开始快速下跌，并跌破了圆弧顶的颈线，属于比较明确的卖出信号，但此时股价已经离高点有一段距离了。也就是说，KDJ 指标死叉与跌破 80 线发出的卖出信号，要比圆弧顶形态给出的

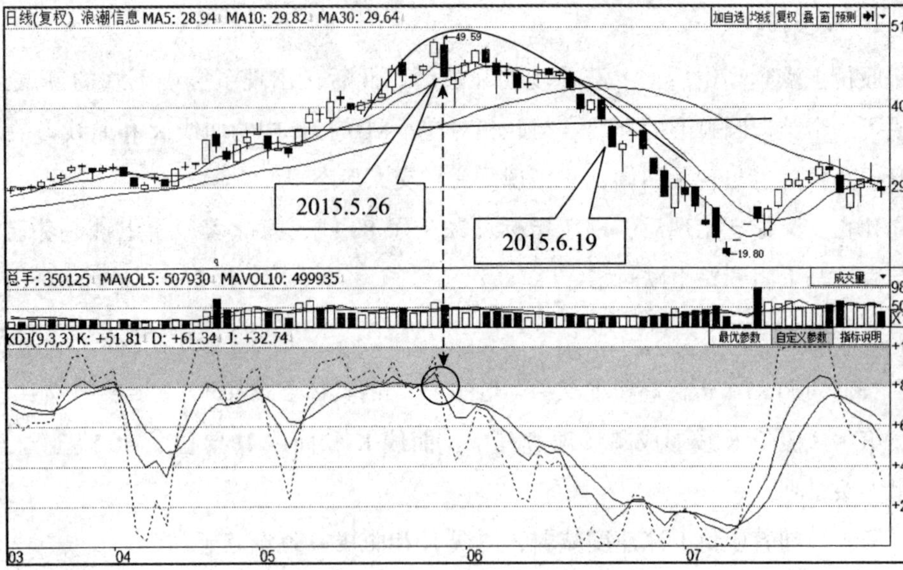

图 7-2　浪潮信息（000977）KDJ 指标走势图

信号早很多。

三、头肩顶+KDJ 顶背离+KDJ 死叉

K 线组合出现头肩顶形态时，说明股价已经上涨至顶部位置，即将启动下跌。若右肩低于左肩，将增加股价下跌的概率。若顶部对应的 KDJ 指标呈现顶背离形态，并出现死亡交叉，则可进一步提升卖出信号的准确性。该形态属于典型的看跌形态。

1. 形态描述

股价上涨至顶部位置后，连续形成了三个高点，且中间的高点明显高于其他两个，这三个高点就形成了头肩顶形态。

与此相对应，KDJ 指标中的曲线 K 在股价形成高点时也形成了三个高点。若第二个高点明显低于第一个高点，则说明 KDJ 指标与股价形成了顶背离形态。这说明股价上涨难以持续，未来股价下跌的概率很高。

2. 操作建议

“头肩顶+KDJ 顶背离+KDJ 死叉”的具体要求如下。

第一，股价 K 线形成头肩顶的过程中，曲线 K 和曲线 D 要位于 50 线上方。

第二，曲线 K 形成的高点要一个比一个低。

第三，头肩顶的左肩形成后，曲线 K 会同步下跌，而后随着股价上涨再度上攻。头部形成后，曲线 K 会再次拐头向下，并与曲线 D 形成死叉，不过此时形成的高点要低于左肩对应的高点。形成右肩时，曲线 K 上攻力度较弱，有时根本无力上穿曲线 D。

第四，头肩顶形成后，股价跌破颈线位，是该股的一个卖点。头部成型，KDJ 指标与股价形成顶背离后，曲线 K 跌破曲线 D 形成死叉时，是该股的最佳卖出点。

如图 7-3 所示，中体产业的股价在 2015 年 5 月到 6 月期间形成了典型的头肩顶形态。2015 年 5 月 27 日和 6 月 10 日，该股分别创下了两个顶部高点，形成了头肩顶的左肩和头部。

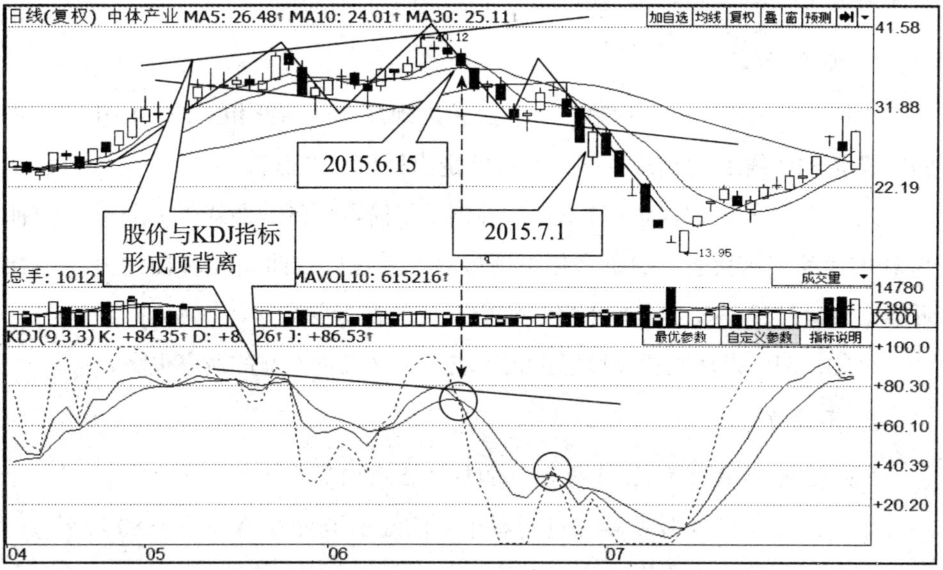

图 7-3　中体产业（002430）KDJ 指标走势图

随后该股股价经过短暂的回调，再度反弹向上。不过这次反弹力度较小，很快又因遇到阻力而下跌，至此头肩顶的右肩形成。2015 年 7 月 1 日，该股股价跌破头肩顶的颈线位，交易者可于此时卖出该股。

交易者如果结合 KDJ 指标进行分析，就可以提前作出卖出股票的判断。

首先，随着股价头肩顶左肩和头部形态的出现，KDJ 指标分别出现了两个死亡交叉，都是比较明显的卖出信号。另外，曲线 K 在死叉前创下的两个高点，却是一个比一个低，这说明股价与 KDJ 指标出现了顶背离形态。因此，当曲线 K 与曲线 D 形成第二个死亡交叉的 6 月 15 日，交易者就应该卖出股票，而不是等到股价跌破颈线时才卖出。

其后，在股价形成右肩的过程中，曲线 K 也同步上攻，但力度很弱，刚刚突破曲线 D 就立即下跌。这说明此次反弹力度有限，交易者宜回避。

四、W 底+KDJ 底背离+KDJ 金叉

K 线组合出现 W 底形态时，说明股价已经下跌至底部位置，即将启动反弹。若两个底部对应的 KDJ 指标呈现底背离形态后又出现低位金叉，则可进一步增强买入信号的准确性。该形态属于典型的看涨形态。

1. 形态描述

股价下跌过程中，到达第一个低点后出现反弹。与此相对应，KDJ 指标中的曲线 K 和曲线 D 也出现反弹，并可能走出低位金叉形态。

此后，股价重新发动一波下跌，并创下了阶段新低，曲线 K 也同步下穿曲线 D 形成死叉。接着，股价在创下新低后开始反弹，曲线 K 和曲线 D 又一次形成金叉，且这一次曲线 K 下降过程中形成的低点要高于前一次。

至此，KDJ 指标底背离形态正式形成，未来股价上涨的概率很高。

2. 操作要求

“W 底+KDJ 底背离+KDJ 金叉”的具体要求如下。

第一，股价 K 线形成 W 底的过程中，曲线 K 与曲线 D 要位于 50 线下方。

第二，曲线 K 与曲线 D 形成的两个金叉要一个比一个高。

第三，W 底的第一个低点形成后，股价反弹时成交量未能增加，那么股价继续下跌的可能性更大。

第四，W 底后一个低点要低于前一个。W 底形成后，股价向上突破颈线位，是该股的一个买点。曲线 K 与曲线 D 二次形成金叉时，也是该股的买点。

如图 7-4 所示，亿纬锂能的股价在 2015 年 9 月出现了明显的筑底迹象。2015 年 9 月 9 日和 9 月 15 日，该股分别创下了两个底部低点，形成了 W 底形态，且后一个底要低于前一个。按照 W 底形态的操作要求，通常要等到股价跌破颈线位时，才能正式确认 W 底形态形成，不过此时股价已经反弹较大的幅度了。

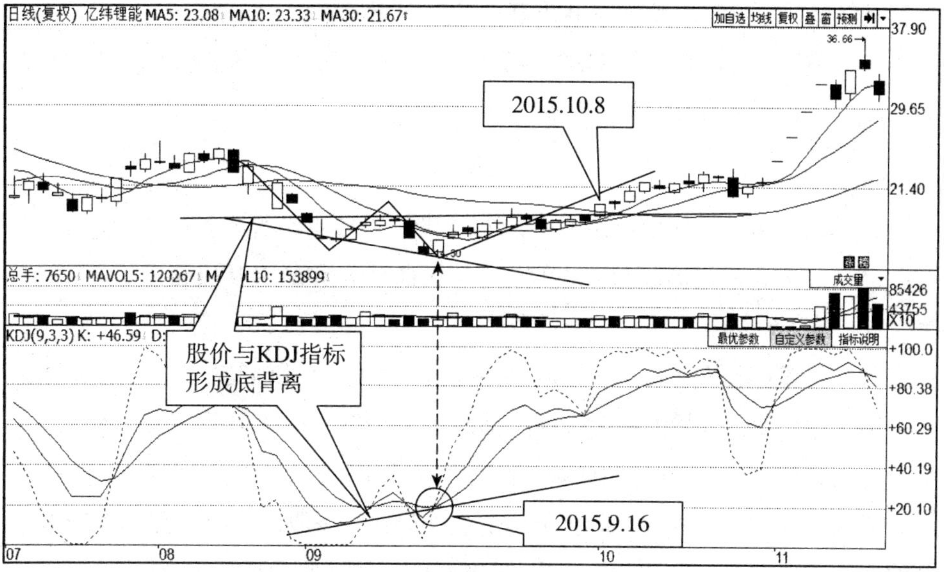

图 7-4 亿纬锂能（300014）KDJ 指标走势图

交易者如果结合 KDJ 指标进行分析，就可以提前作出买入股票的判断。

首先，随着股价 W 底形态的出现，KDJ 指标在 9 月 10 日和 9 月 16 日分别出现了两个黄金交叉。这两个金叉全部位于 20 线上方附近，且后一个略高于前一个，这是比较明显的买入信号。

曲线 K 在金叉前创下的两个低点是一个比一个高，这说明股价与 KDJ 指标出现了底背离形态。因此，在曲线 K 与曲线 D 形成死亡交叉的 9 月 16 日，交易者就应该部分建仓该股，而不是等到股价向上突破颈线时才买入。

五、圆弧底+KDJ 低位金叉+突破 20 线

K 线组合出现圆弧底形态时，说明股价已经下跌至底部位置，且出现了明

显的下跌停滞。若底部位置对应的 KDJ 指标呈现黄金交叉形态，且很快向上突破 20 线，那么交易者可以提前买入股票。该形态属于典型的看涨形态。

1. 形态描述

股价下跌到低位后，下降速度明显放缓，此后又出现了缓慢上升的迹象，形成了一个类似圆弧形的底部。与此相对应，KDJ 指标中的曲线 K 和曲线 D 在下跌至低位后也出现了反弹，并出现了黄金交叉形态。

黄金交叉形态出现后，KDJ 指标又向上突破了 20 线，意味着股价下跌趋势已经结束，马上将开始上涨行情。

2. 操作建议

“圆弧底+KDJ 指标低位金叉+突破 20 线”的具体要求如下。

第一，股价 K 线形成圆弧底的过程中，曲线 K 和曲线 D 要位于 50 线下方，且呈空头排列。

第二，随着股价下跌速度减弱，曲线 K 和曲线 D 逐渐趋于黏合。

第三，当股价开始缓慢上涨时，曲线 K 率先穿越曲线 D 形成黄金交叉，并很快向上突破 20 线，这说明股价下跌趋势彻底结束。

第四，圆弧底形成后，股价上涨加速的位置是该股的一个买点。曲线 K 上穿曲线 D 形成金叉，并很快向上突破 20 线时，是该股的最佳买点。

如图 7-5 所示，拓尔思的股价在 2014 年 12 月中下旬开始出现了明显的筑底迹象。从 2014 年 12 月底开始，该股下跌速度明显减弱，但仍旧处于下跌趋势中，交易者可以继续持币观望。此时，曲线 K 逐渐向曲线 D 靠拢，说明空方力量有所不足。

此后，该股股价又出现了缓慢上升走势，并越发有形成圆弧底的态势。此时交易者可以观察 KDJ 指标的走势。

2015 年 1 月 5 日，股价出现小幅上涨，曲线 K 向上穿越曲线 D 形成低位黄金交叉。此后，曲线 K 和曲线 D 很快向上突破了 20 线，由超卖区进入了徘徊区，这是该股的一个较明确的买点。

按照圆弧底的分析方法，该股 1 月 21 日开始快速上涨，并向上突破了圆弧底的颈线，这属于比较明确的买入信号，但此时股价已经距低点有一段距离

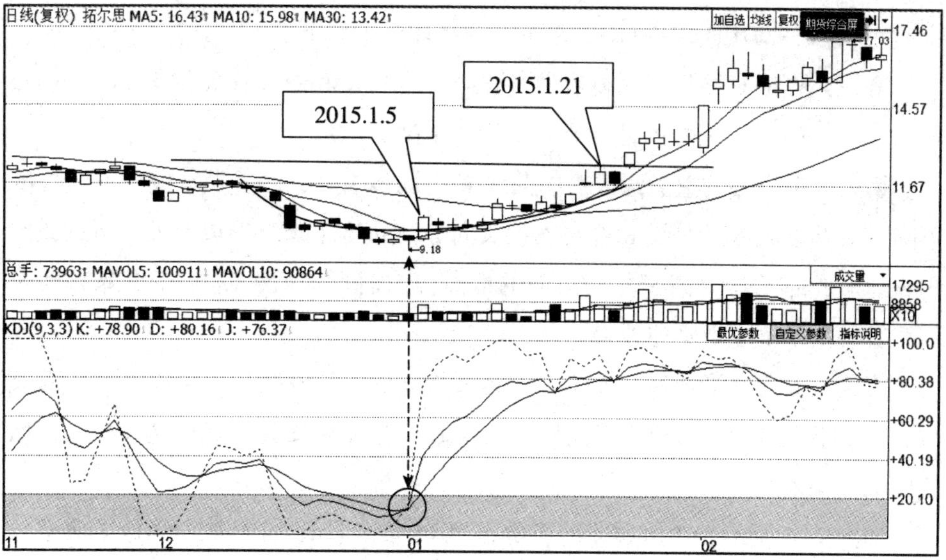

图 7-5　拓尔思（300229）KDJ 指标走势图

了。也就是说，KDJ 指标金叉与突破 20 线发出的买入信号，要比圆弧底形态给出的买点信号早若干个交易日。

六、头肩底+KDJ 底背离+KDJ 金叉

K 线组合出现头肩底形态时，说明股价已经下跌至底部位置，即将启动反弹。若右肩高于左肩，将增加股价反弹的概率。若底部对应的 KDJ 指标呈现底背离形态，并出现黄金交叉，则可进一步提升买入信号的准确性。该形态属于典型的看涨形态。

1. *形态描述*

股价下跌至底部位置后，连续形成了三个低点，且中间的低点明显低于其他两个，这三个低点就形成了头肩底形态。

与此相对应，KDJ 指标中的曲线 K 在股价形成低点时也形成了三个低点。若第二个低点明显高于第一个低点，则说明 KDJ 指标与股价形成了底背离形态，说明股价下跌难以持续，未来股价反弹的概率很高。

2. 操作建议

“头肩底+KDJ 底背离+KDJ 金叉”的具体要求如下。

第一，股价 K 线形成头肩底的过程中，曲线 K 和曲线 D 要位于 50 线下方。

第二，曲线 K 形成的低点要一个比一个高。

第三，头肩底的左肩形成后，曲线 K 会同步上升，之后随着股价下跌再度下降。头部形成后，曲线 K 会再次拐头向上，并与曲线 D 形成金叉，不过此次拐头前形成的低点要高于左肩对应的低点。右肩形成时，曲线 K 下降力度较弱，有时根本不会下穿曲线 D。

第四，头肩底形成后，股价向上突破颈线位，是该股的一个买点。头部成型，KDJ 指标与股价形成底背离后，曲线 K 向上突破曲线 D 形成金叉时，是该股的最佳买入点。

如图 7-6 所示，中电鑫龙的股价在 2015 年 8 月到 10 月期间形成了典型的头肩底形态。2015 年 9 月 2 日和 9 月 15 日，该股分别创下了两个底部低点，形成了头肩底的左肩和头部。

随后该股股价经过短暂的反弹再度下降，不过这次下跌力度较小，很快又

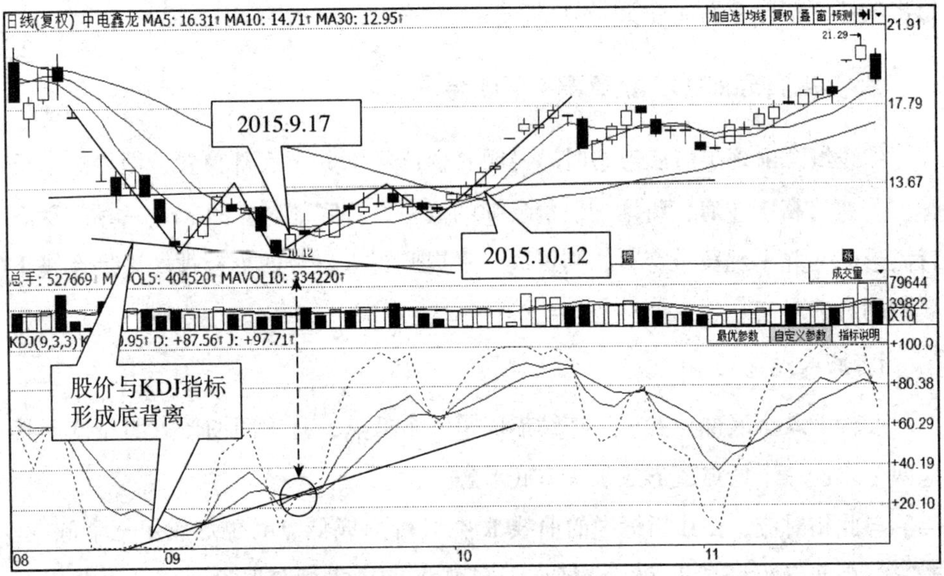

图 7-6　中电鑫龙（002298）KDJ 指标走势图

因遇到支撑而反弹，至此头肩底的右肩形成。2015 年 10 月 12 日，该股股价向上突破头肩底的颈线位，交易者可于此时买入该股。

交易者如果结合 KDJ 指标进行分析，就可以提前作出买入股票的判断。

首先，随着股价头肩底左肩和头部形态出现，KDJ 指标分别出现了两个黄金交叉，都是比较明显的买入信号。曲线 K 在金叉前创下的两个低点是一个比一个高，这说明股价与 KDJ 指标出现了底背离形态。在曲线 K 与曲线 D 形成第二个黄金交叉的 9 月 17 日，交易者就可以考虑买入股票，而不是等到股价向上突破颈线时才买入。

其后，在股价形成右肩过程中，曲线 K 也同步回调，但力度很弱，刚刚跌破曲线 D 立即反弹向上。这说明此次回调力度有限，交易者可以考虑加仓。

第二节 KDJ 指标与 MACD 指标综合应用技巧

KDJ 指标对短线交易时机的把握方面，具有其他指标无可比拟的优势。但其发出的交易信号过多、过于频繁，是其一个劣势，而 MACD 指标则对股价趋势预测具有一定的指导作用。

对于短线交易者尤其是超短线交易者来说，将 KDJ 指标与 MACD 指标组合起来分析，可以极大地改善 KDJ 指标发出交易信号的准确性。

一、MACD 指标的基本特性

指数平滑异同移动平均线，英文简称为 MACD，是由杰拉尔德·阿佩尔在移动平均线的基础上发展出来的一种趋向指标。该指标利用快速（短期）平滑移动平均线与慢速（长期）平滑移动平均线之间不断聚合和分离的特征，通过双重平滑计算出差离值，用以对市场行情和买卖时机作出研判，是股市中常用的中长期技术指标。如图 7-7 所示。

MACD 指标具有如下几个特性。

第一，DIFF 线的变动较为灵敏，是快速平滑移动平均线。DEA 线则较为平缓，是慢速平滑移动平均线。两条线都围绕 0 轴上下波动。

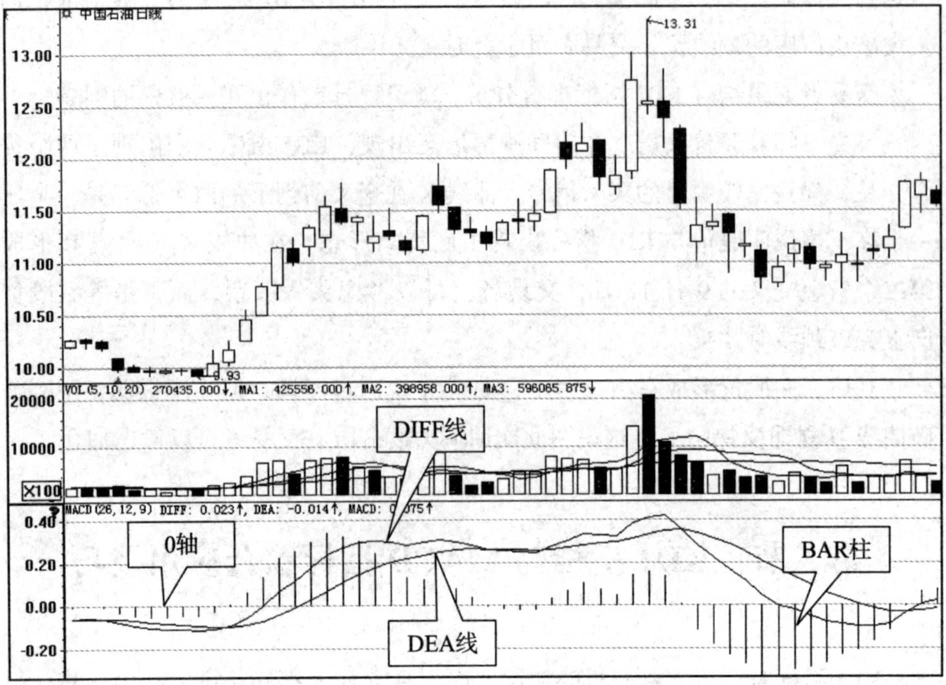

图 7-7 MACD 指标图示

第二，MACD 指标显示的两条曲线都不是市场价格的移动平均线，而是两条移动平均线差值的平滑移动平均线。它能克服移动平均线假信号频繁的缺点，又保留了均线的诸多优点。

第三，MACD 柱状线即 BAR 线，表示 DIFF 线与 DEA 线之间的偏离程度。BAR 线越长，说明 DIFF 线距离 DEA 线越远。BAR 为正值，柱状线显示为红色，表示 DIFF 线在 DEA 线之上；BAR 为负值，柱状线显示为绿色，表示 DIFF 线在 DEA 线之下。

第四，当 MACD 柱状线由负变正（或由绿变红）时，DIFF 线必然向上突破 DEA 线，从而形成金叉。当 MACD 柱状线由正变负（或由红变绿）时，DIFF 线必然向下跌破 DEA 线，从而形成死叉。

第五，BAR 线的正负值之间有一条分界线，称为 0 轴（或 0 线）。

第六，MACD 是一个极其重要的中长线指标，通过 MACD 指标能够判断指数或个股在一波行情开始后庄家的洗盘和打压情况。

第七，当股价处于横盘整理或者小幅频繁震荡过程中时，MACD 会出现钝化，参考作用弱化。

二、MACD 指标的交易指示含义

MACD 指标常被用作波段操作和中短线交易的辅助技术指标，具有如下几项交易含义。

1. MACD 指标突破 0 轴

（1）MACD 指标向上突破 0 轴。

DIFF 线由下向上突破 0 轴，表明多头行情正在悄然形成，是中长线第一个较为安全的买入点，交易者可以逢低吸纳。当 DEA 线由下向上突破 0 轴，表明多头行情逐渐变强，是中长线第二个较为安全的买入点，此时交易者可以追涨买入。

如图 7-8 所示，盘江股份的股价 2015 年 2 月中旬后随着大盘指数的回暖出现了一波快速震荡上涨行情。MACD 指标也随之不断走高，DIFF 快线自低位向上运行，并于 2015 年 3 月 6 日率先向上突破了 0 轴，这说明市场已经处于多

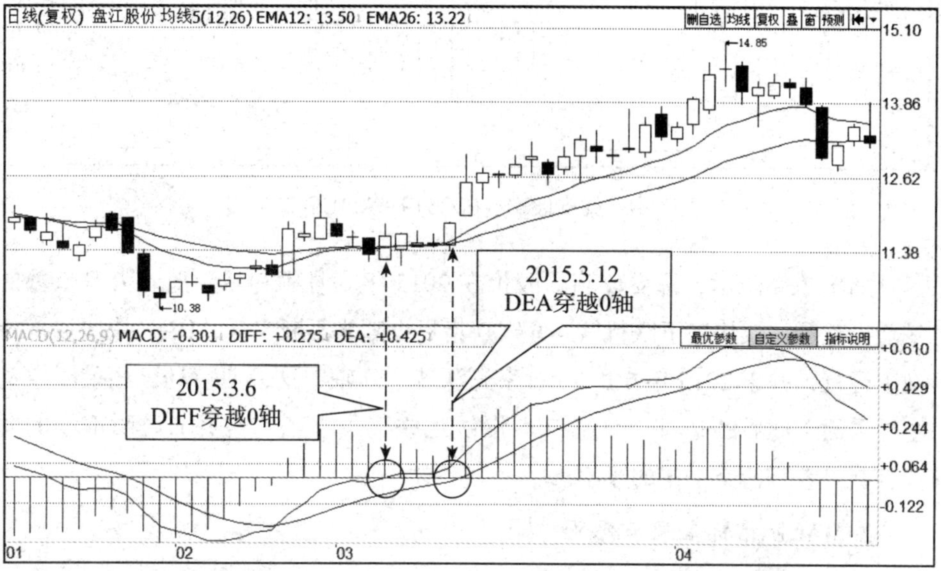

图 7-8 盘江股份（600395）MACD 走势图

头主导的局面。此后的 3 月 12 日，DEA 慢线也向上突破了 0 轴，这更加说明市场的强势，交易者宜加仓买入该股。

（2）MACD 指标向下突破 0 轴。

DIFF 线由上向下跌破 0 轴，表明空头行情正在悄然形成，是中长线第一个较为合适的卖出点，交易者应坚决择高派发。当 DEA 线由上向下突破 0 轴，表明空头行情逐渐增强，是中长线第二个较为合适的卖出点，此时交易者应该将仓位沽空，如图 7-9 所示。

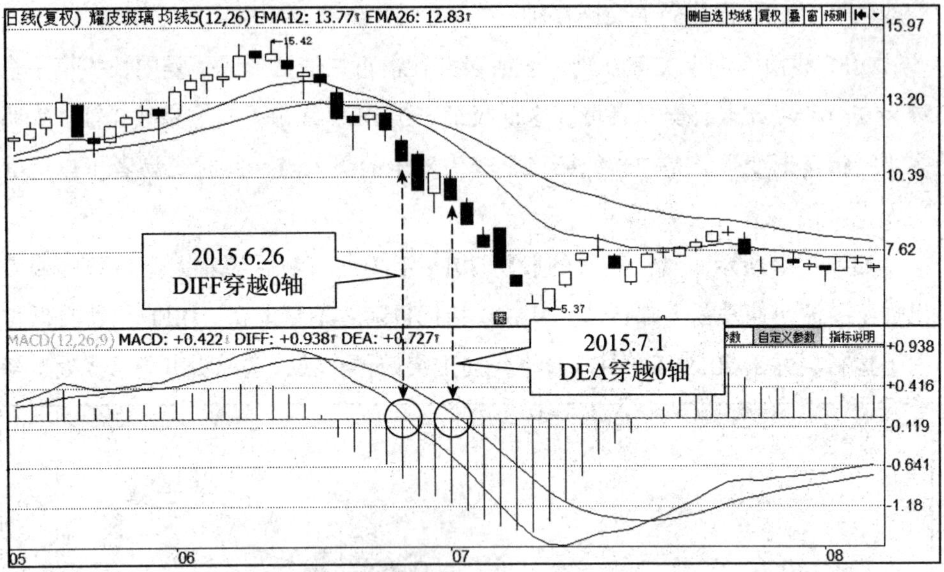

图 7-9　耀皮玻璃（600819）MACD 走势图

如图 7-9 所示，耀皮玻璃的股价在 2015 年 6 月中旬后，随着大盘指数的暴跌出现了一波快速下跌行情。MACD 指标也随之不断走低，DIFF 快线自高位向下运行，并于 2015 年 6 月 26 日率先跌破了 0 轴，这说明市场已经处于空头主导局面。此后的 7 月 1 日，DEA 慢线也跌破了 0 轴，这更加说明市场的弱势，交易者宜清空手中的股票。

2. MACD 指标金叉与死叉

通常情况下，MACD 指标出现黄金交叉，意味着股价将会上升。MACD 指标出现死亡交叉，则意味着股价将会下跌。

（1）MACD 指标形成金叉。

当 DIFF 和 DEA 均为正值，DIFF 线向上突破 DEA 线，在 0 轴上方形成金叉，表示市场上买盘非常踊跃，上涨行情仍将持续，此时交易者可以追涨买入。

当 DIFF 和 DEA 均为负值，DIFF 线向上突破 DEA 线，在 0 轴下方形成金叉，表示市场上的做空气氛有所缓和，持币者有低位吸纳的意愿，股价可能止跌反弹。此时交易者需要借助其他技术指标来分析是否可以买入。

总而言之，MACD 指标在 0 轴上方附近形成金叉，才是可靠的买入信号。

如图 7-10 所示，2015 年初，随着大盘趋势向好，中山公用的股价同步出现了上涨态势，MACD 指标也自底部向上反弹。

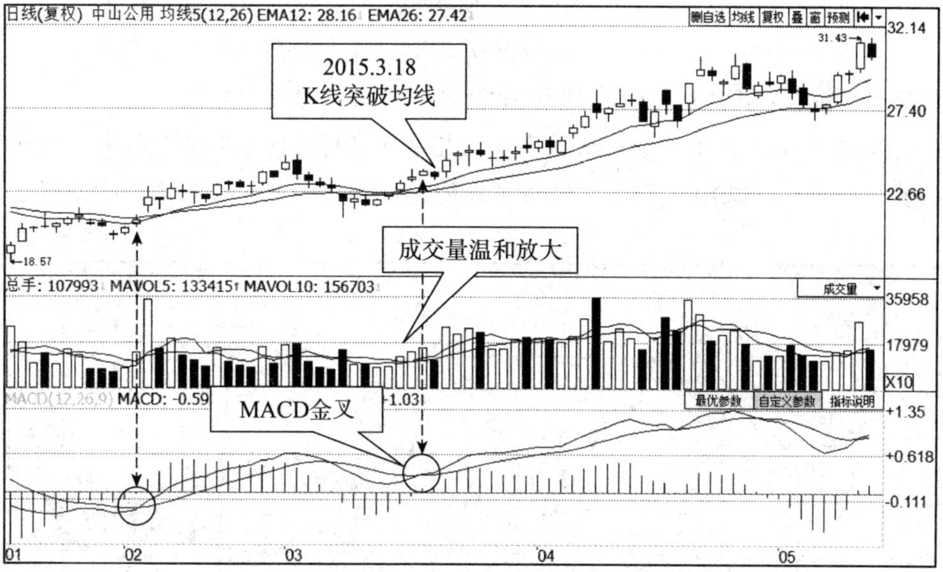

图 7-10　中山公用 MACD 黄金交叉示意图

在 2 月到 3 月期间，DIFF 快线曾经两次向上穿越 DEA 慢线形成交叉，其中第一次交叉点位于 0 轴下方，第二次交叉点位于 0 轴上方。由于第一次交叉点位于 0 轴下方，并不属于理想的位置，因而交易者宜保持观望，或少量买入该股。

2015 年 3 月 18 日，中山公用 MACD 指标第二次出现交叉。此时该股股价刚刚完成对均线的突破，并位于均线上方，成交量同步放大，这说明股价有企稳走好的迹象。这些信息都可以强化黄金交叉信号的准确性，交易者此时可以放心买入或加仓该股。

（2）MACD 指标形成死叉。

当 DIFF 和 DEA 均为负值，DIFF 线向下跌破 DEA 线，在 0 轴下方形成死叉，表示市场上做空力量强大，下跌行情仍将持续。此时交易者应该杀跌卖出。

当 DIFF 和 DEA 均为正值，DIFF 线向下跌破 DEA 线，在 0 轴上方形成死叉，表示市场上做多氛围有所松懈，持股者有高位回吐的想法，股价可能滞涨回落。此时交易者需要借助其他技术指标来分析是否应该卖出。

总而言之，MACD 指标在 0 轴下方形成死叉，才是可靠的卖出信号。

如图 7-11 所示，同方股份的股价在 2015 年上半年随大盘的上涨走出了一波暴涨行情，MACD 指标中的 DIFF 快线和 DEA 慢线也同步上升。

2015 年 6 月 11 日，该股股价在连续几个交易日出现回调的基础上，DIFF 快线自上而下穿越 DEA 慢线，形成了高位死亡交叉形态，这意味着股价后市

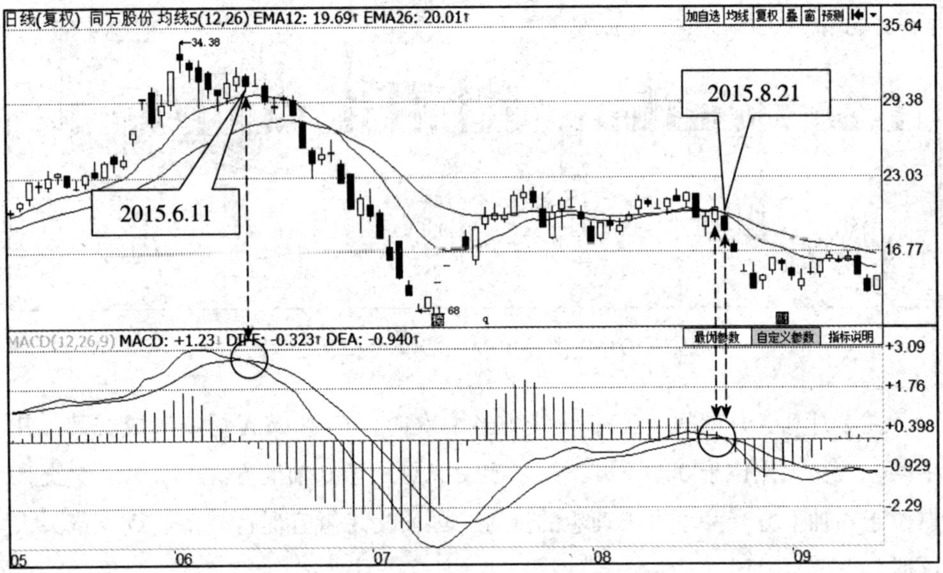

图 7-11 同方股份（600100）MACD 指标走势图

下跌的概率很大。由于此时 DIFF 快线和 DEA 慢线仍位于 0 轴上方，交易者可以卖出大部分股票，留少许筹码。随后 DIFF 快线跌破 0 轴时，可以考虑清仓该股。

2015 年 8 月 21 日，同方股份的股价经过一段时间的震荡反弹，逐渐走出低谷。DIFF 快线也自底部反弹至 0 轴附近。随后 DIFF 快线拐头向下，与 DEA 慢线形成交叉。此交叉点位于 0 轴附近，属于典型的反弹遇阻，交易者宜清空手中股票。

3. MACD 指标背离

MACD 指标背离，说明股价原有的运行趋势很快将会发生转变，但不一定是立即改变。交易者通常需要耐心等待更加明确的信号。

（1）MACD 指标与股价顶背离。

股价创出新高时，MACD 指标两线数值却未能同步创出新高，这就形成了顶背离现象，是卖出信号。

顶背离的卖点较难把握，这是因为有时出现一次顶背离后股价就会下跌。有时则在出现两三次顶背离后，股价才开始下跌。交易者可以在每次出现顶背离时分批减仓，待发现股价滞涨下跌时再清仓出局。

如图 7-12 所示，东方银星的股价在 2015 年上半年走出了一波震荡上涨行情。该股股价在 4 月 24 日和 5 月 29 日分别创下了两个短期高点，且后一个高点远远高于前一个。与此同时，DIFF 快线创下的两个高点却没有形成一个比一个高的态势，这说明股价与 MACD 指标出现了顶背离，未来股价下跌的概率很高。

（2）MACD 指标与股价底背离。

当股价创出新低时，MACD 指标的两线数值却未能同时创出新低，这就形成了底背离现象，是买入信号。出现底背离时，激进的交易者可以分批建仓。为了安全起见，稳健的交易者应耐心等待股价止跌回升后再买入。

如图 7-13 所示，浙江医药的股价在 2014 年 5 月到 6 月期间走出了一波震荡下跌行情。股价在 5 月 5 日和 6 月 19 日分别创下了两个短期低点，且后一个低点远远低于前一个。与此同时，DIFF 快线创下的两个低点却没有形成一个比一个低的态势，这说明股价与 MACD 指标出现了底背离，未来股价反弹的概率很高。

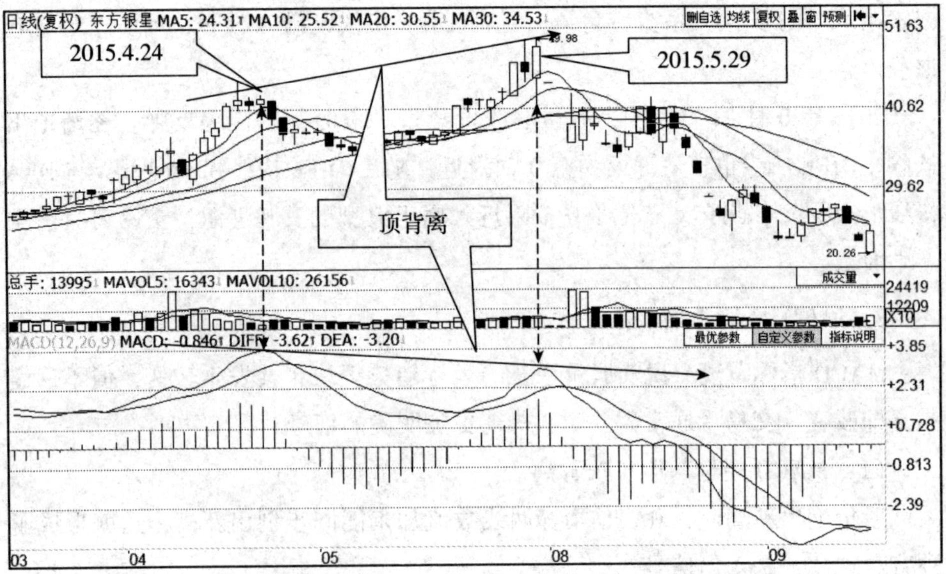

图 7-12　东方银星（600753）MACD 指标背离示意图

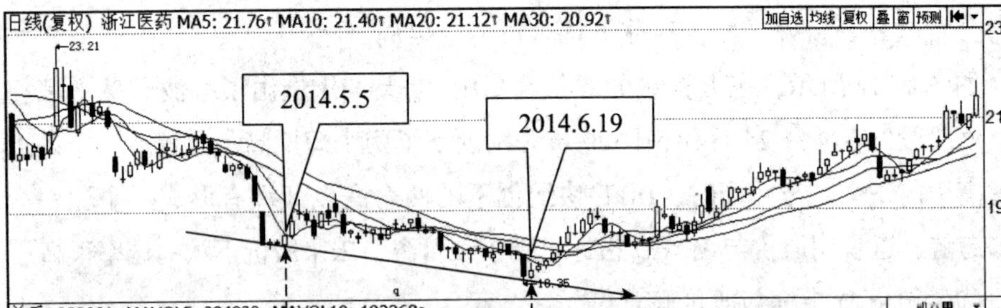

图 7-13　浙江医药（600216）MACD 指标底背离示意图

三、KDJ 指标与 MACD 指标金叉共振

KDJ 指标与 MACD 指标金叉共振，是指在 KDJ 指标发出短线金叉买入信号的同时，MACD 指标也同步发出波段金叉买入信号。MACD 指标金叉是对 KDJ 金叉买入信号的确认和强化，其具体操作建议如下。

第一，股价处于阶段底部或回调时，KDJ 指标率先走出黄金交叉形态，随后 MACD 指标也呈现黄金交叉形态。两个金叉相隔的时间最好不要超过 3 个交易日。

第二，KDJ 金叉值小于 50，MACD 金叉位于 0 轴上方附近位置。MACD 金叉时，成交量出现明显放大更佳。

第三，两个金叉出现时，若股价位于 20 日均线上方更好。

第四，20 日均线向上，MACD 指标出现金叉时，为该股的最佳买点。

如图 7-14 所示，兔宝宝的股价在 2015 年上半年出现震荡上涨行情。2015 年 4 月底到 5 月初期间，该股出现了短暂的回调，MACD 指标和 KDJ 指标同步出现死亡交叉形态。

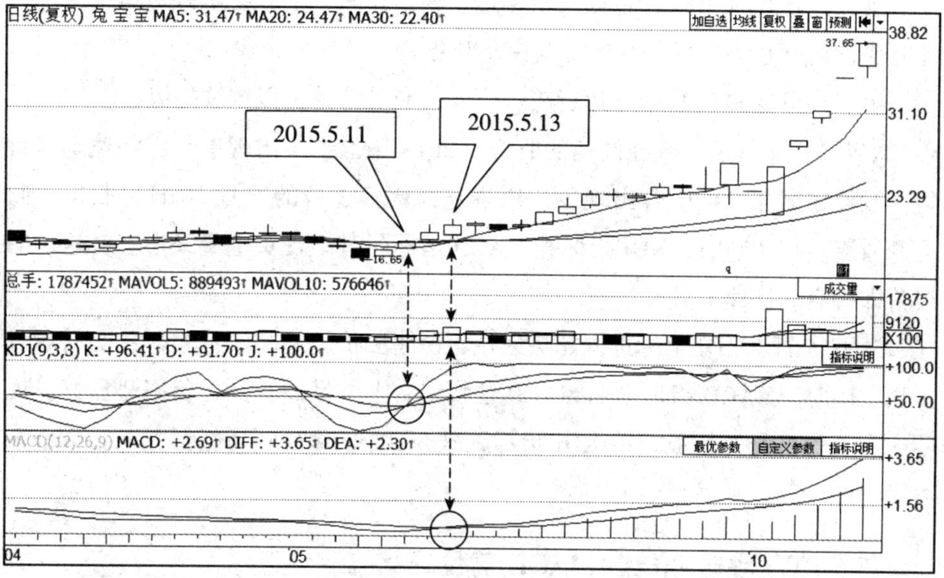

图 7-14　兔宝宝（002043）MACD 金叉与 KDJ 金叉共振

2015 年 5 月 11 日，该股 KDJ 指标率先触底反弹，并形成了低位黄金交叉形态。此交叉点位于 50 线下方，说明该交叉点的含金量较高，交易者宜密切关注该股股价随后的走势。

5 月 13 日，该股股价连续三个交易日上攻，MACD 指标在该日出现黄金交叉形态。此交叉点位于 0 轴上方附近，同样含金量十足。

至此，KDJ 金叉与 MACD 金叉出现共振，股价此时已经顺利突破 20 日均线，这说明股价短期内会有一波快速上涨行情。

四、KDJ 超买+MACD 指标趋势向上

KDJ 指标进入超买区域，说明股价进入筑顶阶段。尽管此时股价可能很快发生趋势反转，但仍会保持较快的上升趋势。若此时 MACD 指标一直向右上方倾斜，交易者可以安心持股待涨。

“KDJ 超买与 MACD 指标趋势向上”的具体操作建议如下。

第一，股价经过一段时间的上升，KDJ 指标进入 80 线上方超买区域。这说明股价即将启动快速上升行情，但同时面临转向的风险。

第二，若此时 MACD 指标刚刚越过 0 轴，并向右上方稳步倾斜运行，说明此时股价运行态势良好，有望继续保持升势。

第三，只要 MACD 指标运行趋势不变，交易者就可以继续持股。

如图 7-15 所示，皖通高速的股价在 2015 年上半年出现了一波快速上涨行情。股价在上涨过程中曾出现了一次调整，调整过后的 5 月 20 日，股价重归上升通道。与此同时，KDJ 指标和 MACD 指标同时出现黄金交叉形态，这说明股价即将启动快速上升。

5 月 25 日，KDJ 指标进入超买区域，说明股价已经步入危险区，交易者宜谨慎。同时，MACD 指标紧贴 MACD 柱线向右上方倾斜，且运行态势良好，说明交易者仍可安心持股。待 KDJ 指标跌破 80 线，或 MACD 指标死叉，交易者再卖出即可。

五、KDJ 跌破 80 线+MACD 高位死叉

KDJ 指标进入超买区域，说明股价进入筑顶阶段。但有时 KDJ 指标会出现

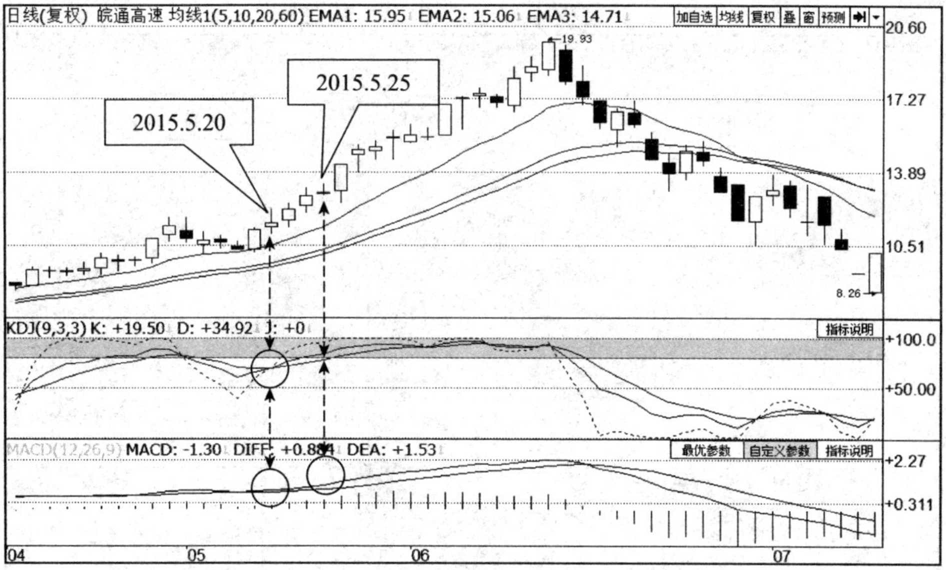

图 7-15　皖通高速（600012）KDJ 指标与 MACD 指标组合分析示意图

高位钝化现象，使得交易者无法准确把握卖出时机。

KDJ 指标进入 80 线上方后，经过一段时间的上涨，KDJ 指标跌破 80 线。若此时 MACD 指标同步出现高位死叉，则可考虑坚决卖出股票。

“KDJ 跌破 80 线+MACD 高位死叉”的具体操作建议如下。

第一，股价经过一段时间的上升，KDJ 指标进入 80 线上方超买区域。此后 KDJ 指标出现高位盘整和黏合状态，说明此时股价仍处于上涨阶段，交易者可耐心持股。

第二，若 KDJ 指标自上而下跌破 80 线，且 MACD 指标同步出现高位死叉形态，则说明股价上涨趋势已经结束。

第三，若 KDJ 指标跌破 80 线之前刚刚完成死亡交叉，则可增加卖出信号的准确性。

如图 7-16 所示，山东钢铁的股价在 2015 年上半年出现了一波快速上涨行情。股价在上涨过程中曾出现了一次调整，调整过后，股价重归上升通道。与此同时，KDJ 指标和 MACD 指标出现黄金交叉形态，这说明股价即将启动快速上升。

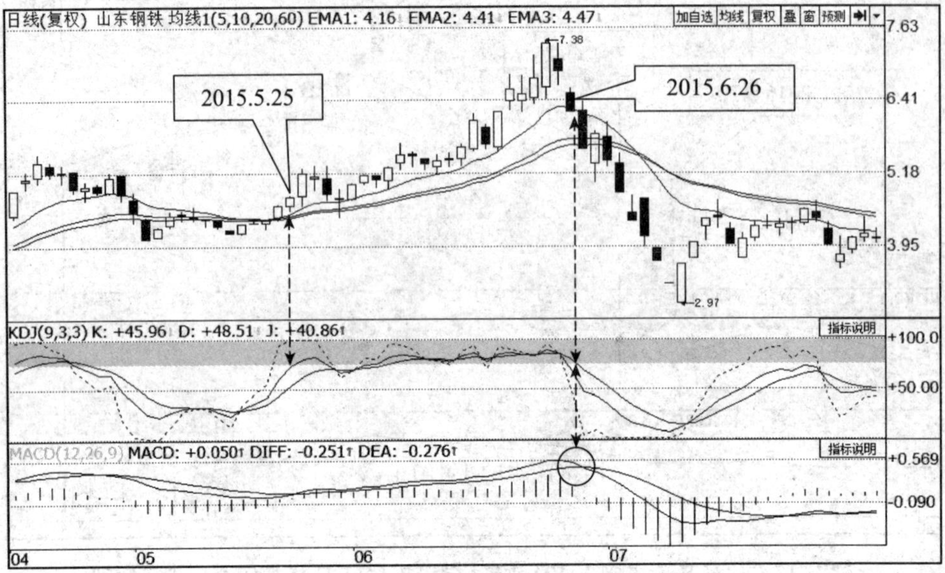

图 7-16 山东钢铁（600022）KDJ 指标与 MACD 指标配合示意图

5 月 25 日，KDJ 指标进入超买区域，说明股价已经步入危险区，交易者宜谨慎。此后，股价在上涨过程中出现了震荡调整，KDJ 指标的各条指标线在超买区域也出现了若干次交叉，并逐渐黏合。

6 月 26 日，KDJ 指标刚刚完成高位死叉后，又跌破了 80 线，重新回到了徘徊区。与此同时，MACD 指标出现高位死叉。这说明股价上涨趋势已经结束，交易者可在此时卖出全部或大部分股票。

第三节 KDJ 指标与布林线（BOLL）综合应用技巧

布林线（BOLL）指标为交易者提供了一个股价波动空间范围，中轨线又将该空间一分为二，即强势区域和弱势区域。将布林线与 KDJ 指标结合起来分析，可以帮助交易者看清 KDJ 发出的交易信号所处的空间位置，进而判断信号的可靠程度。

一、布林线（BOLL）指标的基本特性

布林线又称布林带，英文简称为 BOLL，是由约翰·布林格先生创造并以其名字命名的。该指标是根据统计学中的标准差原理求出股价的信赖区间，从而确定股价的波动范围及未来走势，并利用波带显示股价安全的高低价位。

布林线由三条曲线组成，分别是上轨线、中轨线和下轨线。其中上轨线和下轨线之间的区域，构成了布林线指标的价值通道，中轨线为股价波动的中轴线。如图 7-17 所示。

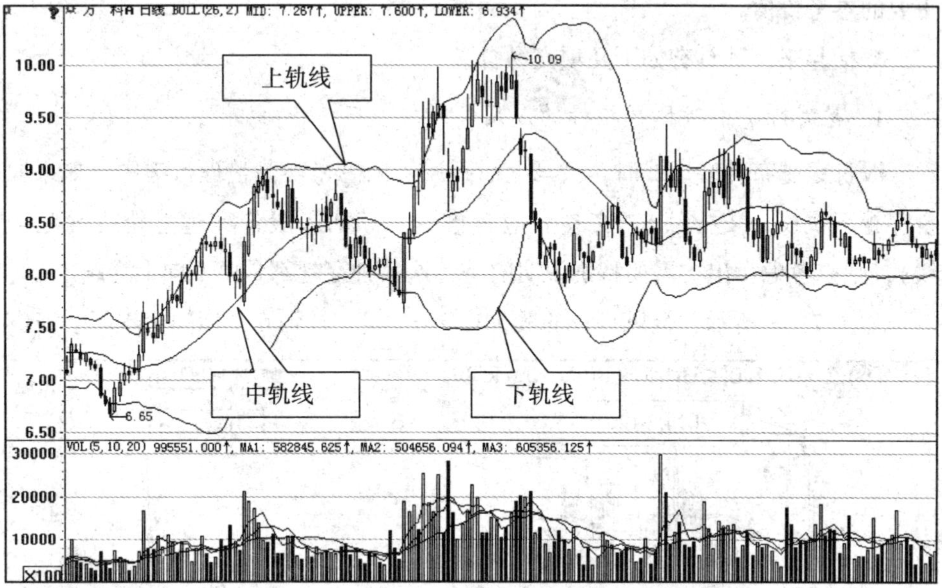

图 7-17 布林线指标图示

布林线（BOLL）指标具有如下几项特性。

第一，布林线属于路径指标。股价在布林线上轨线和下轨线之间的带状区域内波动，其上下轨线之间的范围并不固定，随着股价的波动而变化。股价涨跌幅度加大时，布林线的带状区变宽；涨跌幅度狭小盘整时，布林线的带状区则变窄。

第二，布林线的上下轨线显示股价安全运行的最高价位和最低价位。下轨线对股价有支撑作用，上轨线对股价有阻力作用。中轨线有时可能是支撑线，

有时可能是阻力线。

第三，布林线指标可以显示超买和超卖。股价向上突破上轨线，就进入了超买区。股价向下跌破下轨线，就进入了超卖区。

第四，使用布林线时，要注意股价处于常态区间还是非常态区间。在非常态区，不能单纯按照“触及上轨线卖出，触及下轨线买入”的法则进行操作。

二、布林线（BOLL）指标的交易指示含义

布林线指标特有的上轨与下轨结构设计，对交易者识别股价运行趋势具有重要的参考价值。

概括起来，其具有如下几项交易含义。

1. 震荡行情中布林线指标的应用

股价穿越布林线边线时，会马上回到波带内。在震荡整理行情中，如果股价穿越下轨线（支撑线），交易者应考虑买入。如果股价穿越上轨线（阻力线），则应考虑卖出。需要特别说明的是，这两种穿越都是由下向上穿越。

如图 7-18 所示，金风科技的股价在 2014 年 2 月到 6 月期间出现了一波震

图 7-18 金风科技（002202）布林线指标走势图

荡走势。在震荡过程中，股价于 2 月 12 日和 6 月 16 日两次触及布林线上轨线后又回归布林通道内部。

股价也曾在 2 月 26 日和 4 月 22 日等几个交易日下跌至布林线下轨线附近，随后又重归布林通道。由此可见，在股价波动过程中，大部分时间都会在布林通道内部运行。即便股价向上突破布林线上轨线或跌破布林线下轨线，也能很快重归布林通道。

2. 单边行情中布林线指标的应用

单边行情，主要包括单边上升趋势和单边下降趋势。

（1）上涨行情中布林线指标的应用。

在上涨行情中，股价会沿着中轨线和上轨线形成的通道上升，这时交易者应持股待涨。当股价不能再触及上轨线时，表示上涨趋势减弱。一旦股价向下跌破中轨线，表示下跌趋势已经形成，交易者应进行减仓操作。如果布林线的三条曲线同时向下，则更能确认下跌趋势形成。

如图 7-19 所示，大同煤业的股价在 2015 年初结束下跌，启动了一波上涨行情，布林通道也同步由缩口转为敞口。这说明股价波动性加大，未来上涨趋

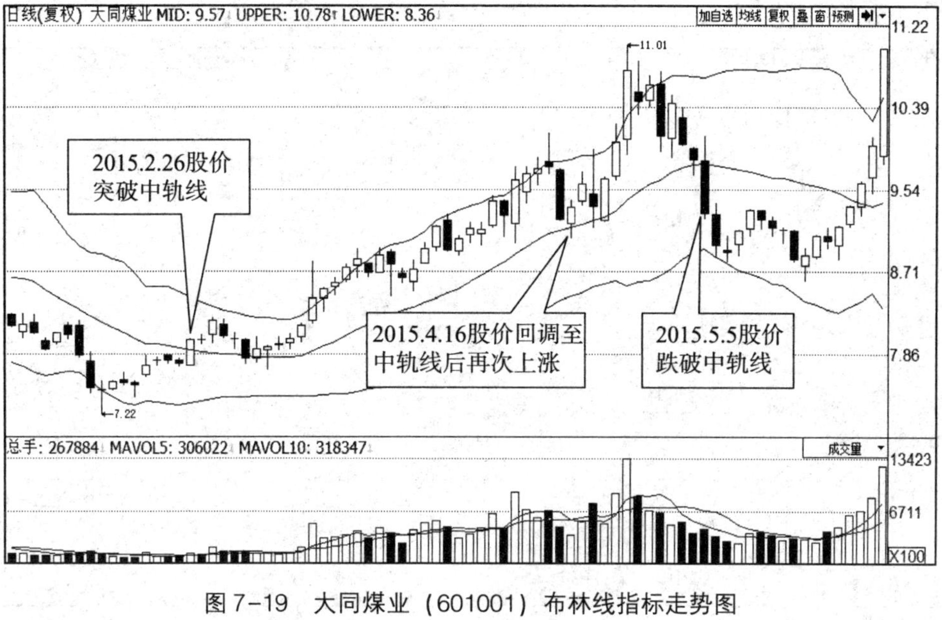

图 7-19　大同煤业（601001）布林线指标走势图

势明显。

2015 年 2 月 26 日，股价向上突破布林线中轨线，这说明股价有走强的可能。随后该股股价一直运行于布林线中轨线和上轨线之间的区域，且布林通道向右上方倾斜，这属于典型的看涨信号。期间股价几次回调到中轨线位置，因受到中轨线的支撑而再度上涨，这说明股价强势依旧，交易者可以考虑追涨买入。

2015 年 4 月 16 日，该股股价又一次自中轨线位置启动上涨，交易者可在此时加仓买入。经过一段时间的上升后，获利盘开始涌出。5 月 5 日，股价跌破了中轨线，这说明股价有结束上涨趋势的可能，交易者可以考虑减仓操作。

（2）下跌行情中 BOLL 指标的应用。

在下跌行情中，股价会沿着中轨线和下轨线形成的通道下降，这时交易者应选择空仓观望。当股价不能再触及下轨线时，表示下跌趋势减弱。一旦股价向上突破中轨线，表示上涨趋势已经形成，交易者可以考虑买入股票。如果布林线的三条曲线同时向上，则更能确认上涨趋势形成。

如图 7-20 所示，联美控股的股价在 2013 年 10 月结束上涨，启动了一波下跌行情。

图 7-20　联美控股（600113）布林线指标走势图

2013 年 10 月 29 日，该股股价向下跌破布林线中轨线，说明股价有走弱的可能。随后股价一直运行于布林线中轨线和下轨线之间的区域，且布林通道向右下方倾斜，这属于典型的看跌信号。期间股价几次反弹至中轨线位置，因受中轨线的阻力而再度下跌，这说明股价弱势依旧，交易者不可入场。

2014 年 1 月 7 日，股价发力向上突破中轨线并以涨停报收，这说明该股很有可能站稳中轨线并结束下跌趋势。

此时交易者可以密切关注该股随后的走势，一旦更为清晰的买入信号出现，则可大胆入场。

3. 布林线指标敞口和缩口

布林线指标敞口和缩口，意味着股价波动幅度发生变化。也就是说，股价运行趋势可能会发生变化。

（1）布林线指标敞口。

当布林线逐渐敞开时，布林线指标的上轨线会向上移动，下轨线向下移动，呈现敞口喇叭形态，表示股价的波动幅度正在增大，会引发一波较大的行情。此时交易者应该注意观察中轨线的运行方向。

如果中轨线向上翘头，表示股价会进入上涨行情，是买入信号；如果中轨线向下滑落，表示股价会进入下跌行情，是卖出信号。

如图 7-21 所示，耀皮玻璃的股价在 2015 年 3 月出现了由下跌转为上涨的反转走势。该股的布林通道逐渐由放大转为收缩后，又由收缩变为放大。

2015 年 3 月 2 日，该股股价自中轨线位置启动上涨，成交量同步放大，同时中轨线也开始拐头向上运行，这说明股价有上涨的可能。此时，布林通道的宽度指标也开始触底反弹，说明布林通道喇叭口开始放大，股价波动幅度加大。鉴于股价已经启动上涨，可以预判未来股价上涨的概率非常高，交易者可以考虑追涨买入股票。

（2）布林线指标缩口。

当布林线逐渐收缩，即布林线指标的上轨线向下移动，下轨线向上移动，呈现缩口喇叭形态，表示股价的波动幅度正在缩小，行情即将进入盘整阶段。

如果这种缩口现象出现在股价大幅上涨之后的高位，交易者应及早获利了结。如果这种缩口现象出现在股价大幅下跌之后的低位，交易者不宜再盲目止

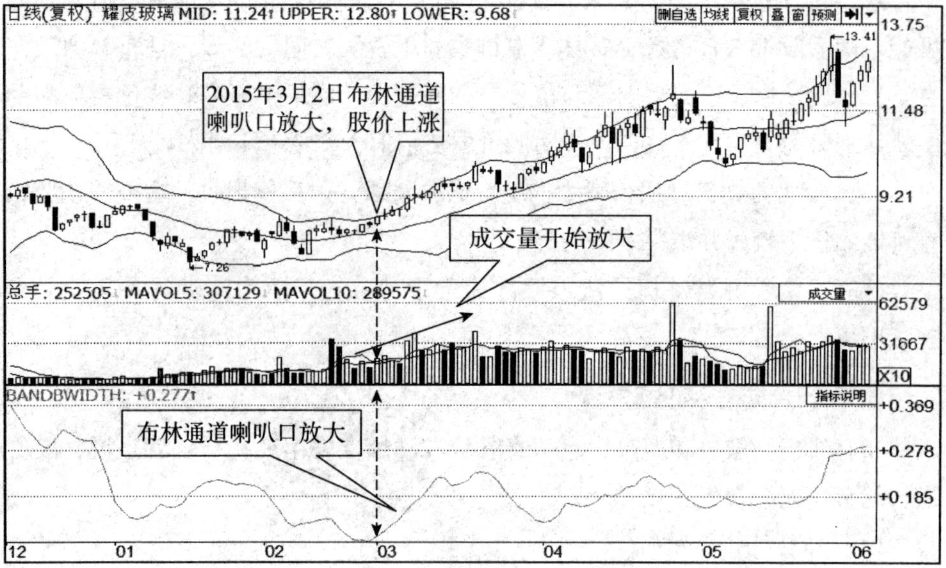

图 7-21　耀皮玻璃（600819）布林线指标走势图

损，可等待行情转势时适量买入。

如图 7-22 所示，兴业银行的股价在 2014 年下半年启动一波上涨行情。

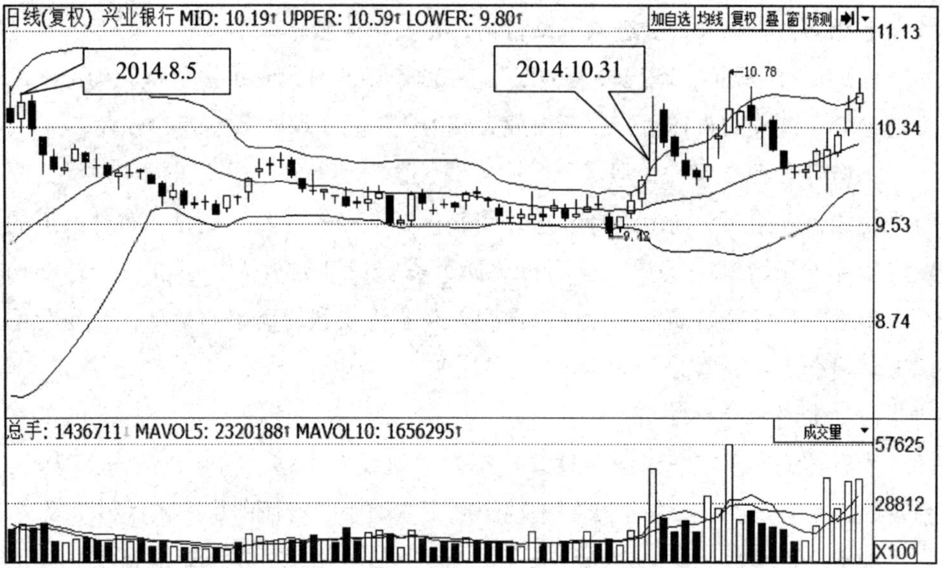

图 7-22　兴业银行（601166）布林线指标走势图

在股价上涨过程中，布林线的喇叭口越开越大，说明股价波动幅度逐渐加大。鉴于股价处于上涨途中，交易者可以判断股价持续上升的可能性较大。

2014 年 8 月 5 日，该股股价见顶回落，交易者可以卖出股票。与此同时，布林线喇叭口越来越小，说明股价波动幅度继续萎缩，未来股价将会出现盘整走势。

此后该股一直横盘调整，股价波动范围极为有限。交易者可以保持观察，静待股价选择突破方向，然后再决定是否入场。

2014 年 10 月 31 日，该股股价连续第三个交易日上攻，且股价 K 线上涨至布林线上轨线位置，喇叭口重新开始放大。这说明股价将启动上涨行情，交易者可以考虑追涨买入。

三、遇布林线下轨线反弹+KDJ 低位金叉

在股价下跌过程中，若遇布林线下轨线支撑出现反弹，此时 KDJ 指标出现低位黄金交叉，意味着股价反弹的可能性较大。

其具体操作要点如下。

第一，股价跌破布林线中轨线后，向布林线下轨线运行。当股价触及布林线下轨线并反弹向上，或股价跌破布林线下轨线后重新向上突破布林线下轨线，说明股价有反弹向上的可能。

第二，股价反弹时，KDJ 指标同步出现低位黄金交叉形态，则说明短期内股价反弹向上的概率极大。

如图 7-23 所示，华电国际的股价 2014 年 12 月 22 日启动了一波回调走势。股价跌破布林线中轨线后，直接向下轨线逼近，并一度跌破下轨线。

2015 年 2 月 11 日，该股股价自底部启动反弹，并站稳下轨线，这说明股价反弹即将启动。与此同时，KDJ 指标出现低位金叉形态，且金叉点位于 20 线上方附近位置，这说明此金叉含金量极高。

这两个买入信号的发出，预示股价未来上涨的概率很高，交易者可以考虑逐步建仓买入该股。

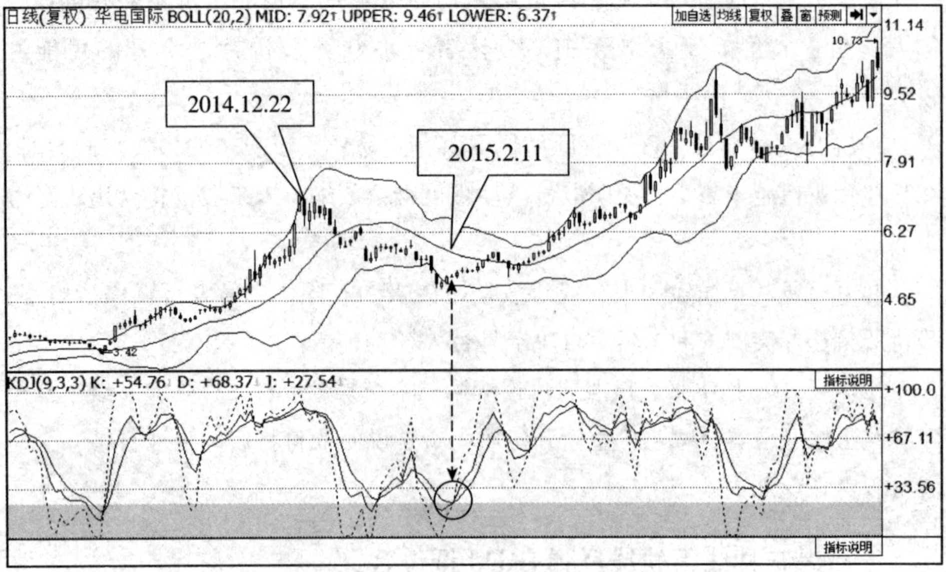

图 7-23　华电国际（600027）布林线指标与 KDJ 指标组合

四、遇布林线中轨线反弹+KDJ 二度金叉

股价经过一波小幅度上升后出现回调，若遇布林线中轨线支撑再度出现上涨，此时 KDJ 指标继低位金叉后短期内第二次出现金叉，则意味着股价重新上涨的可能性较大。

其具体操作要点如下。

第一，股价回调过程中，遇布林线中轨线后，因受中轨线支撑而再度上涨，说明股价有重新向上的可能。

第二，股价再度反弹向上时，KDJ 指标在 50 线附近出现黄金交叉形态。此黄金交叉为短期内出现的第二次交叉，且这次交叉点要高于前一次。按照波浪理论中八浪循环的原理，此次上涨很可能属于三浪上涨。也就是说，这波上涨的幅度可能会很大，交易者可以考虑加大仓位，跟进买入股票。

如图 7-24 所示，雅戈尔的股价 2014 年 10 月底启动了一波震荡上升走势。股价经过一段时间的调整后，2014 年 10 月 28 日重新开始上涨，KDJ 指标同步发出低位金叉信号。此后该股经过一段时间的上涨，又开始进入了调整。

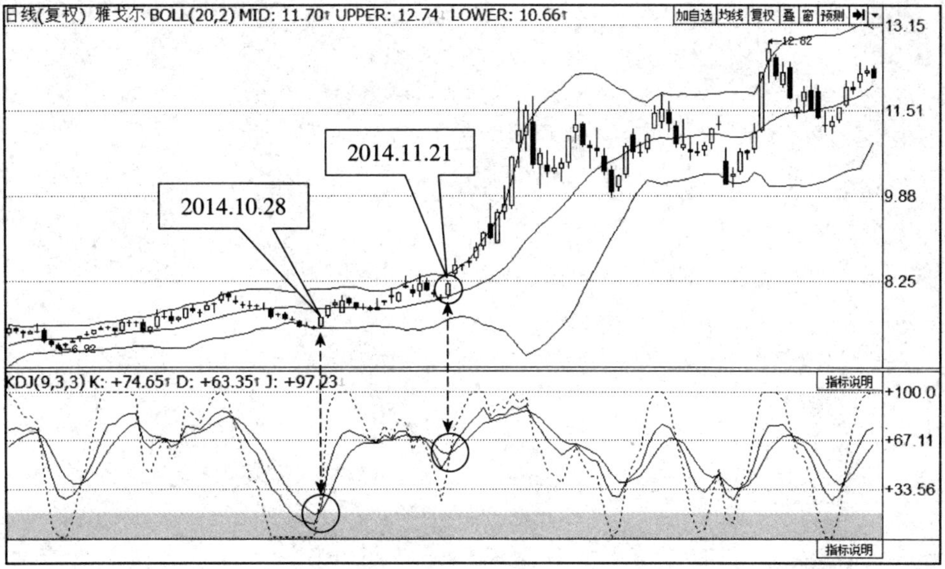

图 7-24 雅戈尔（600177）BOLL 指标与 KDJ 指标组合

股价回调至布林线中轨线附近时，因受中轨线的支撑而再度上涨。此时 KDJ 指标同步出现黄金交叉形态，且交叉点位于 50 线附近，远远高于上一次的金叉点。这说明股价短期内上涨的概率很高，交易者可以考虑买入该股。

第八章

基于 KDJ 指标的交易技术

通过调整分析周期，可以将 KDJ 指标用于中长线交易，但是相对而言，短线和超短线交易才是 KDJ 指标真正的舞台。

第一节 KDJ 指标与分时操盘技术

KDJ 指标与分时操盘技术结合，一方面可以提升交易信号的及时性；另一方面可以改善交易信号的质量。超短线交易者经常使用的分时交易系统包括 15 分钟 K 线、30 分钟 K 线和 60 分钟 K 线等三种。这三种分时线的操作方法和选股策略基本一致，因此下面以 15 分钟 K 线为例进行介绍。

15 分钟 K 线实质就是日 K 线的短期缩影，因而一些日线的实战技法也同样适用于 15 分钟 K 线。相比日 K 线，15 分钟 K 线反应更加迅速，因而做出买入或卖出决策也更快。

投资者进行 15 分钟 K 线操盘作业时，主要参考三方面的内容。

一是 KDJ 指标买入与卖出信号。

二是均线系统和成交量。

三是个股和大盘中短期面临的环境等。

一、分时操盘标的股选择

并不是所有的股票都适合超短线操作的。只有选择那些强势上涨的股票，才有可能获得盈利。一般情况下，投资者应用 15 分钟 K 线操盘时，可以考虑选择如下几种股票。

1. 热点板块的龙头品种

当某一板块成为热点之后，就会有大量资金流入该板块，这时该板块内部的股票就会启动一波上涨行情。在这些股票当中，龙头股充当了上涨的先锋。它们先于其他股票上涨，涨幅往往也会大于板块内的同类股票。

对于短线交易者来说，这类股票是最佳选择。

2. 具有炒作题材的品种

股市中，很多股票上涨并不是因为这些股票的业绩有多么好，而是因为这些股票有炒作的题材。对于一只股票来说，只要有题材，就有了想象的空间，也就为资金提供了炒作的理由。

短线交易者可以跟随资金的足迹炒作这些题材股票，但同时也要注意防范风险。这类股票没有业绩支撑，一旦题材消失，下跌就不可避免。

3. 盘踞于底部且有资金流入

俗话说：横有多长竖有多高。当一只股票长期盘整于底部时，一旦启动上涨，其涨幅也是十分可观的。但作为一名短线交易者，不能一见到有股票处于盘整期就买入，而应在有资金流入时买入。

处于盘整期的股票，一旦出现资金流入，那么距离股价上涨的日子就不远了，此时比较适宜短线交易者进入。

二、分时操盘买入策略

买入股票前，交易者应注意以下两个问题。

第一，大盘处于筑底阶段或是上涨阶段。大盘 K 线图呈上涨或盘整趋势，大盘指数位于 5 日均线上方，且大盘指数的 5 日均线方向向上。

第二，个股选择。交易者可以利用交易软件的综合排序功能，筛选涨幅大于 3%，且换手率大于 1%的股票。

通过 15 分钟 K 线图研判股票买点时，可以着重考虑以下几种情形。

1. 突破买进

股价突破买进的买入条件包括以下几点。

（1）MA5 向上穿越 MA10，且均线系统出现多头排列。

（2）KDJ 指标出现金叉，或进入超买区域。

（3）成交量出现放大态势。

（4）15 分钟 K 线携量突破重要技术阻力位。

下面来看一下金种子酒的 15 分钟 K 线图，如图 8-1 所示。

如图 8-1 所示，金种子酒的 15 分钟 K 线在 2011 年 11 月 22 日尾盘阶段突然被大幅拉升，股价突破了盘整压力位。与此同时，MA5 向上穿越了 MA10，且均线系统呈多头排列。

此时观察 KDJ 指标就可以发现：KDJ 指标出现了黄金交叉，成交量也出现了放

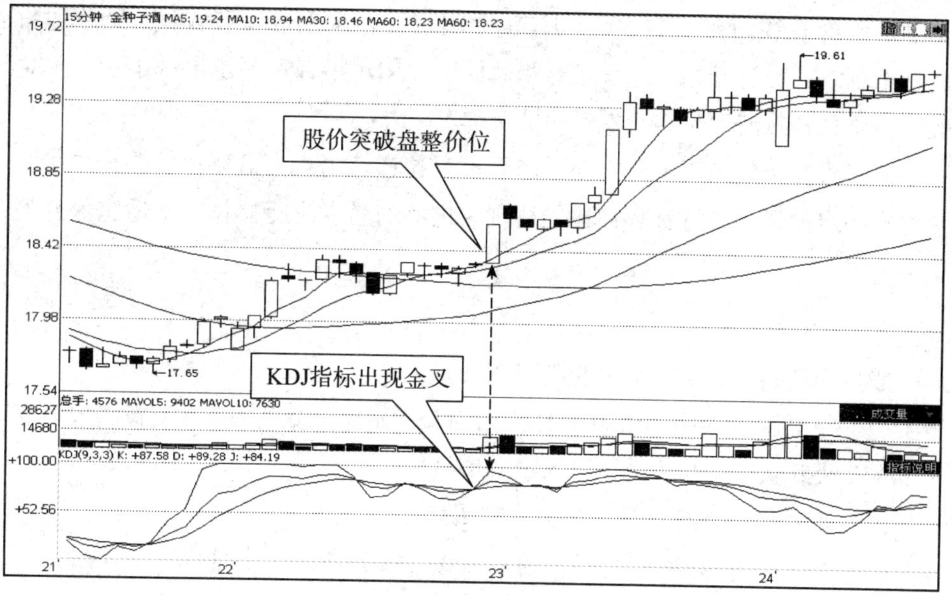

图 8-1 金种子酒（600199）15 分钟 K 线走势图

大迹象。综合以上分析，该股上涨的可能性非常大，投资者短线可以买入该股。

交易者也可以结合该股的日 K 线走势进行综合分析。如图 8-2 所示，金种

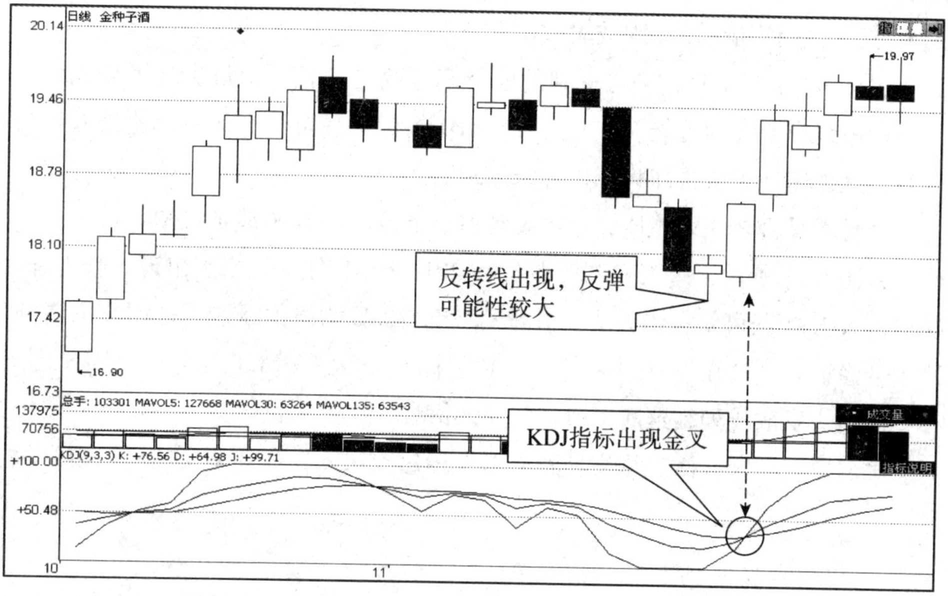

图 8-2 金种子酒（600199）日 K 线走势图

子酒的股价 K 线图在 2011 年 11 月 21 日出现了一根上涨反转线，意味着股价将结束下跌趋势，开始一轮反弹。与此同时，KDJ 指标也同步出现了一个黄金交叉，这也预示着股价将会发动一波反弹。

此时大盘指数处于下跌中期，因而可以这样认为：大盘环境较差，短线交易要冒一定的风险。这种环境比较适宜激进的交易者进行操作，不适宜保守型交易者。

2. 回调整理买入

股价回调整理的买入条件包括以下几点。

（1）MA5 向上穿越 MA30 后掉头向 MA30 靠拢，受到 MA30 支撑，没有跌破 MA30 或跌破 MA30 后迅速回到 MA30 上方。

（2）KDJ 指标出现金叉，或进入超买区域。

（3）15 分钟 K 线回调之后，遇 MA60 支撑重新向上，且成交量出现放大态势。

下面来看一下一汽夏利的案例。

如图 8-3 所示，一汽夏利的股价从 2011 年 11 月 30 日早盘开始出现回调，股价一路走低，并跌破了 MA5。MA5 跌破了 MA30 之后，又迅速回到了 MA30 的上方，且股价始终没有跌破 MA60。

2011 年 12 月 1 日，一汽夏利的股价高开高走，且成交量出现了放大，预示股价短线有上涨的可能。与此同时，KDJ 指标出现黄金交叉后迅速进入超买区域，这也印证了股价即将开始上涨的判断。

交易者是否要买入该股，还需要观察一下该股的日 K 线走势图。

如图 8-4 所示，一汽夏利的股价在 2011 年 12 月 1 日当天出现大幅上涨。从股价日 K 线图可知，当天股价并没有突破 30 日均线的压制，此时交易者应当十分谨慎。不过在 12 月 1 日前，KDJ 指标已经率先出现了黄金交叉形态，指标线呈多头发散排列，这属于典型的买入信号。

综合以上判断，激进型交易者可以少量建仓买入，保守型交易者可以继续观望。

3. 均线支撑买入

均线支撑的买入条件包括以下几点。

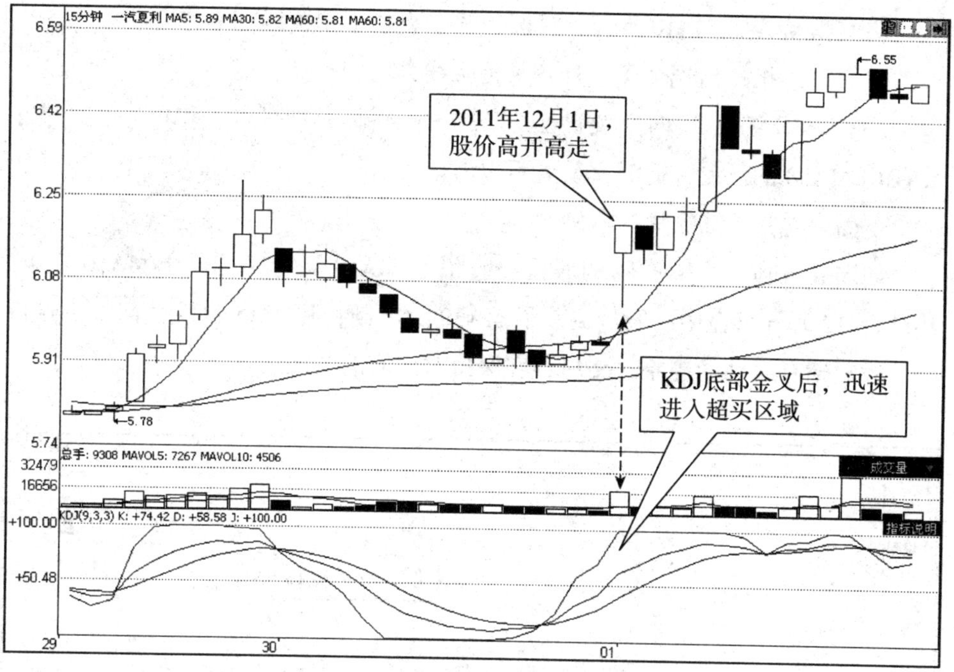

图 8-3　一汽夏利（000927）15 分钟 K 线走势图

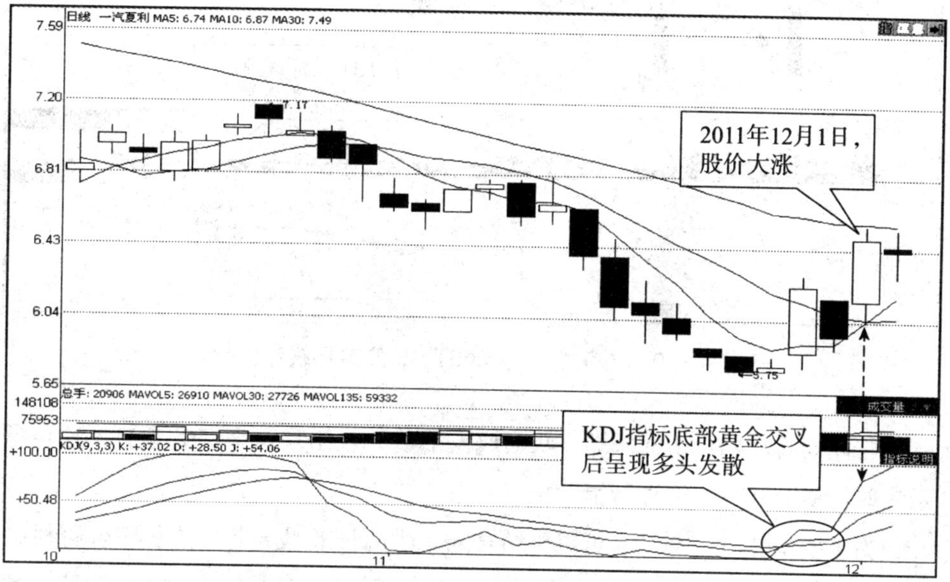

图 8-4　一汽夏利（000927）日 K 线走势图

（1）股价线沿 MA10 运行，且股价线一直位于均价线的上方。

（2）KDJ 指标出现金叉，且各条指标线方向向上。

（3）15 分钟 K 线向上突破了 MA30 的压制。与此同时，MA5 也突破了 MA10、MA30 的压制，此时交易者可以考虑买入。

下面来看一下陆家嘴的案例。

如图 8-5 所示，陆家嘴的股价一直沿着 MA10 运行，且位于 MA10 之下。2011 年 12 月 6 日盘中，股价突破了 MA30 的压制，且 MA5 也同步向上。这说明该股短期有启动的迹象，交易者宜保持对该股的关注。

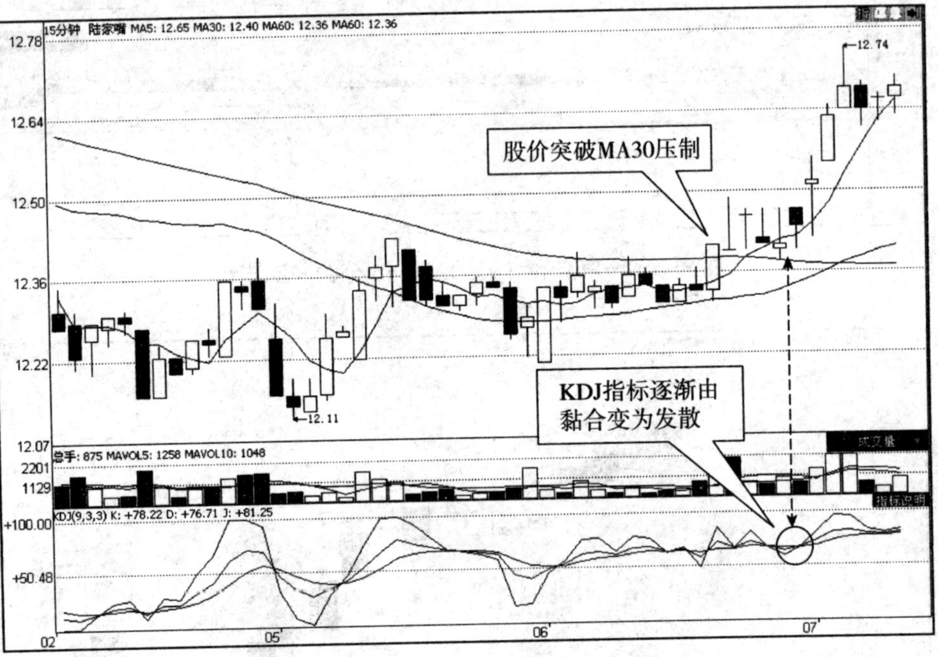

图 8-5 陆家嘴（600663）15 分钟 K 线走势图

与此同时，KDJ 指标从黏合状变成发散状，且出现黄金交叉走势，这也预示该股可能会有一波上涨行情。

为了安全起见，交易者可以再结合陆家嘴的日 K 线走势图进行综合研判。

如图 8-6 所示，陆家嘴的股价在 2011 年 12 月 6 日收出了一根中阳线，预示该股短期有企稳的可能。与此同时，KDJ 指标呈多头发散状态，也印证该股存在上涨的可能。

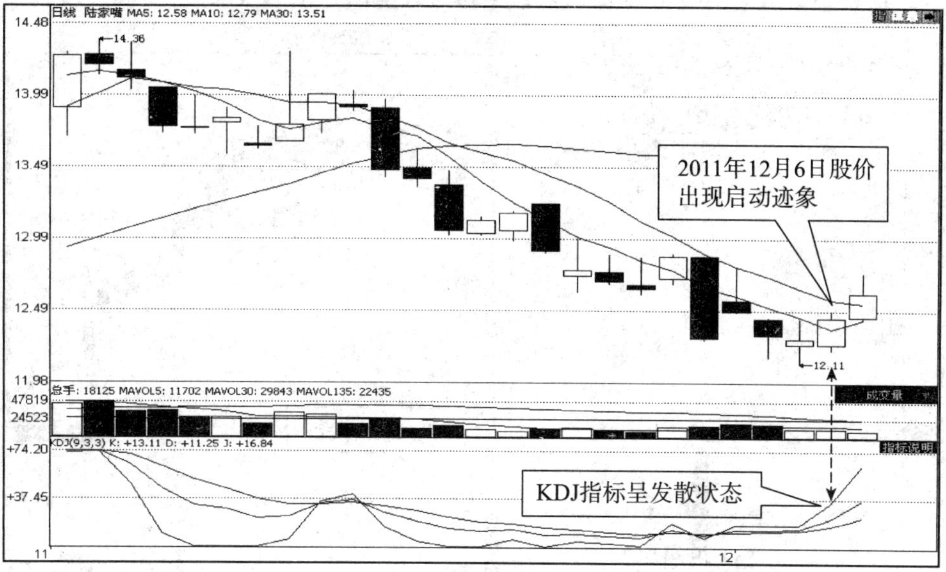

图 8-6　陆家嘴（600663）日 K 线走势图

此时大盘出现了底部盘整迹象，这也符合短线买入的条件。交易者如果短线买入该股，应考虑将该股的止盈位设置在 MA30 附近。

三、分时操盘卖出策略

为了保护本金的安全，出现下列情况之一时，交易者就应该卖出股票。

1. 放量滞涨

量价齐升永远是量价配合的典范，如果 15 分钟 K 线图出现了放量滞涨形态，则说明该股走势十分不健康，股价有走跌的可能。

放量滞涨的操作要点如下。

（1）股价 15 分钟 K 线图呈现出放量滞涨走势。

（2）成交量出现放大，但股价却未向上拓展空间。

（3）股价放量滞涨时，交易者应坚决卖出。

下面来看一下联发股份的案例。

如图 8-7 所示，联发股份的股价在 2011 年 11 月 28 日大幅拉升之后，出现了放量滞涨走势。即股价出现了横盘调整走势，而此时成交量却出现了放大态势。这说明该股上涨趋势将要结束，交易者宜卖出手中的股票。

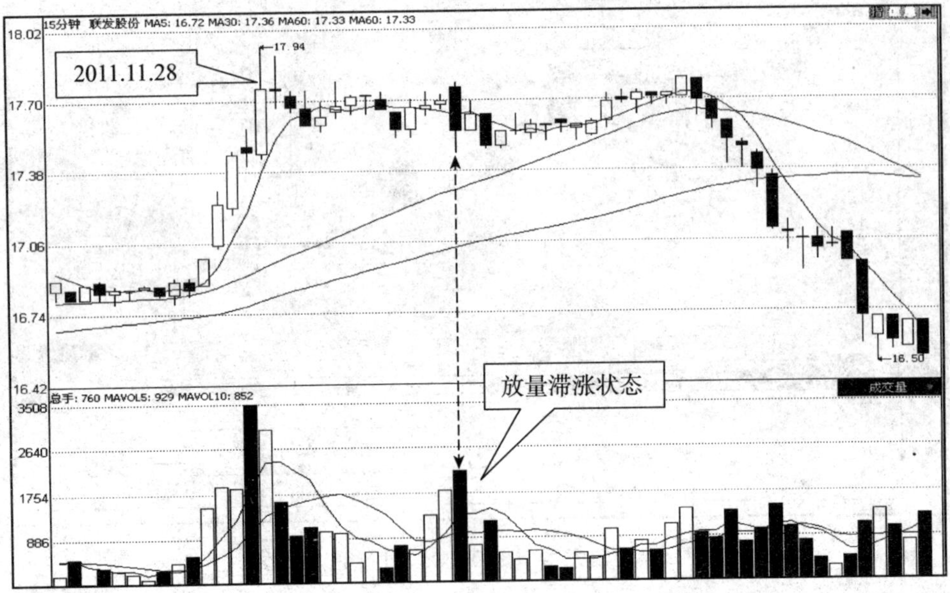

图 8-7　联发股份（002394）15 分钟 K 线走势图

其后，该股出现了一波快速下跌趋势，印证了此前的判断。

2. KDJ 指标死叉或背离

KDJ 指标如果出现了下面的情况，交易者宜卖出股票。

（1）KDJ 指标出现高位死叉。

（2）KDJ 指标出现了高位顶背离。

下面来看一下高德红外的案例。

如图 8-8 所示，高德红外的股价经历了一波反弹之后，于 2011 年 12 月 1 日开始出现了调整走势。与此同时，KDJ 指标出现了高位死叉。这说明该股将会走出一波下跌行情，交易者宜卖出手中的股票。

此后，该股一路走低，也印证了此前的判断。

下面再来看一下 KDJ 指标顶背离的案例。

如图 8-9 所示，江中制药的股价在 2011 年 11 月底到 12 月初的一段时间内

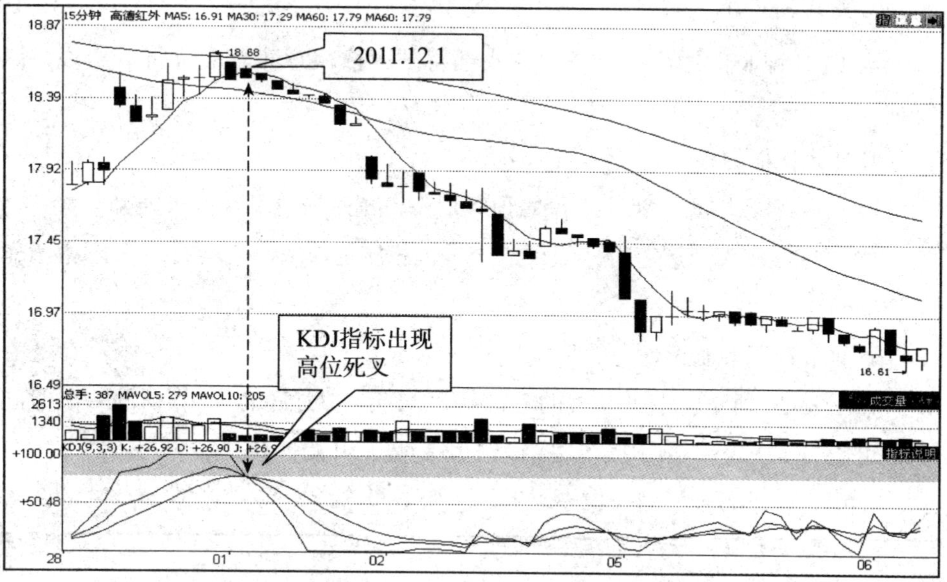

图 8-8　高德红外（002414）15 分钟 K 线走势图

走出了一波比一波高的走势，而 KDJ 指标却没有创出新高，而是出现了走低的走势。这就形成了 KDJ 指标的顶背离，预示股价将会出现下跌。

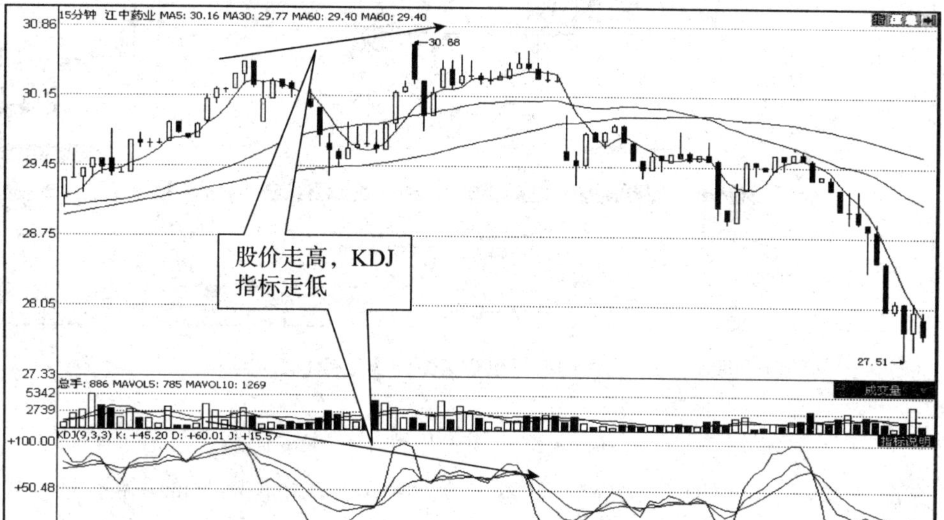

图 8-9　江中制药（600108）15 分钟 K 线走势图

3. K 线图出现头部特征

当 15 分钟 K 线图出现了典型的头部特征，往往意味着股价将会出现下跌行情。

其具体特征如下。

（1）K 线图出现了 M 顶、头肩顶等形态，预示股价见顶的可能性较大。

（2）当形成头部形态时，如果成交量也相应地放大，则会提升形态指示作用的准确性。

下面来看一下航天动力的案例。

如图 8-10 所示，航天动力的股价从 2011 年 11 月底到 12 月初的一段时间内走出了 M 顶形态，预示股价将结束上涨趋势，开始一波下跌。

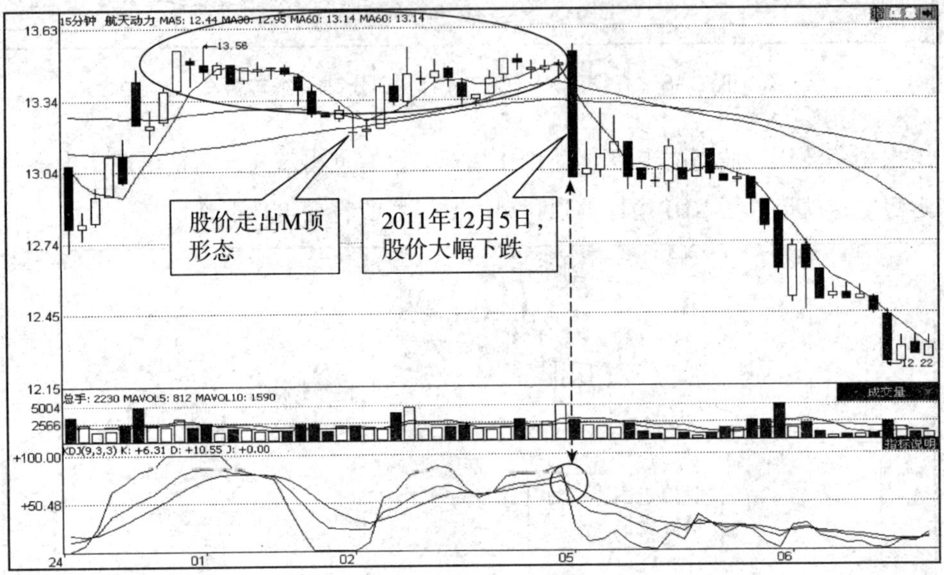

图 8-10 航天动力（600343）15 分钟 K 线走势图

2011 年 12 月 5 日，15 分钟 K 线图上出现了一根大阴线，标志着股价正式完成 M 顶形态。同时，KDJ 指标出现了高位死叉，这也说明股价上涨行情宣告结束，交易者宜迅速卖出手中的股票。

第二节　KDJ 指标与 3 日超短线交易技术

3 日操盘技术，是指 3 个交易日完成股票买卖交易，从而赢得投资收益的操盘技术。3 日交易技术属于超短线操盘范畴，要求交易者具有敏锐的操盘感觉和深厚的股票投资基本功。

3 日操盘原理：股价强势上涨时段分为三个周期，即上涨启动阶段、快速上涨阶段和上涨尾声阶段。在这三个阶段中，快速上涨阶段风险最小，获利最多，持续周期大约为 3 个交易日，因而 3 日操盘技术主要捕捉对象就是股价上涨周期中的快速上涨阶段。

一、基于 KDJ 指标的 3 日超短线交易系统

作为一种超短线操盘技术，3 日操盘技术对操盘环境的要求极为苛刻。交易者应用该技术时，一定要仔细观察整个盘面及形势，大胆出击目标股，获利后迅速抢收胜利果实。

3 日操盘技术交易系统包括如下几方面的内容。

1. 买入策略

3 日操盘技术与其他周期操盘技术最大的区别在于股票买入方法上。交易者运用 3 日操盘法买入的股票，应满足以下几个条件。

（1）大盘环境。大盘可以处于上涨趋势中，也可以处于短线反弹趋势中。无论处于上述两种趋势的哪一种趋势中，都要保证买入股票时大盘正处于上涨走势，大盘指数 K 线位于 5 日均线以上，且 5 日均线方向向上。

（2）选择操作目标股。通过股票交易软件搜索 5 分钟涨速前 3 名，挑选当日涨幅超过 3%，当时股票换手率大于 1%的股票。

（3）个股行情。个股短线必须处于强势上涨过程中，且上涨时间不超过 3 个交易日。如果买入股票前一交易日股价能够涨停更好。

（4）K 线操盘。交易者买入股票时，可以参照目标股的 15 分钟或 30 分钟 K 线走势图买入，即 15 分钟或 30 分钟 K 线携量创新高或突破重要技术位。此

时均线系统呈多头发散排列，成交量出现近期最大值。

（5）KDJ 指标特征。KDJ 指标在此之前已经出现了黄金交叉，且此时各条指标线已经进入超买区域，曲线 J 到达 100 线更好。

（6）买入点。临盘在 15 分钟或 30 分钟线完成突破技术位时买入该股。如果股价到达涨停位，则以涨停价买进该股。

2. 卖出策略

该股出现下列几种情况时，可以考虑卖出。

（1）达到 3 日操盘时限，交易者应择一高点卖出。

（2）达到预期的止盈位或止损位，交易者应考虑卖出。

（3）15 分钟或 30 分钟 K 线出现明显的放量滞涨形态，可以考虑卖出。

（4）KDJ 指标出现高位死叉或者顶背离时，可以考虑卖出。

（5）15 分钟或 30 分钟 K 线跌破 MA5，且无法回到 MA5 之上时，可以考虑卖出。

（6）15 分钟或 30 分钟 K 线出现了典型的顶部形态时，可以考虑卖出。

3. 止损位设定

可以将买入价向下 3%作为止损位。一旦股价跌破止损位，就应考虑卖出。

4. 止盈位设定

交易者可以将买入价向上 5%作为止盈位，一旦股价上涨到止盈位就考虑卖出。

5. 操盘纪律

（1）宁可看错，不可做错。

（2）达到预期盈利目标时，要坚决出局。如果止损，也要坚决执行。

二、3 日追击涨停板技法

3 日内追击涨停板技法，是通过追击涨停板以达到获利目标的操盘方法。

3 日内追击涨停板的操盘要点如下。

（1）大盘处于上涨或反弹行情中。

（2）个股前一交易日股价涨停。

（3）KDJ 指标进入超买区间，曲线 J 到达 100 线。

（4）目标股当日股价强势上涨，且突破了均价线与前日收盘价。与此同时，15 分钟 K 线位于 MA5 以上，此时交易者可以考虑买进目标股。买入时机如下：一是股价冲高回调之后，再次突破均价线或受均价线支撑重新上涨之时；二是股价冲高达到涨停板价位时，可以考虑追高买入；三是如果股价开盘出现下跌，则要等到股价重拾升势，且股价线突破均价线之后再买入。

（5）止盈位设置。由于这种操作属于追击涨停个股，止盈位可以设得高一些，如设定 10%为止盈位。

（6）止损位设置。止损位可以按照 3 日操盘系统的设定方法，设定为 3%。

下面来看一下香江控股的案例，如图 8-11 所示。

2011 年 10 月 12 日，大盘与香江控股均出现了低开高走行情。10 月 13 日，大盘再次低开高走。与此同时，香江控股的股价被封在涨停板位置。这说明大盘与香江控股短期走势趋于强势，如图 8-11、图 8-12 所示。

从图 8-11 可以看出，上证指数从 2011 年 10 月 12 日开始走势趋于强势。从 10 月 13 日开始，指数 K 线一直位于 5 日均线之上。由于大盘指数中长期走

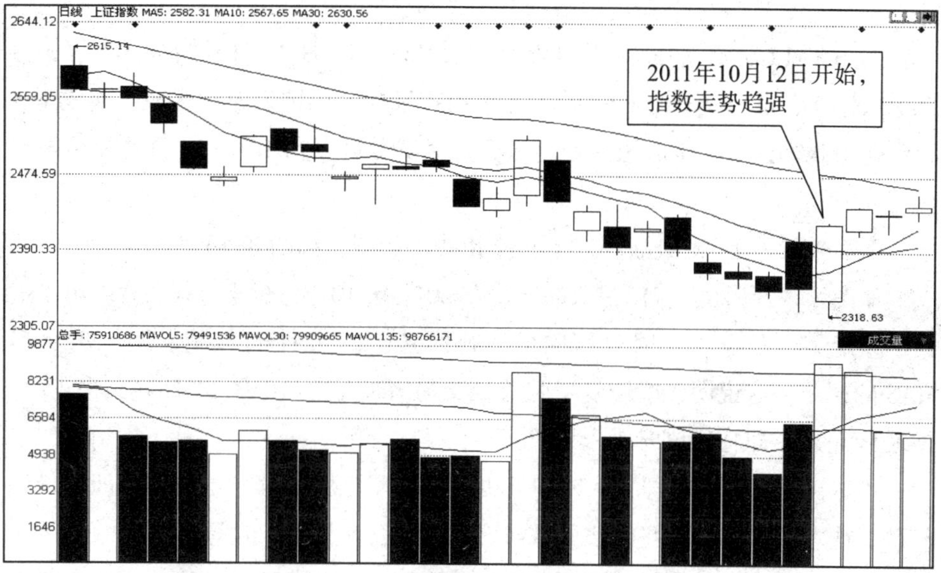

图 8-11　上证指数（1A0001）日 K 线走势图

势还处于下跌行情中，因而此时只适宜进行超短线操作。

下面再来看一下香江控股的日 K 线走势图，如图 8-12 所示。

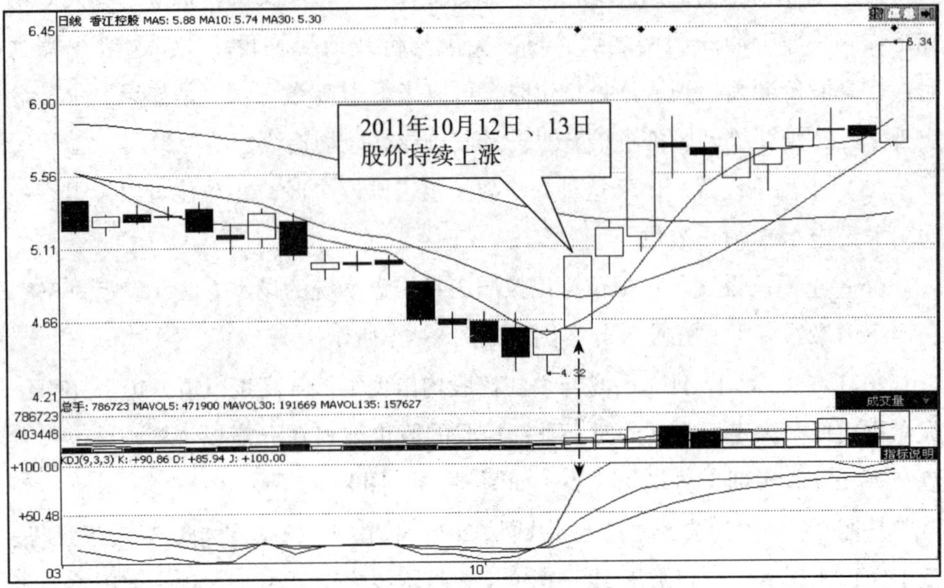

图 8-12　香江控股（600162）日 K 线 KDJ 指标走势图

如图 8-12 所示，香江控股的股价从 2011 年 10 月 12 日开始持续上涨，且在 10 月 13 日走出了一个涨停板。当日 KDJ 指标全线进入超买区域，曲线 J 迅速到达 100 线，说明该股短期处于强势。交易者可以在 10 月 14 日选择适当时机买入该股。

下面来看一下香江控股的 15 分钟 K 线走势图，如图 8-13 所示。

如图 8-13 所示，香江控股的股价在 2011 年 10 月 14 日开盘之后走出了一波下跌走势。开盘半小时以后股价反弹回升，15 分钟 K 线重新上涨并突破 MA5 的压制。这说明该股恢复了强势，交易者应该在 10 月 14 日第三根 15 分钟 K 线完成或即将完成时买入该股。

当然，交易者的具体买入时间点也可以参照该股的分时走势图，即股价线经过下跌之后重新上涨并突破分时均价线之时，就是买入时间点。

如图 8-14 所示，香江控股的股价在盘中时段经过一段时间的回调之后重新开始上涨，并成功突破了分时均价线，交易者可以在股价线突破分时均价线

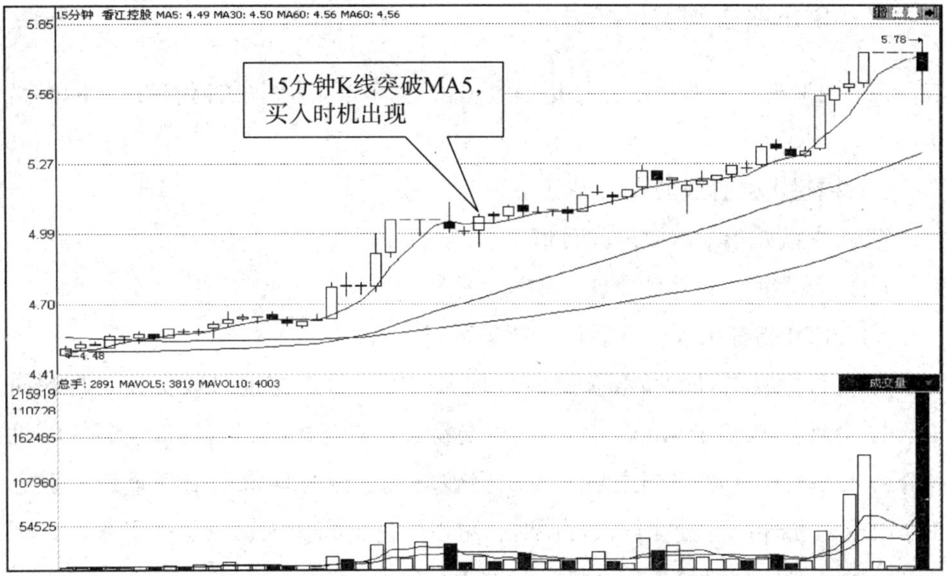

图 8-13　香江控股（600162）15 分钟 K 线走势图

之时买入该股。2011 年 10 月 17 日股价快速拉升过程中，达到 10% 止盈位时，交易者可以兑现收益，卖出该股。

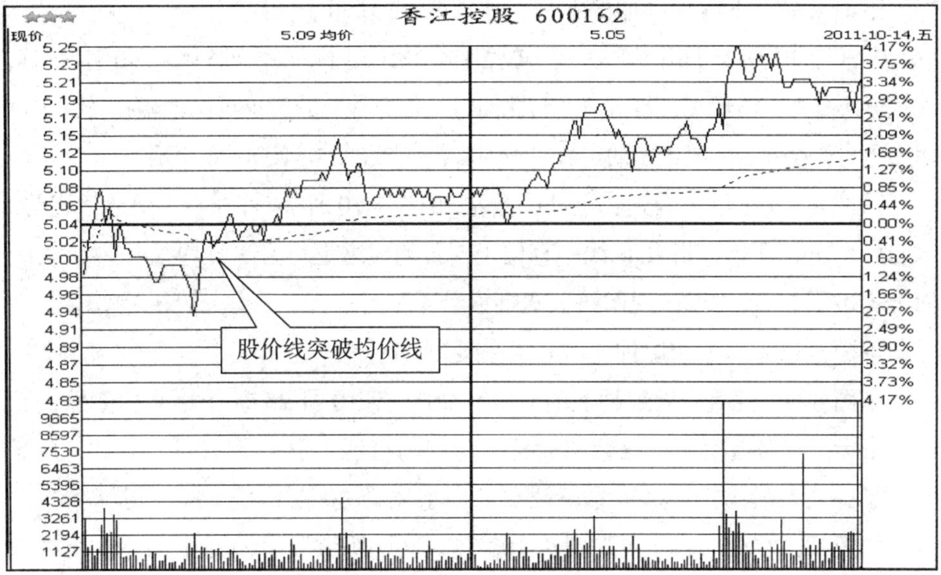

图 8-14　香江控股（600162）分时走势图（2011. 10. 14）

三、3 日追击强势股技法

3 日内追击强势股技法，是指通过追击强势股以达到短线获利目标的操盘方法。

3 日内追击强势股的操盘要点如下。

（1）大盘处于上涨或反弹行情中。

（2）个股前一交易日出现了放量上涨行情。

（3）KDJ 指标出现金叉后进入超买区间。

（4）目标股当日股价强势上涨，且突破了均价线与前日收盘价。与此同时，15 分钟 K 线位于 MA5 以上，此时交易者可以考虑买进目标股。买入时机如下：一是股价冲高回调之后，再次突破均价线或受均价线支撑重新上涨之时；二是股价冲高达到涨停板价位时，可以考虑追高买入；三是如果股价开盘出现下跌，则等到股价重拾升势且股价线突破均价线之后再买入。

（5）止盈位设置。止盈位可以按照 3 日操盘系统的要求设定 5%为止盈位。

（6）止损位设置。止损位可以按照 3 日操盘系统的设定方法，设定为亏损 3%。

下面来看一下敦煌种业的案例，如图 8-15 所示。

2011 年 10 月 24 日开始，大盘与敦煌种业均出现了一波上涨行情。10 月 31 日，大盘再次高开，出现了盘整行情。与此同时，敦煌种业的股价再次大幅拉升，这说明大盘与敦煌种业的股价短期走势趋于强势，如图 8-15、图 8-16 所示。

从图 8-15 中可以看到，上证指数从 2011 年 10 月 24 日开始走势趋于强势。从 10 月 27 日开始，指数 K 线一直位于 5 日均线之上，且 5 日均线、10 日均线向上突破了 30 日均线，说明该股短期内处于强势。

下面再来看一下敦煌种业的日 K 线走势图。

如图 8-16 所示，敦煌种业的股价从 2011 年 10 月 25 日开始持续上涨，且 KDJ 指标出现黄金交叉，这说明股价有走强的可能。随后的 10 月 31 日，该股走出了一根大阳线，且这根大阳线成功向上突破 30 日均线。KDJ 指标在当日进入了超买区域，曲线 J 更是到达 100 线，这说明该股短期处于强势。交易者可以在 11 月 1 日选择适当时机买入该股。

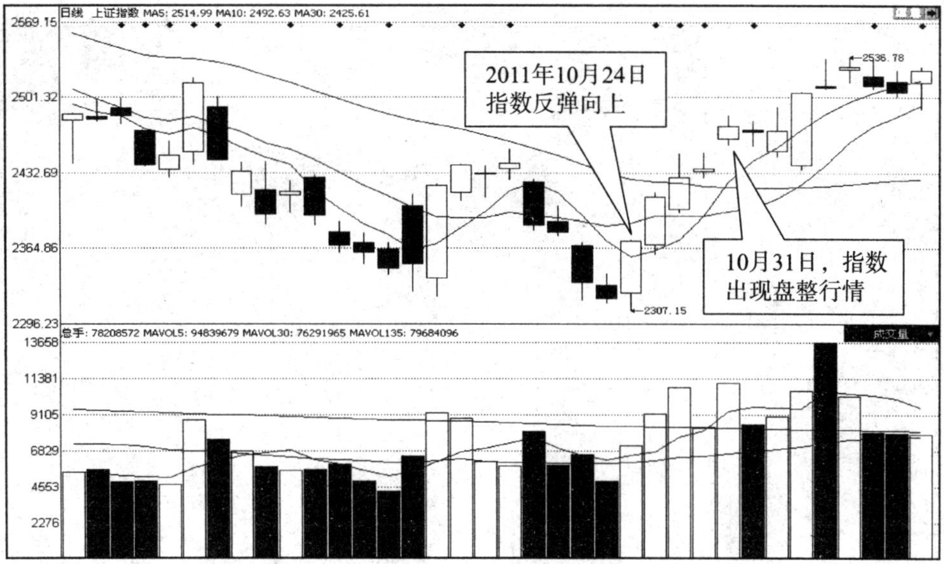

图 8-15　上证指数（1A0001）日 K 线走势图

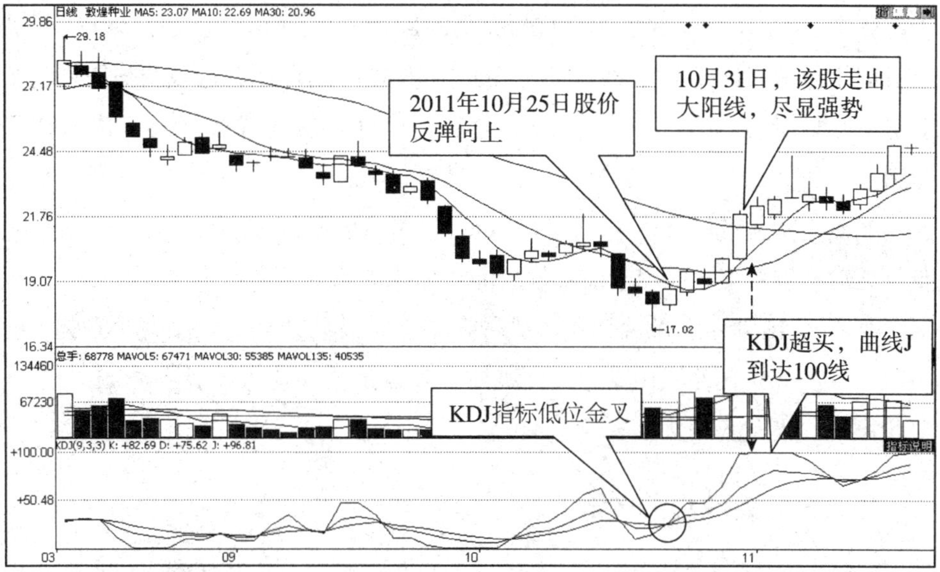

图 8-16　敦煌种业（600354）日 K 线走势图

下面来看一下敦煌种业的 15 分钟 K 线走势图，如图 8-17 所示。

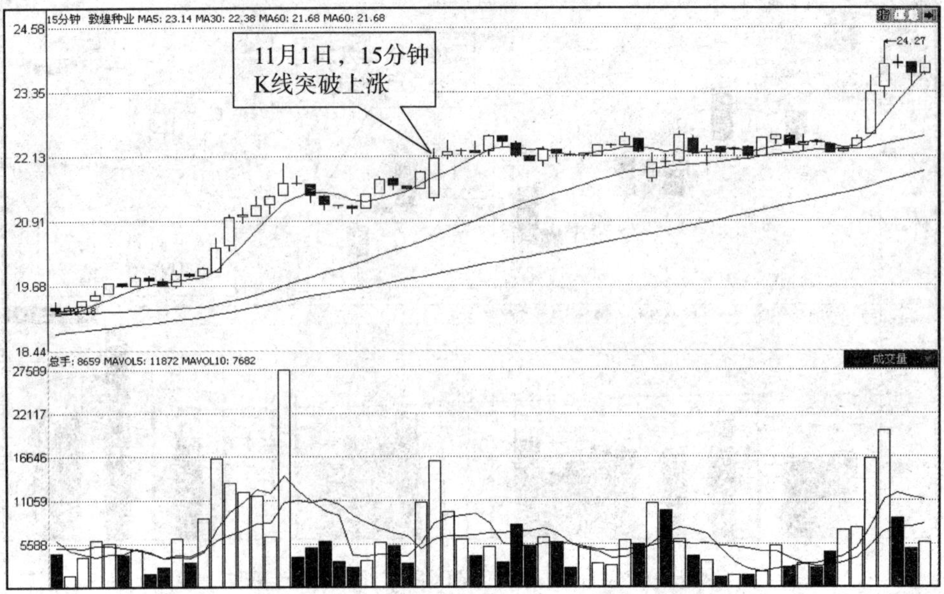

图 8-17 敦煌种业（600354）15 分钟 K 线走势图

如图 8-17 所示，敦煌种业的股价在 2011 年 11 月 1 日开盘之后走出了一波低开高走行情，15 分钟 K 线重新上涨并突破 MA5 的压制，这说明该股恢复了强势。交易者应该在 11 月 1 日第一根 15 分钟 K 线完成或即将完成时买入该股。

当然，交易者的具体买入时间点也可以参照该股的分时走势图，即股价线低开之后，重新上涨并突破前日收盘价之时，就是买入时间点。

如图 8-18 所示，敦煌种业的股价在早盘时段低开高走，并成功突破了前日收盘价。交易者可以在股价线突破前日收盘价之时买入该股，在 11 月 3 日股价出现大幅上涨时卖出该股。

四、3 日突破买入技法

3 日内股价突破买入技法，是通过追击启动强势上涨的股票以达到获利目标的操盘方法。

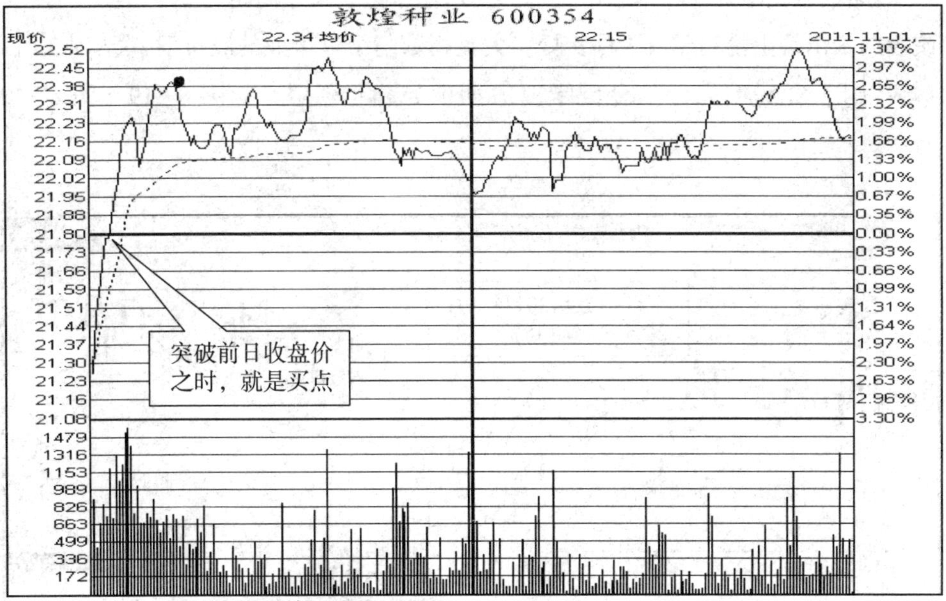

图 8-18　敦煌种业（600354）分时走势图（2011. 11. 1）

3 日内股价突破买入法的操盘要点如下。

（1）大盘处于上涨或震荡上升行情中。

（2）个股出现明显的启动上涨迹象，且突破重要阻力位（如均线阻力位、前期高点等）。

（3）KDJ 指标出现黄金交叉，且进入超买区间。

（4）目标股当日股价强势上涨，且突破了均价线与前日收盘价。与此同时，30 分钟 K 线位于 MA5 以上，此时交易者可以考虑买进目标股。买入时机如下：一是股价冲高回调之后，再次突破均价线或受均价线支撑重新上涨之时；二是股价冲高达到涨停板价位时，可以考虑追高买入；三是如果股价开盘出现下跌，则要等到股价重拾升势，股价线突破均价线之后再买入。

（5）止盈位设置。可以设定未来 3 个交易日股价上涨 15%为止盈位。

（6）止损位设置。止损位可以按照 3 日操盘系统的设定方法，设定为亏损 3%。

下面来看一下金健米业的案例。

2011 年 1 月 26 日，大盘与金健米业均出现了低开高走行情，此后大盘与该股同步出现上涨行情。2 月 9 日，大盘指数与金健米业的股价双双站到 30 日均线以上，这说明大盘与金健米业短期走势趋于强势，如图 8-19、图 8-20 所示。

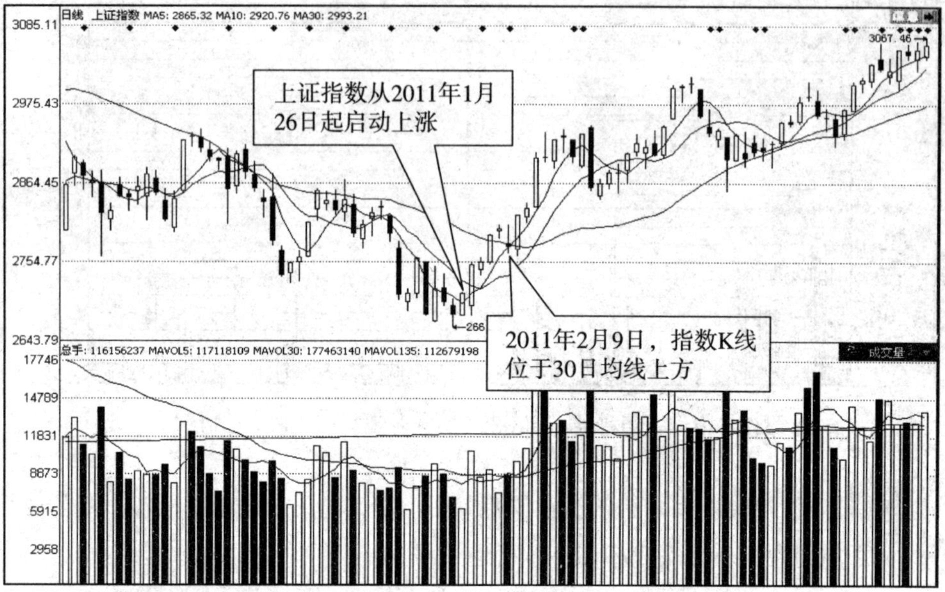

图 8-19　上证指数（1A0001）日 K 线走势图

如图 8-19 所示，上证指数从 2011 年 1 月 26 日开始走出一波上涨行情。从 1 月 31 日开始，指数 K 线一直位于 30 日均线之上。这说明大盘暂时处于安全环境中，适宜进行短线操盘。

下面再来看一下金健米业的日 K 线走势图。

如图 8-20 所示，金健米业的股价从 2011 年 1 月 26 日开始持续上涨，2 月 9 日走出了一个涨停板，且该股 K 线成功突破了 30 日均线的压制。同时，KDJ 指标的各条指标线先后进入超买区域，曲线 J 更是达到 100 线，这说明该股短期处于强势。交易者可以在 2 月 9 日当天股价即将封上涨停板时买入该股。

下面来看一下金健米业的分时走势图，如图 8-21 所示。

如图 8-21 所示，金健米业的股价在 2011 年 2 月 9 日开盘之后直冲涨停板，

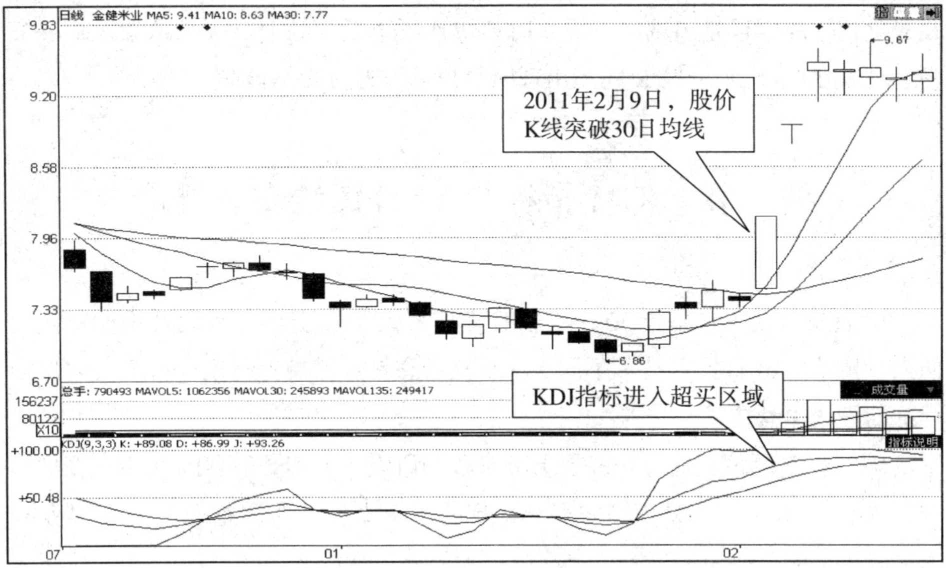

图 8-20　金健米业（600127）日 K 线走势图

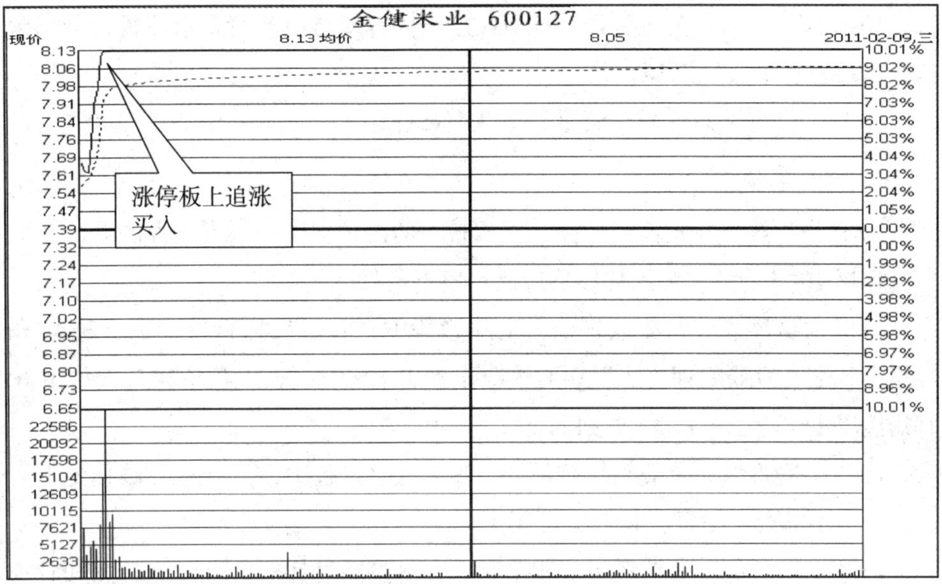

图 8-21　金健米业（600127）分时走势图（2011. 2. 9）

中间未出现任何回调整理走势，这说明该股庄家操盘态度非常坚决。交易者应在股价到达涨停板且出现大单买入时，快速下单买入该股。买入该股之后，交易者可以在股价 30 分钟 K 线图出现明显顶部形态时卖出该股。

第三节 KDJ 指标与 10 日短线交易技术

10 日操盘技术，是指 10 个交易日完成股票买卖交易，从而赢得投资收益的操盘技术。10 日操盘技术不同于 3 日操盘和 5 日操盘等超短线操盘，它属于标准的短线操盘技术。

10 日操盘原理：通过对股票上涨过程的研究，大多数股票的强势上涨过程都不会超过 10 个交易日，期间还会出现若干个交易日回调整理。10 日操盘技术可以尽可能多地捕捉到股价上涨过程中形成的收益。

一、基于 KDJ 指标的 10 日短线交易系统

10 日操盘技术作为一种短线操盘技术，同样对操盘环境要求非常苛刻，包括大盘环境、个股形态等。

10 日操盘技术系统需要满足如下几个条件。

1. 买入策略

10 日操盘技术与其他周期操盘技术最大的区别在于股票买入方法上。

运用 10 日操盘法买入的股票应满足以下条件。

（1）大盘环境。大盘最好处于上涨趋势中，短线反弹行情不适合进行 10 日操盘。交易者要确保买入股票时大盘正处于上涨行情，大盘指数 K 线位于 10 日均线以上，且 10 日均线方向向上。

（2）个股行情。个股短线必须处于底部盘整过程中，且已经突破重要阻力位。个股不能处于下跌行情或上涨尾声中。

（3）K 线操盘。交易者买入股票时，可以参照目标股的分时走势图和日 K 线走势图。当日 K 线强势突破上涨阻力位，且成交量放大时，可以进行短线操作。

（4）均线系统。均线系统呈多头发散排列，且日 K 线位于 10 日均线上方。

（5）KDJ 特征。KDJ 指标出现了黄金交叉，且此时各条指标线已从超卖区域向上回升。

（6）买入点。交易者买入时，可以参照分时走势线买入。一般情况下，买点包括以下几个：一是股价创新高后回调不破均价线；二是股价下跌出现典型底部形态，且出现重新上涨；三是股价跌破均价线后，又重新突破均价线上涨。

2. 卖出策略

该股出现下列几种情况时可以考虑卖出。

（1）达到 10 日操盘时限，交易者应择一高点卖出。

（2）达到预期的止盈位或止损位，交易者应考虑卖出。

（3）日 K 线出现明显的放量滞涨形态，可以考虑卖出。

（4）KDJ 指标出现高位死叉或者顶背离时，可以考虑卖出。

（5）日 K 线跌破 10 日均线，且无法回到均线之上时，可以考虑卖出。

（6）日 K 线出现了典型的顶部形态时，可以考虑卖出。

3. 止损位设定

交易者可以将买入价向下 5%作为止损位。一旦股价跌破止损位，就应考虑卖出。

4. 止盈位设定

交易者可以将买入价向上 30%作为止盈位。一旦股价上涨到止盈位，就应考虑卖出。

5. 操盘纪律

（1）宁可看错，不可做错。

（2）达到预期盈利目标时，要坚决出局；如果达到止损位，也要坚决执行。

二、10 日盘整突破买入技法

10 日盘整突破买入技法，是通过追击经过长期盘整后启动上涨的股票，以达成获利目标的操盘方法。

10 日股价盘整突破买入法的操盘要点如下。

（1）大盘处于上涨行情中。

（2）个股经过一段时间的盘整，形成明显的横盘整理形态或底部形态后，出现明显的启动上涨迹象，且突破重要阻力位（如均线阻力位、前期高点等）。

（3）KDJ 指标出现黄金交叉，且此时各条指标线已从超卖区域向上回升。

（4）目标股当日股价强势上涨，且突破了均价线与前日收盘价。与此同时，日 K 线位于 10 日均线以上，此时交易者可以考虑买进目标股。买入时机如下：一是股价冲高回调之后，再次突破均价线或受均价线支撑重新上涨之时；二是如果股价开盘出现下跌，则要等到股价重拾升势，且股价线突破均价线之后再买入；三是股价冲高达到涨停板价位时，可以考虑在涨停价追高买入。

（5）止盈位设置。未来 10 个交易日，可以设定股价上涨 30%作为止盈位。

（6）止损位设置。止损位可以按照 10 日操盘系统的设定方法，设定为亏损 5%。

下面来看一下三峡水利的案例。

2011 年 1 月 26 日，大盘与三峡水利均出现了低开高走行情，此后大盘与该股同步出现上涨行情。次日，大盘与该股全部站到 10 日均线以上。这说明大盘与三峡水利短期走势趋于强势，如图 8-22、图 8-23 所示。

如图 8-22 所示，上证指数从 2011 年 1 月 26 日开始走出了一波上涨行情。从 1 月 27 日开始，指数 K 线一直位于 10 日均线之上。这说明大盘暂时处于安全环境中，适宜进行短线操盘。

下面再来看一下三峡水利的日 K 线走势图。

如图 8-23 所示，三峡水利的股价高点长期受图中的趋势线压制。股价每次反弹到高点附近时，都受到阻力开始下跌。

2011 年 1 月 26 日，该股强势上涨，并突破了前期高点这一重要阻力位。与此同时，KDJ 指标出现了黄金交叉的态势，这也印证该股将有一波持续上涨行情。激进的交易者可以在 2011 年 1 月 26 日当天买入股票；保守型交易者可以在次日，即 1 月 27 日大盘站稳 10 日均线时再买入该股。

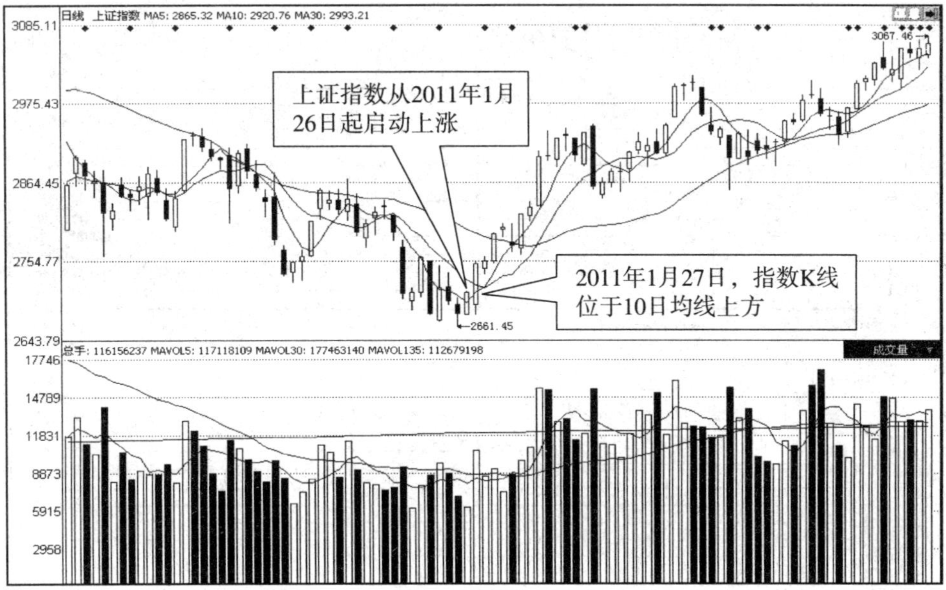

图 8-22　上证指数（1A0001）日 K 线走势图

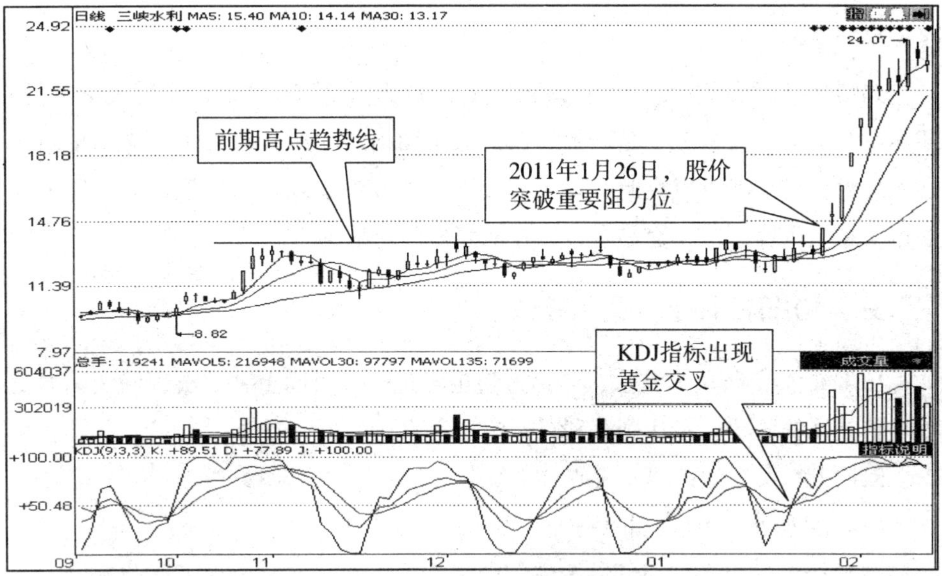

图 8-23　三峡水利（600116）日 K 线走势图

如果交易者想在 1 月 26 当天买入该股，那么需要从该股当天的分时走势图中寻找买入时机，如图 8-24 所示。

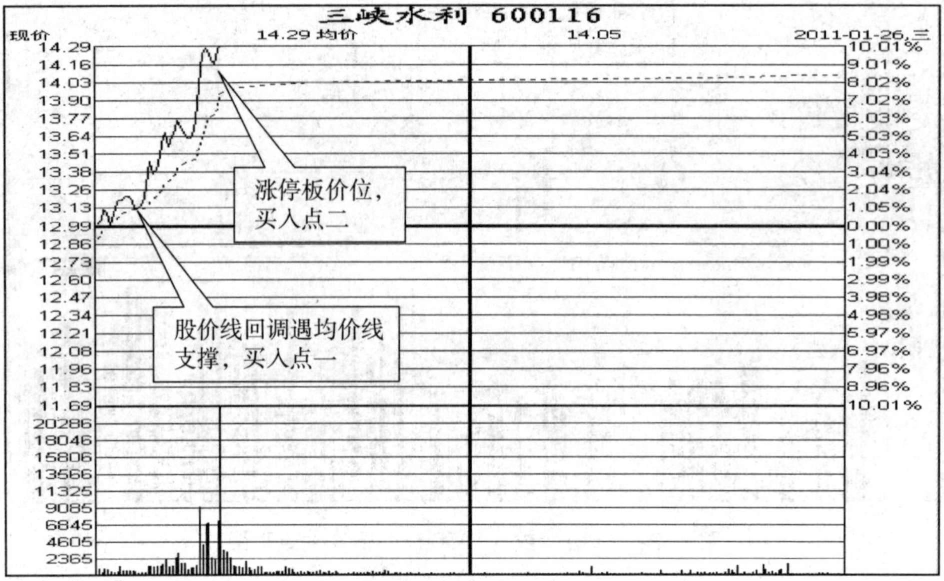

图 8-24　三峡水利（600116）分时走势图（2011. 1. 26）

如图 8-24 所示，三峡水利的股价在 2011 年 1 月 26 日开盘之后震荡上行，期间有两次买入时机：一是股价线在上涨初期出现回调，遇均价线支撑重新开始上涨时，交易者可以在此时买入该股；二是股价线到达涨停位，被打压下来并再次封上涨停位时，交易者可以在涨停价位追涨买入。

三、10 日回抽上行买入技法

10 日回抽上行买入技法，是通过追击经过一段时间上涨后出现回调，遇支撑重新上涨的股票，以达到获利目标的操盘方法。

回抽上行买入法的操盘要点如下。

（1）大盘处于上涨行情中。

（2）个股经过一段时间的上涨，即将走出盘整形态时出现了回调迹象。股价回调过程中遇到支撑后重新启动上涨，且突破重要阻力位（如均线阻力位、前期高点等）。

（3）KDJ 指标出现黄金交叉，且迅速进入超买区域，若曲线 J 到达 100 线更好。

（4）目标股当日股价强势上涨，且突破了均价线与前日收盘价。与此同时，日 K 线位于 10 日均线以上，此时交易者可以考虑买进目标股。买入时机如下：一是股价冲高回调之后，再次突破均价线或受均价线支撑重新上涨之时；二是如果股价开盘出现下跌，则要等到股价重拾升势，且股价线突破均价线之后再买入；三是股价冲高达到涨停板价位时，可以考虑在涨停位追高买入。

（5）止盈位设置。可以设定未来 10 个交易日股价上涨 30% 为止盈位。

（6）止损位设置。止损位可以按照 10 日操盘系统的设定方法，设定为亏损 5%。

下面来看一下 * ST 建通的案例。

2011 年 1 月 26 日，大盘与 * ST 建通均出现了低开高走行情。此后大盘与该股同步出现上涨行情，且在三日后大盘与该股全部站到 10 日均线以上。这说明大盘与 * ST 建通短期走势趋于强势，如图 8-25、图 8-26 所示。

如图 8-25 所示，上证指数从 2011 年 1 月 26 日开始走出了一波上涨行情。

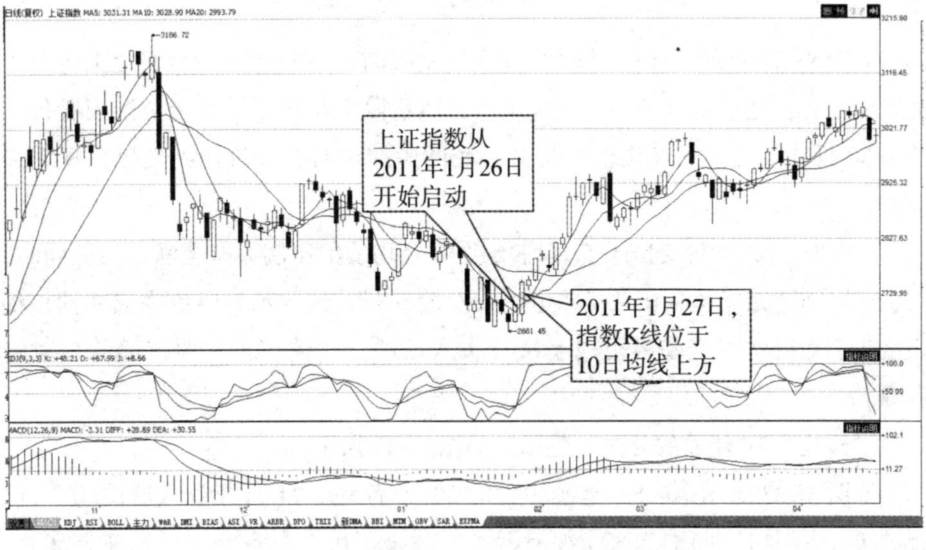
上证指数从
2011年1月26日
开始启动
2011年1月27日，
指数K线位于
10日均线上方
3186.72
2661.45

图 8-25　上证指数（1A0001）日 K 线走势图

从 1 月 27 日开始，指数 K 线一直位于 10 日均线之上。这说明大盘暂时处于安全环境中，适宜进行短线操盘。

下面再来看一下＊ST 建通的日 K 线走势图，如图 8-26 所示。

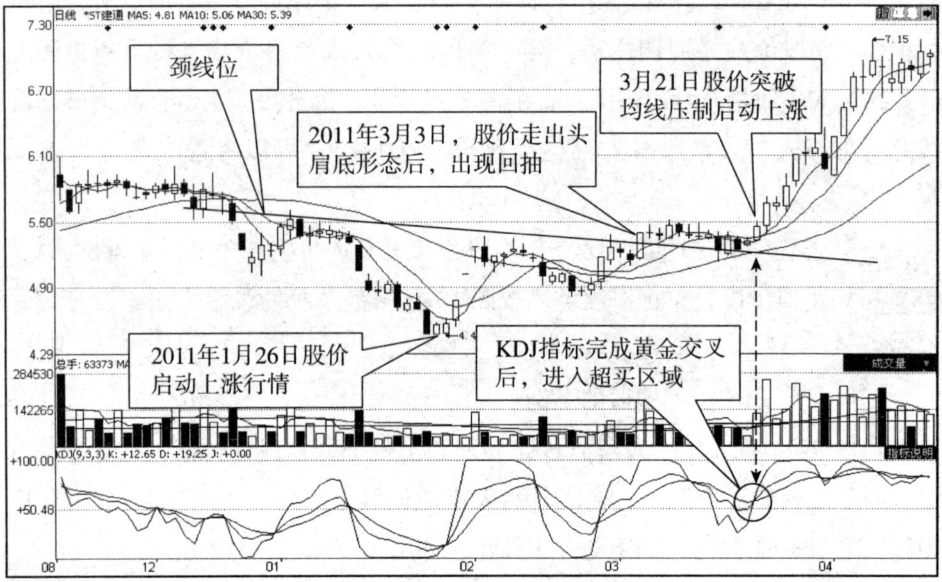

图 8-26　＊ST 建通（600149）日 K 线走势图

如图 8-26 所示，＊ST 建通的股价日 K 线图在 2011 年 3 月 3 日之前走出了头肩顶形态，之后出现了一个回抽动作，股价随即出现了下跌走势。当股价下跌到 30 日均线位，此点位也恰是头肩底的颈线位时，股价遇到支撑出现上涨迹象。

3 月 21 日，股价突破了 5 日均线和 10 日均线的压制大幅上涨。与此同时，KDJ 指标刚刚完成黄金交叉，并呈多头发散排列，这预示着股价完成回抽，将要重归上涨行情。交易者可以于次日买入该股，具体买点参照该股的分时走势图。

下面是＊ST 建通的分时走势图，如图 8-27 所示。

如图 8-27 所示，＊ST 建通的股价 2011 年 3 月 21 日开盘之后震荡上行，有数次买入时机。归纳起来主要有两类：一是股价在早盘开盘后加速上涨时；二是股价线向上突破均价线时。

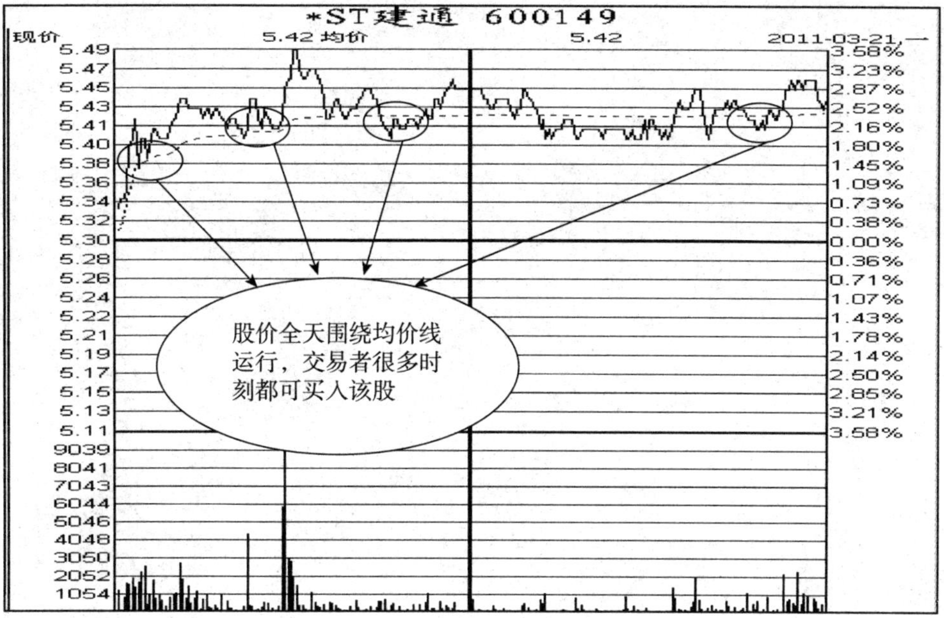

图 8-27　＊ST 建通（600149）分时走势图（2011. 3. 21）